Anamlón Bliana
ó dhialanna an Ríordánaigh

An chéad chló 2014

ISBN 978-1-78444-100-5

Dearadh: Clifford Hayes / Deirdre Ní Thuathail
Dearadh clúdaigh: Clifford Hayes

Foras na Gaeilge

Tá Cló Iar-Chonnacht buíoch de Fhoras na Gaeilge as tacaíocht airgeadais a chur ar fáil.

Faigheann Cló Iar-Chonnacht cabhair airgid ón gComhairle Ealaíon.

Clóchur: Cló Iar-Chonnacht, Indreabhán, Co. na Gaillimhe.
Teil: 091-593307 Facs: 091-593362 r-phost: eolas@cic.ie
Priontáil: Castle Print, Gaillimh.

Anamlón Bliana
ó dhialanna an Ríordánaigh

Tadhg Ó Dúshláine
a chuir in eagar

Cló Iar-Chonnacht
Indreabhán
Conamara

Díonbhrollach

Qui manducat meam carnem et bibit meum sanguinem in me manet et ego in illo. Agus an té a léann mo chuid scríbhinní (ó Imleabhar I go dtí Iml. XXXVI) mairfidh sé ionamsa agus mairfeadsa ann.[1]

Ar thrá Chlochair in Iarthar Duibhneach a bhíomar, bliain foilsithe *Brosna* (1964) agus gan é ar ár gcumas aon chiall a dhéanamh den dán 'Catchollú', ach go dtáinig an tAth. Dónall Ó Ceallacháin, an té a bhí i bhfeighil chleas Fhearann Phiarais ar a dturas bliantúil go Brú na Gráige an uair sin, i gcabhair orainn. 'N'fheadar ná gur ag cuimhneamh ar an bhfocal "ionchollú" atá sé', ar seisean, 'faoi mar a bheadh sé ag cur feoil agus craiceann ar smaointe teibí. Féach ar an dán eile sin "Pound" aige. Nach é an rud céanna aige ansin é: ag déanamh feoil den mbriathar. Soiscéal Eoin bun agus barr an scéil aige':

> ...Is bhailigh Pound isteach sa bhfocal di
> is chónaigh ann...
>
> Is pé duine eile 'bheidh míshocair inár n'aigne,
> Ní mar sin a bheidh Pound.[2]

'Ionchollú' a thugann an Ríordánach féin ar a mbíonn ar bun aige, agus tuiscint Phlatónach a léiríonn sé ar ghníomh cruthaitheach na filíochta, mar a gcuireann an file feoil ar eiseamláirí idéalacha na foirfeachta:

> Radharc ar fhoinsí na beatha is ea filíocht – nó murar radharc is plé – plé leis an mbeatha nó le foinsí na beatha nó leis na dlithe a bhaineas léi. Is é is brí le beatha sa chiall seo ná an fórsa sin a anamaíonn sinn pé acu an daoine nó ainmhithe nó plandaí sinn.

Domhan is ea an bheatha, domhan ceilte atá laistiar dínn. Aon ní nach dtagann as an domhan san ní filíocht é. Cuireann filí focail um an bheatha faoi mar a chuireann Dia corp uimpi. Ní haon mhaith focal nach dtugann scéala éigin leis ón mbeatha. Úsáideann filí áirithe focail ársa nó focail iasachta nach mbíonn i ngnáthúsáid. Tá an cleachtadh seo ceadmhach, dar liom, má úsáidtear na focail ársa chun ársacht a chur i gcéill nó a ionchollú – nó na focail iasachta chun an iasacht a thabhairt le fios, nó, má oireann siad don mblúire fis, nó don léaspairt atá faighte ón mbeatha, nó ón bhfo-intinn, mar a déarfadh Freud. Má oireann focal ársa don mblúire fis nó más é is fearr, is iomláine, is doimhne a mhúsclaíonn fios – agus uaireanta is é – is é ba cheart a úsáid. Más dóigh le file ar bith go saibhreoidh sé a chuid filíochta díreach trí fhocail ársa a tharrac isteach inti tá dearmad air. Í a mhúchadh is ea is dóichí a dhéanfaidh sé.[3]

Gach seans gur ón ndiagaire mór le rá Tomás d'Acúin, a raibh spéis ag an Ríordánach ann ar fhianaise na dialainne, a thug sé an tuiscint seo ar an ngaol idir coincheapa agus focail. Mar seo atá sa *Compendium Theologiae*:

> *Id autem quod in intellectu continetur, ut interius verbum, ex communi usu loquendi conceptio intellectus dicitur... Quod autem intellectus comprehendit, in intellectu formatur, intelligibili quasi agente, et intellectu quasi patiente. Et ipsum quod intellectu comprehenditur, intra intellectum existens, conforme est et intelligibili moventi, cuius quaedam similitudo est, et intellectui quasi patienti, secundum quod esse intelligibile habet. Unde id quod intellectu comprehenditur, non immerito conceptio intellectus vocatur.*

[Fiú sa ghnáthchaint, tugtar coincheap de cuid na hintleachta ar sin atá coinnithe san intleacht mar fhocal inmheánach...An rud seachtrach an gníomhaí agus an intleacht an bhroinn, mar a déarfá agus, mar sin, cruthaítear an rud a thuigtear san intleacht. Agus an rud a thuigeann an intleacht, maireann san intleacht, is ionann cruth dó agus don rud a bhogann an intleacht chun a chosúlacht lasmuigh a aithint, agus an neach intleachtúil a n-imríonn sé tionchar air, araon. Agus, dá bhrí sin, tugtar coincheap de chuid na hintleachta ar an rud a thuigeann an intleacht.][4]

Ionchorprú ar a thaithí is ea téacs na dialainne, taifead na beithe, taifead na beatha pearsanta, bunábhar laethúil na ndánta, faoi mar a b'é ábhar na dialainne an t-inneall laethúil agus na dánta é sin piocaithe bearrtha ina chulaith Domhnaigh. Ach ní tráchtaireacht ar chúlra ná ar ábhar na ndánta atá i leagan próis na dialainne ach an leagan príobháideach broinne den aiste a tháinig os comhair an tsaoil mar dhán poiblí ina dhiaidh sin.[5]

Is ar an lá is gruama sa bhféilire Chríostaí, b'fhéidir, Céadaoin an Luaithrigh, a fhaightear gotha sin an té atá ag éamh as an duibheagán, atá mar thús, lár agus deireadh le hoilithreacht chéasta an údair trí dheorghleann na dialainne ar fad:

> Nach míorúilteach an rud é nach mbíonn d'ábhar cainte riamh agam ach mé féin. A Chríost, nach cúng agus, a Chríost, nach duairc. Bí ag piocadh leat agus ag tochailt agus gheobhair breac. Ní 'bí ag imeacht' atá i gceist agam le bheith 'ag piocadh' anseo. An té a bhíonn de shíor ag machnamh, is cuma cad air, raghaidh sé tríd an doircheacht chun an tsolais luath nó mall. Ní féidir é a bhac.[6]

Tá sé ar a mhine ghéire ó thosach forrán a chur ar an léitheoir[7] agus, ag éirí as an tsáinn ina bhfuil sé, braitheann práinn le teistiméireacht (*testamentum*) seo na páise sin a fhágaint mar thuairisc ina dhiaidh:

> Nuair a chím an t-éadóchas chugam beirim greim ar mo pheann agus seo liom ag scríobh anseo ar mo dhícheall le súil nach

> mbainfí liom toisc mé a bheith gnóthach. Cad a imeoidh ar na scríbhinní seo go léir atá déanta agam le blianta anuas? An mbeidh siad luachmhar fós? Dá mbeadh lámhscríbhinní na soiscéalaithe le fáil anois nach iad a bheadh luachmhar? Dá laghad a bhí le heachtraí agamsa b'fhéidir dá bhfaighfí an lámhscríbhinn seo i gceann míle bliain go mba spéis le scoláirí í. B'fhiú an rud a déarfaidís a chlos.[8]

Ar a shon gurb é *carpe diem* na hóige a shantaíonn sé, fonn air dul siar 'on Halla go minic, ní ghéilleann don gcathú tarraingteach sin, ach é tiomanta dá dhualgas dialannóireachta:

> Ach mar sin féin ní bhogfad as an gcathaoir seo anocht, á scríobh seo duit-se, a léitheoir, le súil go dtiocfaidh tú i mo dhiaidh á léamh agus a leathfhios agam nach dtiocfaidh tú.[9]

Go luath tar éis tosnú amach dó, tosnaíonn cruimh seo an amhrais faoi fhiúntas an tionscadail á chreimeadh:

> Tá an méid seo de leithscéal agam nach bhféadaim cuntas mo shaoil a bhreacadh anseo mar níl saol ar bith agam. Nílim ach ag féachant ar an saol trí chaolfhuinneog mo phríosúin sa bhfásach.[10]

Agus ní fada ina dhiaidh sin an féindíspeagadh seo:

> Fágaim an leabhar seo le huacht ag mo mháthair chun an tine d'adú ar maidin.[11]

Agus tamaillín ina dhiaidh sin arís cuireann rá a béil féin leis an amhras:

> Ní mór dom mo pheann a leagadh uaim. Níl aon mheas ag mo mháthair ar an scríbhneoireacht seo atá ar siúl agam. *'Yourself and that fairy of a book should be burned,'* ar sise liom anois. Ní deirim ná go bhfuil an ceart aici.[12]

Ach má bhí sé scoite amach on saol ní fhágann san nach raibh sé ina thráchtaire géarchúiseach ar staid an duine agus ar a imeachtaí. Go deimhin, b'fhéidir a áiteamh gur as géibhinn an chillín sin ar chúl an tí aige, faoi mar a bheadh manach nó príosúnach, Thomas à Kempis nó Solzhenitsyn, abair, a chruthaíonn sé an t-achar spáis agus peirspictíochta a theastaíonn chun machnaimh agus tráchtaireachta, faoi mar a thuigtear ón rann gonta seo leis an bhfile Béarla Richard Lovelace:

> *Stone walls do not a prison make*
> *Nor iron bars a cage;*
> *Minds innocent and quiet take*
> *That for a hermitage.*

Teiripé nó oideas in aghaidh na hanachaine, mar sin, is ea cleachtadh seo na dialainne:

> Ní scríbhneoireacht é seo ach troid i gcoinne an bháis. Le habairtí atáim ag troid an bháis. Más abairtí gan mhaith féin iad is cuma má scaipeann siad an bás. Ní ligeann siad dom toiliú leis an mbás. Scagaim agus mionscagaim gach pian, gach breoiteacht, gach éadóchas go dtí nach mbíonn siad ann a thuilleadh. Mura mionscagfaí iad chuirfidís le chéile agus dhéanfaí bás díobh. Is fadó a bhíos slogaithe mura mbeadh an mionscagadh.[13]

Le teann umhlaíochta (nó *topos* na humhlaíochta, b'fhéidir), tá sé den dtuairim go bhfuil an cuntas seo aige róchomónta, airtifiseálta, gan anam, gan doimhne, agus nach fiú puinn é; ach tá, ag an am gcéanna, leathshúil aige, b'fhéidir, ar phobal léitheoireachta:

> Nílim éirithe fós. Braithim go bhfuil an cín lae seo róphoiblí – mínádúrtha – nach bhfuil sé te, daonna, príobháideach a dhóthain agus dá bhrí sin nach bhfuil aon mhaith ann. Má éiríonn le duine an rud a mhothaíonn sé a rá i gceart mairfidh a shaothar. Féach an daonnacht atá i bhfilíocht na Caillí Béara i leabhar liricí Ghearóid Uí Mhurchú.[14]

Ar shroichint dheireadh imleabhair áirithe dhó caitheann súil mheasúnaithe siar ar fhiúntas an tsaothair go dtí seo:

> Lá báistí. Baist do leanbh féin ar dtús. Seo an leathanach deireanach den leabhar seo. Tá go dtí deireadh an leathanaigh seo .i. sé líne déag le scríobh agam agus nuair a bheidh san déanta fágfar an leabhar seo gan focal eile ná smaoineamh eile a scríobh ann go bráth. Cad is fiú a bhfuil scríofa ann cheana féin? Is beag é. Cad a imeoidh ar an leabhar seo agus ar na leabhair eile dá shamhail atá scríofa agam? An bhfeicfear go bráth iad? Ba cheart iad a dhó is dócha. Uaireanta bím chun cuid acu a chaitheamh sa tine ar eagla go náireoidís mé. Dá bhfaighinn bás obann gan iad a bheith dóite bhí beirthe orm. Tá cuid acu agus b'fhearr liom nach bhfeicfí iad. Slán leat, a leabhair.[15]

Tamaillín roimhe sin léiríonn sé an cion agus an muintearas céanna leis an ndialann, faoi mar gurbh í a pháirtí í:

> Braithim fuar, dólásach, a leabhair. N'fheadar, a leabhair, an maith é an t-uaigneas go léir seo tar éis an tsaoil? Níl ach an bheirt againn ann, a leabhair, agus ní leor de chomhluadar sinn dá chéile. B'fhéidir gur leor duitse é mar níl ionat ach leabhar. Ina theannta sin táthar do do líonadh. Ní fada ó bhís folamh. B'fhéidir nach fada eile go mbeir lán. Nuair a bheadsa caillte

> b'fhéidir go léifí tú i mo dhiaidh. Sin cuideachta eile i ndán duit, a leabhair. Osclófar tú agus léifear tú agus dúnfar tú. Sin é do shaol leabhair á chaitheamh i gceart agat agus do chinniúint leabhair i ndán duit. Níl aon chúis ghearáin agat.[16]

A shaol príobháideach an t-aon ábhar amháin ar fiú dó trácht air, dar leis:

> Is annamh anois a scríobhaim ar rudaí pearsanta, agus ar chuma amháin is trua sin, mar níl maitheas ar bith sna nótaí seo ach amháin mar thuairisc phríobháideach ar mo shaol féin.[17]

Cé gur minic cráite criathraithe ag an lagmhisneach é, bíonn, ó am go chéile, an nóta dóchais i ndeireadh thiar thall:

> Uaireanta tuigtear dom go bhfuil an leabhar nótaí seo róchomónta – go mba cheart dom smaointe níos neamhchoitianta a bheith agam – nó mura mbíonn go mba cheart dom fanúint i mo thost. Uaireanta eile tuigtear dom go mbíonn na smaointe a scríobhaim síos anseo i bhfad níos suaithinsí ná mar a mheasaim – nach bhféadfadh do chuid féin taibhsiú neamhchoitianta go bráth. Uaireanta eile fós tuigtear dom gur cuma cé acu an bhfuilid suaithinseach nó nach bhfuilid – nach bhfuil ach rud amháin a mheánn brobh agus gurb é sin iad a bheith de réir na fírinne. An rud is measa ar fad i dtaobh an leabhair seo – nó b'fhéidir gurb é an rud is fearr é – is ea gur mar chaitheamh aimsire a scríobhtar é – nó mar chleas chun m'aigne a chur chun suaimhnis nuair a bhím suaite. Cleachtadh ar scríbhneoireacht is ea é, leis. Ba dhóigh leat orm go raibh réimse mór scríbhneoireachta romham amach agus gur seo an t-ullmhúchán. B'fhéidir go bhfuil, leis. Ní mór a bheith ag tochailt is ag taighde sula dtiocfair ar ór.[18]

As a mhachnamh aithníonn sé gur fiú an t-aclú pinn seo, fiú laethanta na lagtrá, chun a bheith i bhfearas do lá na rátha:

> Ní fiú faic na nótaí seo atá a mbreacadh agam – ach amháin chun mo mhisneach a choimeád suas. Is fiú rud éigin véarsaíocht má chuireann tú obair inti. Ach ní leor an sórt seo scríbhneoireachta. Ealaín leisciúil í. Is féidir leat do rogha rud a scríobh ar do rogha shlí. Cad is fiú bacaint léi seachas buachtaint ar imní na hoíche. Chun nach raghadh aon ní amú. Ní fheadraís cén sórt bric a thabharfá leat i do líon, fiú amháin mar seo.[19]

Ach ní ag dul i muinín faoina chumas a bhí sé le haimsir, ach a mhalairt, go deimhin:

> Ní fiú faic an scríbhneoireacht seo go léir. Na líníochtaí marbha ar imeall an leathanaigh a chur ar mo shúile dom é go hobann anois – má ba ghá. Cathain a bhrisfead tríd an gcac seo go dtí an teanga bheo a chuireann an duine féin in iúl – nó an mbrisfead go bráth? Leathchéad bliain agus gan faic déanta! Saontacht faoi deara aon dóchas atá agam. Dá mbeadh aon mheabhair agam ghéillfinn, d'admhóinn teip. Ach níl garsún ná gearrchaile meánscoile níos dóchasaí ná mé. Ba dhóigh leat ar an bhfuadar foghlama atá fúm gur ag tosnú mo shaoil a bhíos. Tá an scéal chomh ciotrúnta nach bhfoláir nó tá an ceart agam a bheith mar atáim.[20]

Na Líníochtaí

Leanann diamhaireacht agus duairce, ainnise agus aiteas, anbhuain agus uathmhaireacht, ciotrúntacht agus cráiteacht líníochtaí an Ríordánaigh. Léaráidí ar fad is ea laethanta áirithe agus tréimhsí as a chéile agus gan ach beagán d'iontrálacha i gcaitheamh an dá scór bliain dialannóireachta nach bhfuil faoi scáth, nó faoi scáil, léaráide. Ná níl an t-ealaíontóir féin támáilte faoi ról na léaráidí a thomhas ná a shuíomh. Míníonn sé, chomh maith agus is féidir leis, 'rún' a cheirde:

> Tháinig Joe Ahern isteach san oifig chugainn arú inné. Bhíos i m'aonar (bhí an bheirt eile luite le slaghdán). Chonaic sé pictiúirí beaga thall is abhus d'aighthe daoine a bhí déanta agamsa. D'fhiafraigh sé dhíom conas a dheineas iad, nó cad é an rún a bhí agam. Dúrt leis nárbh fhiú biorán as iad agus nach raibh aon cheird agam agus gurb é ba dhóichí nach raibh aon rún agam ach an oiread (ní focal oiriúnach 'rún' anseo ach is i mBéarla a bhí sé ag labhairt agus b'é an focal *secret* a bhí aige). D'fhiafraigh sé díom conas a fhéadas cosúlacht duine a thabhairt liom ar pháipéar. Chuireas suim sa cheist dá shimplíocht í ach chaitheas a admháil gur cheist í a bhí achrannach agus thar mo chumas-sa. An rún seo a bhí uaidh – an rún nach raibh agam. Mar sin féin, is minic a dheineas pictiúr i gcosúlacht duine áirithe. (D'fhiafraigh sé dhíom conas a aimseófá na línte tábhachtacha in aghaidh duine.) Conas a dheineas é? Cé go rabhas chomh dall air leis féin dheineas iarracht ar an gceist a fhuascailt mar mhaithe leis an mbeirt againn. Níl aoinne againn nach n-aithníonn na comharsain. Ní foláir, mar sin, nó tá pictiúr cruinn de gach comharsa inár n-aigne, inár gcuimhne. Tá dhá shúil, srón amháin, béal amháin, smig agus dhá chluais ar an gcuid is mó acu. Níl aoinne acu nach bhfuil cláréadan air. Mar sin féin nuair a chímse Joe Ahern nó Pilib Ó Muimhneacháin bíonn a fhios agam láithreach cé bhíonn agam. Bíonn cló gach duine acu de ghlanmheabhair agam agus is beag lá nach bhfoghlaimím aghaidh nua...Léim m'aigne os na haighthe go dtí rithimí agus as sin go dtí foinn ceoil. Aithnímid an fonn 'Cill Chais', abair, nó 'Cill Mhuire', nó 'Eibhlín a Rún', faoi mar a aithnímid aghaidh duine ach amháin gur lenár gcluais é. Tá cuntanós fuaime i gceist san amhrán faoi mar a bhí cuntanós deilbhe i gceist san aghaidh.[21]

Rudaí gránna ar easpa daonnachta agus anamúlachta, gan beocht gan substaint, dála a chuid scríbhneoireachta, is ea na 'pictiúirí beaga' seo, dar leis féin:

> Ní maith liom na pictiúirí beaga a bhíonn ar chiumhais an leathanaigh agam. Is geall le dreancaidí ar an leathanach iad. Is deise go mór leathanach nach mbíonn air ach scríbhneoireacht. Ach tá gaol acu leis an scríbhneoireacht. De ghnáth bíonn siad déanta agam sula mbíonn a fhios agam. Níl iontu ach mar a bheadh cosaint ar an éadóchas. Conas nach mbláthaíonn siad? Rudaí gránna is ea iad d'ainneoin go bhfuilim á ndéanamh riamh. Tá téagar in easnamh orthu. Nílid daonna. Tá tanaíocht nó teoiriciúlacht éigin iontu. Tá easpa smachta orthu leis. Níl an cheird agam. Nuair a chíonn tú leathanach acu le chéile chíonn tú chomh mísciamhach is atáid. Is baolach nach raibh sé d'fhoighne ná de thionscal agam riamh aon ní d'fhoghlaim i gceart. Pé aclaíocht atá agam i scríbhneoireacht nó i líníocht ba cheart dom iad a cheangal le nithe atá ar an saol agus gan a bheith de shíor ag brath ar mo shamhlaíocht chaite féin. Ar an slí sin b'fhéidir go ruaigfí an teibíocht ghránna sin.[22]

Murab ionann agus téacs na dialainne, sceitseanna gan mhaith, gan anam, gan brí ná beatha, fáiscthe as a shamhlaíocht agus a chuimhne féin, ach gur scáthán, dá bhrí sin iad, na líníochtaí ar a staid aigne féin:

> Tá a fhios agam anois canathaobh nach bhfuil aon mhaith sna sceitseanna ar imeall an leathanaigh seo. Níl aon mhaith iontu toisc nach bhfuil aon ghnó acu ar an saol, agus dá bhrí sin níor chuaigh aon anáil de bheatha an tsaoil iontu.[23]

Cuma mhíshláintiúil, sheanchaite na hainnise orthu mar sceitseanna:

> Daoine críonna is mó a bhíonn á dtarrac agam i mo chuid sceitseanna – iad rocach, sprochallach, maol. An ionann sin is a rá go mairfead críonna? Dealraíonn sé nach rabhas riamh óg. Ní cuimhin liom go ndeininn sceitseanna óga riamh.[24]

Scáthánaíonn a chuid líníochtaí dearóile na samhlaíochta agus na Gaeilge aige:

> Tá na sceitseanna imeall leathanaigh seo bocht toisc nach bhfuil iontu ach samhlaíocht gan puinn ithreach daonna fúthu. Ag dul i mboichte agus i mboichte a bhíonn siad toisc gan aon teagmháil a bheith acu leis an gcine daonna – gan aon chothú a bheith á fháil acu puinn. Maireann siad orthu féin agus ar an iarmhar beag den daonnacht a thugaimse dóibh agus den méid a bhíonn fanta i mo chuimhne. Is é an scéal céanna é ag mo chuid Gaeilge. Uirthi féin a mhaireann sí an chuid is mó den mbliain – á cumadh féin a bhíonn sí. Anois an bhfuil aon bhuntáiste in aon chor sna sceitseanna cuimhne agus i nGaeilge an duine aonair? Is dóigh liom go bhfuil. Is iontu atá toil agus mianach an duine le fáil má bhíonn siad lag ocrach féin. Ach ní mhaireann duine, ná sceits, ná Gaeilge, gan bia.[25]

Ní bheifeá ag súil lena mhalairt ó dhuine ar staid an uaignis, mar atá sé féin:

> Tá mo chuid líníochtaí cosúil le mo chuid Gaeilge. Nílid daoineach. Rudaí teibí iad. Ní bhainid le cúrsaí daonna. Nach uaigneach an ealaín í. Ní bheadh coinne agat lena mhalairt ó dhuine uaigneach.[26]

I ndeireadh thiar thall, tráth an ama a raibh sé ag fáiltiú roimh INNTI, agus ag tuar go n-inseodh an aimsir an filíocht a bhí ann nó gimic, in ainneoin a chuid amhrais faoi fheabhas a dhialannóireachta féin, ba dhóigh leat air gur mó ná leathsásta a bhí sé go raibh dul chun cinn áirithe déanta aige mar scríbhneoir agus mar ealaíontóir, mura mbeadh san iomlán ach an tuairisc seo ina dhiaidh.

Tagairtí

[1] Dialann, Féile Corpus Christi, 1951.
[2] *Brosna* (1964), 15.
[3] 28. 6. 1970.
[4] Caibidil 38.
[5] Féach lgh 310, 364 thíos.
[6] Céadaoin an Luaithrigh, 15. 2. 1956.
[7] 'A léitheoir na féile is na carthanachta'; 'A léitheoir na measarachta', 'A léitheoir chaoin stuama' etc.
[8] 5. 10. 1956.
[9] 14. 2. 1940.
[10] 30. 1. 1940.
[11] 9. 10. 1940.
[12] 28. 1. 1940
[13] 26. 6. 1962.
[14] 23. 4. 1962. Féach Gerard Murphy, *Early Irish Lyrics* (1956).
[15] 19. 10. 1956.
[16] 22. 10. 1956.
[17] 25. 6. 1942.
[18] 5. 9. 1957.
[19] 21. 4. 1961
[20] 1.1. 1967.
[21] 21. 4. 1961.
[22] 1.1. 1967.
[23] 13. 2. 1959 agus 20. 2. 1959.
[24] 17. 12. 1961.
[25] 25. 1. 1965.
[26] 15. 7. 1965.
[27] 18. 6. 1965.
[28] 8. 6. 1958.

Nóta Eagarthóireachta

Iarracht atá sa deascán díolamtha seo ó dhialanna an Ríordánaigh ar éachtaint a thabhairt ar aigne chéasta an údair ar bhonn leanúnach ó thosnaigh sé amach air sa bhliain 1940, go dtí an bhliain ar cailleadh é, 1977. Blaiseadh beag de bheatha na dialainne iomláine é, mar sin, tiomsaithe in aon bhliainfhéilire amháin, faoi mar a bheadh i gceann de na leabhair laethúla mhíúine sin, ar nós an *Imitatio Christi*, le Tomás à Kempis, a raibh an oiread sin tóir ag an Ríordánach féin air. Táid ann a ghearánfaidh go bhfuil canúint an Ríordánaigh caighdeánaithe as a riocht agam. Is é mo fhreagra orthu san gur leanas dá nós eagarthóireachta féin, don chuid is mó, agus é ag réiteach ábhar na dialainne don *Irish Times*; nó, ba chirte a rá b'fhéidir, faoi mar is dóigh liom a dhéanfadh sé anois dá mbeadh dréachtaí na dialainne á réiteach don chló aige.

Chomh fada agus a bhaineann le rogha na sleachta, b'fhuirist san i gcás na bhféiltí móra, Lá Nollag, nó Céadaoin an Luaithrigh, cuir i gcás. Lasmuigh de sin, roghnaíos sleachta de bharr fheabhas an léirithe iontu ar dhoimhne agus ar ghéarchúis a smaointe, agus ar líofacht agus ar dheis-bhéalaíocht a theanga, beag beann ar na dátaí a bhí leo, fad is nach raibh na seintimintí iontu glan in earráid leis na dátaí sin.

I gcás na líníochtaí, ó am go chéile is mar léiriú ar ábhar an tsleachta iad, agus is mar sin a ceadaíodh anseo thíos iad. Ach don chuid is mó is ag déanamh uanaíochta ar a chéile a bhíonn téacs agus líníocht: nuair is treise ceann acu is ea is laige an ceann eile. Scáthánú iontu féin ar shamhlaíocht agus ar aigne an údair, ar a scil agus ar a chumas, neamhspleách ar an téacs, is ea scata acu, mar sin, agus ceadaítear anseo thíos iad mar léiriú breise ar thallann an Ríordánaigh ildánaigh.

Oíche na Coda Móire, 2013.

En mi empero no se pone el sol

Ní théann an ghrian faoi i m'impireachtsa

1 EANÁIR

Tá rún daingean agam le fada agus go speisialta ón oíche aréir luí isteach ar an scríbhneoireacht as seo amach. Tá go breá. Cuimhnigh ar Strindberg agus an t-ampla a bhíodh air chun oibre. Ba mhór an scanradh an inspioráid a tháinig ann agus é ag déanamh ar a leathchéad. Níor túisce dráma scríofa aige ná ceann eile tosnaithe. Cad a líonadh é? Fulaingt? Níor chóir don a thuilleadh againn a bheith folamh má b'ea. Seo rud a dúirt Strindberg:

I live and I live the manifold lives of all the people I describe, happy with those who are happy, and evil with the evil ones, good with the good: I creep out of my own personality, speak with the mouths of children, of women, of old men: I am king and beggar, I have worldly power, I am the tyrant and the down-trodden hater of the tyrant; I hold all opinions and profess all religions; I live in all times and have myself ceased to be. This is a state which brings indescribable happiness.

Sin aigne an scríbhneora mar a thuigimse féin í go díreach – go mórmhór gan aon tseasamh a bheith ag an bhfear féin – gan é a bheith ann in aon chor. Is dóigh liom go ndúirt Keats rud dá shórt. Chuireadh an teideal 'file caitliceach' nó 'file' deargdéistean orm i gcónaí.

(11. 4. 1955)

2 EANÁIR

Deineann sé an bhliain úr níos úire oiread agus is féidir de dhaoine na bliana caite d'fháil báis. Fuascailt is ea é scéalta uafáis agus bás obann a chlos. Athnuachan ar an saol is ea é am ar bith scéala báis a chlos. Is fearr ná sin é ag tosach na bliana. Ina theannta sin tugann sé caoi do dhuine cainteanna seanbhunaithe an phobail d'aistriú ón mbliain atá imithe go dtí an bhliain nua. Cuireann sé chun suaimhnis sinn, an bhliain nua a bheith nua agus fós, so-aitheanta – ina bliain nádúrtha, mar a déarfá. An-ábhar comhrá is ea mí-ádh agus nithe scanrúla agus go háirithe bás. Ba ghránna iomarcach achrannach an saol é gan bás na gcomharsan. Fásaimid le gach bás dá gcloisimid a thásc. Cuirtear lenár stair. Deintear níos stairiúla sinn. Níl aon teora leis na tíolacthaí a bhronnann Dia orainn, moladh go deo leis.

(2. 1. 1971)

3 EANÁIR

Caithfidh mé feabhas a chur ar mo chuid Gaeilge. Is deise liom stíl an Athar Peadar ná stíl aon scríbhneora eile dar bhuail umam sa Ghaeilge fós. Ní mór dom leabhar nó dhó leis a léamh arís más mian liom slacht a bheith ar an ráiméis seo. Léifidh mé *An tOileánach* chomh maith. Thaitin glan-Ghaeilge Uí Chriomhthain liom. Tá bearna idir sinn agus an Céitinneach, ach tá cion agam ar a chaint. Cuirfidh macalla meascaithe an triúir sin mo pheann ag rince ó leathanach go leathanach. Ach is baolach go bhfuil stáir de ghallcheol na mBéarlóirí i mo chluais i gcónaí.

(1. 1. 1940)

4 EANÁIR

Táim féin anseo go míchéadfach. Tá mo shaol imithe sa mhuileann orm. Muna bhfuil ar mo chumas dul ag obair féin, canathaobh nach bhfuilim ag bailiú eolais chugam níos flúirsí? Canathaobh nach bhfuilim ag déanamh dian-staidéir ar an nGaeilge? Canathaobh nach bhfuil an Fhraincis foghlamtha agam? Cana-thaobh nach bhfuil filíocht á scríobh agam? Canathaobh nach bhfuil leabhar istigh sa leabharlann de cuid Sheáin Uí Ríordáin? Seo dhuit an freagra. Níl aon mhaith ionam. 'Bhfuil a fhios agat cad tá ag déanamh tochais dom? Tá, nach bhfuil bean agam. Easpa mná. Drochsmaointe i mo cheann. Mé ag dul níos sia ar bhóthar m'aimhleasa gach lá. D'fhéadfainn bean – cailín óg den lucht aimsire – a bheith agam i Leitir Fraoigh, ach ní ligfeadh an náire dhom baint léi. Bhí corp cothaithe deas aici agus bhí sí fial toilteanach, ach b'fhearr leis an mbacach seo ligint air go raibh sé ina ógfhear geanmnaí agus ina Chríostaí oirirc agus ina chábóg chúthail. Tá cathú air anois nár thóg sé a sheans. 'Sé an chúis go bhfuilim á tharrac anuas ná gur dóigh liom (cé nach bhfuilim siúrálta de) nach mór do dhuine óg na paisiúin a shásamh anois is arís más mian leis faoiseamh d'fháil ó smaointe uafásacha a ghineann an diabhal atá idir a chosa muna ligtear dó aon rud eile a ghineadh. Más dóigh leat go bhfuilim drochbhéasach éist le Yeats:

'And get a comfortable wife and house
To rid me of the devil in my shoes'
Beggar to beggar cried being frenzy-struck
'And the worse devil that is between my thighs.

A léitheoir na féile agus na carthanachta, maith dhom an salachar. Duine drochmhúinte mé agus níl leigheas agam air. Ach tá leigheas agam air agus geallaim duit nach ndéanfaidh mé a leithéid arís.

(7. 1. 1940)

5 EANÁIR

I gcuntas laethúil deineann duine cur síos, ar dtúis, ar na gníomhartha a dhein sé féin i gcaitheamh an lae agus na heachtraí a bhain é. Ansin cuireann sé síos ar eachtraí eile a chonaic sé, nó aon rud a thit amach gur dóigh leis gur fiú a bhreacadh. Leanann sé stair a linne ón eolas a gheibheann sé sna páipéirí, más maith leis. Is dóigh liom nach ndeintear sin de ghnáth, mar cuntas pearsanta príobháideach is ea cín lae. Mar sin féin, ní thuigim conas is féidir stair na haimsire a sheachaint, mar bíonn a bheag nó a mhór de bhaint ag corraithe an tsaoil ar shaol an duine. Pé ar domhan é, mura mbeadh na nithe a thiteann amach sa tsaol mór ní bheadh mórán le scríobh agamsa anseo, mar is beag a thiteann amach i mo shaol féin. Mar a dúrt sa chuntas a scríobhas anuraidh, níl de ghníomh i mo shaolsa ach an beagán scríbhneoireachta a dheinim anseo. 'Sé a thug na smaointe seo isteach i m'aigne ná go bhfuil eagla orm nach bhfuil aon bhrí ná aon tairbhe sa chuntas seo atá á scríobh agam i mbliana. Ní cuntas in aon chor é. Ní úrscéal é. Ní dán é. Ní stair é. Ní óráidíocht é. Dealraíonn sé go bhfuil foirm litríochta ceapaithe agam nárbh eol do mo shinsear. Ach bímis i ndáiríre. Ba chóir do dhuine a scéal féin d'insint sula bhféadfaí cuntas a shaoil a thabhairt ar an rud a scríobhann. Is baolach go bhfuil de bhotún san draibhlis seo nach bhfuil aon insint ann. Ní haon chabhair dom, ámh, speabhraoidí a theacht orm ina thaobh. B'fhearr dom mo bhotún a leigheas. Bhuel, tá an oíche ann agus táimse i mo shuí anseo i mo sheomra beag féin ag scríobh – agus coinneal ar lasadh i m'aice. Tá an choinneal ag dul i laghad agus tá a deireadh ag teacht. Tá an choinneal ag cnaoi. Tá an oíche ag cnaoi. Táim féin ag cnaoi agus tá mo dheireadh ag teacht.

(10. 1. 1940)

6 EANÁIR

Ní fheadar an fearr cloí leis na seanchora cainte nó focail nach bhfeictí i gcomhluadar in aon chor roimhe seo a cheangal i gcuing an phósta. Más féidir an smaoineamh a chur i gcéill le seanchor cainte is cóir úsáid a bhaint as. Ní dóigh liom gur chruthaigh éinne riamh fós (b'fhéidir gur dhein ach nár airíos-sa é) go bhfuil smaoineamh ar bith nach bhféadfaí a chur i gcéill le seanchor cainte. Scríobh an tAthair Peadar Ó Laoire an Ghaeilge a fuair sé óna shinsear agus ní dóigh liom gur chuir sé dhá fhocal i dteannta a chéile don chéad uair .i. nár cuireadh i dteannta a chéile roimhe. Thug sé rabhadh do scríbhneoirí Gaeilge gan a bheith ag cumadh Gaeilge as a ngustal féin. Ba dhóigh leis go raibh an Ghaeilge maith go leor mar a bhí sí agus nach bhféadfaidís ach díobháil a dhéanamh dá mbeidís ag craobhscaoileadh Gaeilge dá ndéantús féin. Bhí an ceart aige an uair sin agus bheadh leis b'fhéidir dá ndéarfadh sé inniu é. Tagann fás ar theanga bheo ach ní mór di fás aisti féin. Ní mór do scríbhneoirí na Gaeilge iad féin a thumadh sa Ghaeilge sula mbeidh sé de cheart acu focail a chomh-aontú in aon tslí ach sa tsean-nós. Fairíor tá an peaca atá á cháineadh agam ar mo choinsias féin. Níl de chosaint agam ach gur cuntas príobháideach é seo. Chuas ar fán arís, ach is eol duit, a léitheoir, nach bhfuil aon áit eile agam a raghainn.

(14. 1. 1940)

7 EANÁIR

Nuair a chuas isteach sa leaba aréir thosnaíos ag smaoineamh ar an ráiméis seo atá á scríobh agam. Ní dheinim d'obair ach é a scríobh agus dá bhrí sin cuirim níos mó suime ann ná mar is fiú é. Admhaím go bhfuilim ag iarraidh litríocht a chumadh ach is baolach go bhfuil teipthe orm chuige seo ar aon chuma. Breacfaidh mé dhuit na smaointe a bhí i mo cheann sa leaba aréir.

Tagann smaoineamh chugam, nó ba chruinne a rá gur eol dom go bhfuil smaoineamh áirithe ann. Ní thuigim éifeacht an smaoinimh sin sa cheart – go hiomlán – dá bhrí sin níl an smaoineamh agam agus ní foláir é a leanúint. Tá oíche doircheachta – tréimhse aineolais – idir mé agus an smaoineamh sin. Ní heol dom faid na hoíche sin ach tá a fhios agam nach foláir dom an oíche a shárú sula mbeidh an mhaidin agam .i. sula mbeidh an solas agam. Solas atá uaim agus is ionann solas agus tuiscint ar éifeacht an smaoinimh. (Táim ag iarraidh an chéad locht atá ar mo chuid oibre a mhíniú duit, a léitheoir.) Duine leisciúil is ea mé agus níl d'anam ná de ghníomh ionam agus go siúlfainn tríd an oíche achrannach dorcha agus táim sásta leis an léas lag solais a chonac tríd an doircheacht. Sin mo chéad locht: iomláine a bheith de dhíth ar mo chuid smaointe. An dara locht anois: ní leor mo smaointe a bheith iomlán chun litríocht a dhéanamh. Ní mór crot liteartha soléite a chur ar na smaointe sin. Ní mór culaith a thagann dóibh a chur umpu. Sular féidir sin a dhéanamh le slacht ní mór eolas maith a bheith ag an scríbhneoir ar an dteanga. Ní mór dó smaoineamh go doimhin chun a chuid smaointe a bhreacadh. Ní mór dó foighne a bheith aige agus an teanga a 'chuardach' go mion. Ní mór dó gan a bheith deithneasach mar a bhímse. B'shin iad mo smaointe sa leaba aréir.

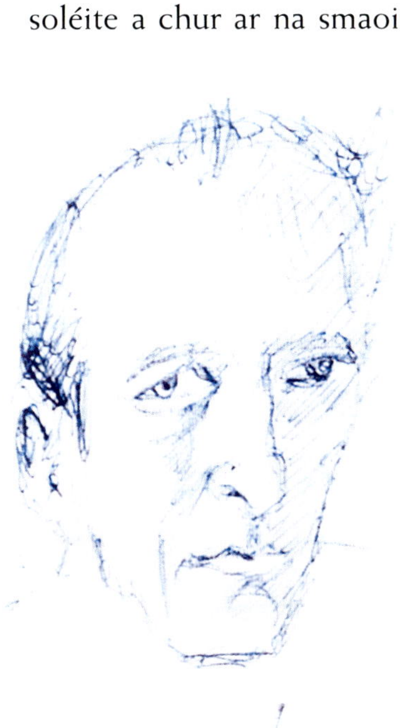

(15. 1. 1940)

8 EANÁIR

A léitheoir na carthanachta, tá scéal agam duit sa deireadh, ach faire go deo ní féidir liom é d'insint duit. Thit rud éigin amach dom i ndeireadh na dála. Dheineas peaca tráthnóna inniu. Ní raibh mo dhóthain ann in aon chor. Ní raibh ann ach cúpla neomat, ach ar feadh na miontréimhse sin bhíos beo. Ní rabhas i mo fhear marbh a thuilleadh. D'éiríos ós na mairbh. Ba mhó an faoiseamh do m'anam an peaca sin a dheineas tráthnóna inniu i gcoineascar na hoíche ná bréithre buartha na hEaglaise. Ba mhó an fhuascailt é ná fuascailt na faoistine. Ní bhraithim ualach urchóide ar mo choinsias ná smál scannla ar m'anam. Táim éadrom anois ach nílim ar éadromacht. Níl náire ná aiféala ar bith orm. Tá a fhios agam gan aon agó go mb'fhearrde mé mo mhianta a shásamh anois agus arís. Má tá do chac agat dein é agus ná coimeád i do bholg é.

(19. 1 .1940)

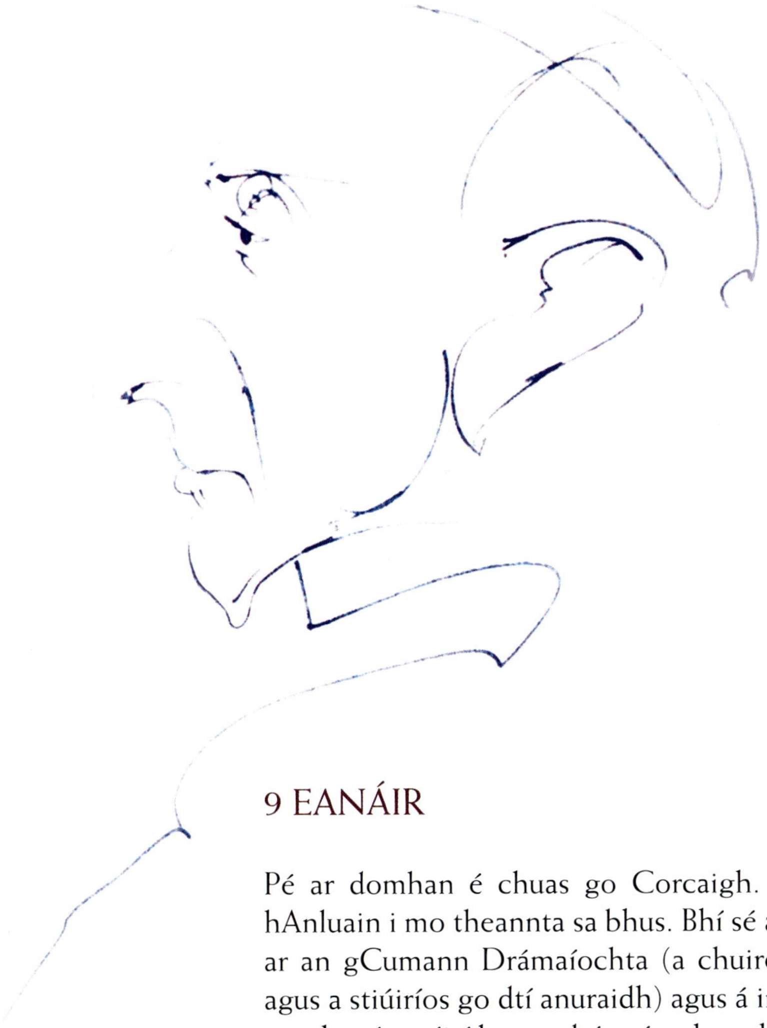

9 EANÁIR

Pé ar domhan é chuas go Corcaigh. Bhí Éamon Ó hAnluain i mo theannta sa bhus. Bhí sé ag cur síos dom ar an gCumann Drámaíochta (a chuireas féin ar bun agus a stiúiríos go dtí anuraidh) agus á insint dom nach maith atá ag éirí leo na drámaí a chur chun cinn. Chuir a chuid comhrá uaigneas orm nuair a chuimhníos ar an aimsir atá thart, agus drochmhisneach orm nuair a shamhlaíos an aimsir atá le teacht agus an riocht ina mbeidh an Ghaeilge – teanga mo chroí – san aimsir sin.

(22. 1 .1940)

10 EANÁIR

Ar chúl an tí atá an seomra beag codlata seo agamsa (ní cur síos ná insint scéil ar mo sheomra-sa 'seomra codlata' a thabhairt air, mar tá sé ina oifig agus ina leabharlann agus ina *sanatorium*). Is cuma liom é a bheith beag agus is cuma liom é a bheith ar chúl an tí, ach is é 'mo ghéar-ghoin tinnis' é a bheith i mbealach an phobail. Is dócha nach bhfuil triúr sa pharóiste nár ghaibh an casáinín atá lasmuigh den bhfuinneoig, gan trácht in aon chor ar na fánaithe lasmuigh den pharóiste a ghabhann an treo. Bíonn na fuinneoga oscailte agam i gcónaí agus dá bhrí sin is léir duit, a chara mo chroí, nach bhféadaim cor a chur díom i ngan fhios don phobal. Ar an siopa anseo a bhíonn triall an phobail. D'fhéadfaidís teacht ar an siopa ón mbóthar mór ach níor theip an tuathal riamh orthu. Is mairg a bhíonn bocht gan aon agó. Ach beirim an leabhar go mbrisfidh ar an bhfoighne agam, agus go steallfad buicéad uisce te salach ar dhrong acu lá éigin. Cad a bhíos chun a rá inniu? D'fhanas sa leaba chun tuirse an lae inné a chur díom. Ghabhas amach istoíche ámh, agus dheineas rud nár dheineas le fada an lá; chuas siar go dtí an Halla. Bhíodar chun cleachtadh drámaíochta a bheith acu anocht agus bhí roinnt des na buachaillí bailithe le chéile istigh. Tháinig Dónall Ó hÉalaí tar éis tamaillín agus tháinig na cailíní tar éis tamaill eile, faoi mar a thagaidís go minic *me duce* [nuair a bhíos i gceannas]. Thug Dónall dráma dhom – *An Chúis Dlí* (*Wer Prozess* le Benedix) a d'aistrigh Liam Ó Rinn – atá ar aigne acu a dhéanamh. 'Sé Diarmaid Ó Gouláin an duine is uaisle díobh go léir agus tá meas agus cion agam air dá réir. Dheineas mo dhícheall agus bhriseas mo shláinte leis an gCumann Drámaíochta sin agus táid ag dul chun cinn i m'éagmais anois. D'fhágas an Halla agus uaigneas ar mo chroí.

(23. 1. 1940)

11 EANÁIR

Léas an dráma san a fuaireas ó Dhónall Ó hÉalaí agus mé sa leaba aréir. Tháinig tocht áthais orm um mheán oíche agus mheasas go raibh feabhas mór tagtha ar mo shláinte. Is baolach go bhfuilim ag éirí pas beag éadrom sa cheann...

Bhíos ag cuimhneamh ar na focail sin 'borradh na fola agus fothram na feola' a léas fadó i ndán a thaitin go mór liom – *Cúirt an Mheán Oíche* – agus d'fhiafraíos díom féin conas is féidir fothram na feola a chloisint nuair nach bhfuil an fheoil ann. Ag cuimhneamh ar dhuine a bhíonn feochta seang ag an eitinn a bhíos, agus san am gcéanna a bhíonn tugtha don drúis. Ach is baolach go bhfuil m'aigne ag lobhadh chomh maith le mo chorp.

Mens insana in corpore insano [aigne mhíshláintiúil i corp míshláintiúil]. Agus bhíodh drochmheas agamsa ar lucht na drúise agus mé i 'Leitir Fraoigh' cúpla mí ó shin!

(24. 1. 1940)

12 EANÁIR

Níl brí ná bunús le gluaiseacht na saoirse in Éirinn ná le gluaiseacht na teanga mura dtuigimid stair na hÉireann. Bhí an stair sin ag na daoine sa Ghaeltacht anuas go dtí óige mo sheanmháthar, abair, nó b'fhéidir níos déanaí fós, i bhfoirm filíochta agus i bhfoirm scéalaíochta agus seanfhocal. Ní raibh an stair sin scríofa acu .i. ag an droing ba dhéanaí de na Gaeilgeoirí dúchais, ná níor fhéad a bhformhór léitheoireacht ná scríbhneoireacht a dhéanamh, ach bhí an *traditio* acu nó an 'tseanchuimhne shinsear', mar a thug an Céitinneach air. Ní foláir nó bhí iarsma éigin den stair sin ag an dream a throid ar son na saoirse ó 1916 anuas. Tá a fhios agam, dar ndóigh, go raibh ardeolas ag na treoraithe (*e.g.* an Piarsach féin) ar stair na hÉireann, ach ba í an choitiantacht – na gnáth-óglaigh – a bhí i gceist agam. Ní raibh Gaeilge ag formhór den choitiantacht a dhein saighdiúracht an uair sin, ach ní féidir a chreidiúint nach raibh an *traditio* go láidir iontu. Muna mbeadh go raibh, ní throidfidís mar a throideadar. Fánaí fadálach mé gan aon amhras. Is minic a bhíos ag argóint le daoine i dtaobh cúrsaí polaitíochta agus is minic gur luas eachtraí a thit amach in Éirinn fadó chun go mba bhríomhaire an argóint (*e.g.* Briseadh Chionn tSáile). Ach chuireadh an cleas sin – a bheith ag tarrac na staire anuas – ar buile iad de ghnáth. 'Ó,' a dheiridís, 'ní gá casadh ar aimsir na díleann.'

(28. 1 .1940)

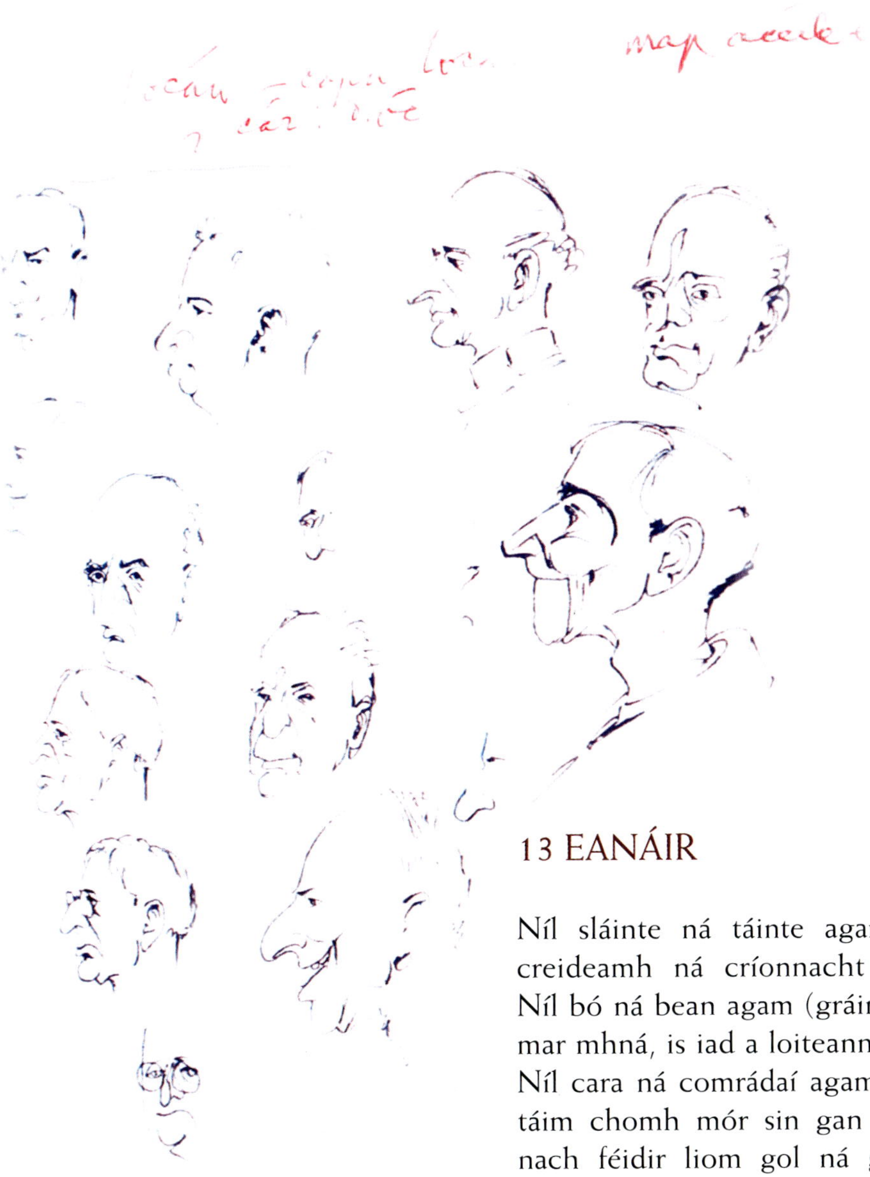

13 EANÁIR

Níl sláinte ná táinte agam. Níl creideamh ná críonnacht agam. Níl bó ná bean agam (gráin orthu mar mhná, is iad a loiteann sinn!). Níl cara ná comrádaí agam. Agus táim chomh mór sin gan mothú nach féidir liom gol ná gáire a dhéanamh. Bhí tráth ann go raibh meas an phobail orm, nó b'fhéidir go mbeinn níos cruinne dá n-abrainn go raibh meas ag na comharsana orm agus bá acu liom. Ach, de réir dealraimh, táid iompaithe i mo choinne.

(2. 2. 1940)

14 EANÁIR

Is minic a mheasaim go mba mhaith an plean dom mé féin a mharú. Cad chuige nach maróinn mé féin? Níl aon chreideamh agam a chuirfeadh srian liom. Níl aon mhaith ionam a thuilleadh. Is amhlaidh atáim sa tslí ar mo mhuintir. Bhí mo mháthair ag brath orm bail chompordach a chur uirthi nuair a éireoinn suas chuici ach, mo chreach láidir, bheadh sé chomh maith di bheith ag brath ar an gcat. Ní linne an tigh seo. Níl aon neamhspleáchas againn agus ní baol ná go gcuirtear sin in iúl dúinn ar maidin agus ar nóin agus istoíche. Tá náire agus cancar orm. Táim ag ithe agus ag ól agus nílim ag soláthar. Ní ceart ná ní cóir dom ligint do dhaoine eile an soláthar a dhéanamh nuair nach bhfuil an té a bhfuilid ag soláthar dó toirtiúil, ná aon dealramh air go mbeidh go deo arís. Shamhlaíos go raibh an *deus ex machina* tagtha nuair a fuaireas an *umkalabo* ach nílim ag codladh ar an gcluais sin a thuilleadh. Dá bhrí sin go léir ba cheart dom mé féin a mharú. Níl aon ghrá agam don saol a gheobhainn gan sláinte. B'fhearr liom a bheith marbh. Canathaobh mar sin nach múchaim m'anam san abhainn? Neosfaidh mé dhuit, a léitheoir chaoin stuama. Níl sé de mhisneach agam mé féin a mharú. Tá eagla an bháis orm. Nach ait an duine mé? Nó an ait?

(6. 2. 1940)

15 EANÁIR

Táid go léir imithe siar go dtí an Halla ag cleachtadh drámaíochta, agus táimse anseo sa chistin i mo shuí ag an mbord ag scríobh. Tá mo mháthair ag iarnáil agus tá rócán á ghabháil aici. Tá an oíche ann, chun a bheith cruinn tá sé fiche neomaití tar éis a hocht, de réir an chloig seo againne. Tá mian i mo chnámha agus i mo bholg agus i mo chroí á rá liom agus á impí ar mo thoil dul siar go dtí an Halla. Ach tá an chúthaileacht agus guth beag éigin istigh ionam róláidir don mhian sin. Nó b'fhéidir go bhfuil leisce orm. Níl an cath tabhartha fós. Tá an troid ar siúl istigh ionam. Is róbhaol liom go bhfuil an seanghrá a mheasas a bheith ar lár agus mé i Leitir Fraoigh, agus nach raibh is dócha ach ag míogarnaigh, ag dúiseacht arís agus, fós, is eagal liom gur treisede é an suan a dhein sé. Níl pianta géara an ghrá imithe sa bheo orm fós, mar níl an grá sin ina lándúiseacht, ach mar sin tá sé de neart ann cheana féin a bheith ag iarraidh mé a mhealladh siar go dtí an Halla. Tá difear idir an mian atá ag goilliúint orm anois agus na hainmhianta a bhíodh do mo chrá an lá faoi dheireadh. Níl drúis ar bith ag baint leis an mian seo. Níor léas-sa riamh sonrú Phlato ar an ngrá ach is dóigh liom go dtugtar grá Phlato ar an saghas grá atá ag borradh ionamsa faoi láthair – an saghas grá a thugas don chailín seo ó thosach. Duine an-ait is ea mise, go bhfóire Dia orm. Nuair a bhí mo shláinte agam d'fhéadfainn, dá mbeadh aon ghníomh ionam, a bheith ag bréagadh an chailín áirithe seo, mar ní dóigh liom go raibh aon fhonn uirthi mé a sheachaint, ach a mhalairt ar fad. Ach chúbas chugam féin uaithi agus mé ag lasadh le grá di agus, ó mo náire go bráth é, oíche amháin dhiúltaíos í nuair ba mhaith léi a huillinn do chur i m'uillinnse. Uabhar agus amaideacht, a dhuine chóir, agus ba mhar a chéile iad mar ní raibh iontu araon ach amaideacht. Bhíodh eagla orm, leis, dá dtaispeánfainn di mo ghrá di agus go mórmhór dá dtaispeánfainn mo ghrá di don phobal (léan air mar phobal, thugas an iomad airde air i gcónaí) go mb'fhéidir go dteipfeadh sí orm ina dhiaidh sin agus go mbeinn náirithe. Ní hionadh gur chailleas mo shláinte mar ní raibh croí luiche agam. Bhuel, lean mo ghrá di i mo chroí trí bhlianta na breoiteachta mura n-áirím an múisiam beag a tháinig air agus mé i Leitir Fraoigh anuraidh, agus lean an grá sin i ngan fhios don tsaol agus i ngan fhios don té a ghrás. Ba mhór an t-ionadh le mo chairde, agus go mórmhór le mo mháthair, an fhaoistin seo a chloisint, agus mise féin faoi deara a dtuairim siúd díom a bheith bunoscionn leis an bhfírinne.

(6. 2. 1940 ar lean)

16 EANÁIR

Chuas siar don Halla um thráthnóna. Bhíos leamh díom fhéin. Mar a dúrt cheana, tá doicheall béasach idir mise agus na daoine a mbínn ina gcomhluadar roimhe seo. Fúmsa a bhíodh cúram na ndrámaí uair amháin agus is mé a chuir tús leo san áit seo. Ach táim anois mar a bheadh duine a bheadh amuigh ar an mbóthar agus duine iasachta ina thigh. Is amhlaidh atá an scéal i gCorcaigh, leis, mar a bhfuil mo phost-sa ag duine eile. Táim ar an saol tar éis mo bháis agus braithim súile an phobail orm faoi mar a bheidís ag rá: 'Bailigh leat féin as an tslí. Canathaobh nach bhfanann tú san uaigh mar a dheineann na mairbh eile?' Chuas siar arís istoíche. Bhí slua mór sa Halla. Dhá chéad duine. Bhuaileas le Cáit Ní Mhurchú. Cailín deas is ea í. Bhí an dráma Gaeilge críochnaithe nuair a shroicheas an áit. D'fhanas amuigh faoin aer gur thosnaigh an dráma i mBéarla – *Lough Water.* Bhí sé go han-mhaith. Bhí an slua sna trithí, agus níor fhéadas gan gáire. Is fearr iad anois mar aisteoirí, is dóigh liom, ná nuair a bhíodar faoi chúram an amadáin seo.

(25. 2 .1940)

17 EANÁIR

Táim cráite anocht: caite, craite, cráite. Bhíos ag caint le Dónall Ó hÉalaí agus é ag dul siar. Tá sé siúd cráite, leis, déarfainn. Bhuel, is dócha go bhfuil mo dhóthain ráiméise scríofa agam anocht. Ach tá rud amháin eile le rá agam. Tá ceo an bhochtanais orainne sa tigh seo le tamall maith anois. Is mithid don cheo sin scaipeadh. Ach is mithid domsa scaipeadh a chur air. Níl á dhéanamh agam, ámh, ach ag feitheamh, is ag feitheamh, is ag feitheamh. Amárach le cúnamh Dé agus sinn go léir slán, mar a deir Liam Ó hUallaigh. Ach a Mhuire, féach orm anuas agus mé ag feitheamh le hamárach. Duine gan mhaith ag feitheamh le hamárach de shíor agus ní thagann amárach riamh.

(27. 2. 1940)

18 EANÁIR

Fuaireas leabhar as an leabharlann: *Filidheacht na nGael* a bhailigh Pádraig Ó Canainn. Cnuasach breá filíochta is ea é. Ní dóigh liom gur cuireadh a leithéid idir clúdaigh an aon-leabhair riamh roimhe seo.

(4. 3. 1940)

19 EANÁIR

D'éiríos ar mo chorraghiob agus fuaireas mo leabhar líníochta agus chaitheas an lá go léir ag déanamh pictiúirí d'fhir agus de mhná nach raibh riamh ar an saol seo, agus nuair a chuimhním air is trua liom nach duine díobh mé féin. Is iad mo chlann iad agus fairíor ní bheidh de chlann go deo na ndeor ná go bráth na breithe agam ach iad. Sin a bhfuil de thorthúlacht ionam, agus ní deirim ná gur maith an bhail é ar an síol sin Uí Ríordáin nach mbéarfar go bráth.

(5. 3. 1940)

20 EANÁIR

Bhuail smaoineamh mé aréir nár chuir gairdeachas dá laghad orm. Ach, ar nóin, ní hionadh ar bith é sin, mar na smaointe a thagann chugamsa, is geall le deilgne iad, le géire mo phéine iad a theacht chugam. Ach an smaoineamh seo a phrioc mé aréir, bhain sé leis an leabhar seo. 'Tá an cuntas atá á scríobh agam loitithe agam,' arsa mise i m'aigne. Loiteas é leis an salachar agus an suarachas. Dá mb'áil liom an gheanmnaíocht a chleachtadh ní scéithfeadh mo pheann orm. Níor thug Dia éirim rómhór dom, agus in ionad cabhrú leis an éirim bheag sin, is amhlaidh a chromas ar chonstaicí a chaitheamh sa tslí orm féin ar mo chroídhícheall. Dá gcoimeádfainn srian orm féin .i. ar mo dhroch-chlaonta, bheadh seans maith agam an tairbhe iomlán a bhaint as an éirim a thug Dia dom. Níl ar chumas aon chréatúr a thuilleadh a dhéanamh. Go dtí go ndeinimid é sin ní fios dúinn tar éis an tsaoil méid ár n-éirime. Is dócha gurb é sin an chúis a bhfuil clú síoraí ar Virgil agus ar Dante agus ar Shakespeare – gur bhaineadar an tairbhe iomlán as a n-éirim. B'fhéidir go mbeadh an éirim sin ag gach éinne dá gcuirfeadh sé de dhua air féin a lorg agus, dá bhrí sin, gur san dua míchoitianta atá an uaisleacht agus an méid go léir. Nó b'fhéidir dá mba nach bhfágfaimis aon phioc dár ndícheall gan déanamh nach mbeadh de thoradh ar ár saothar ach an toradh a bhíonn ag an duine a bhriseann cnó seasc. Ní fheadarsa, ní fheadar go deimhin. Is dóigh liom gur dual do gach éinne gan aon leath a dhéanamh dá dhícheall ach a chnó a bhriseadh is cuma seasc

nó torthúil í. Sin mar a theip ormsa. Lagaíos mo thoil le creimeadh na drúise agus theip orm mo chnó a bhriseadh. In ionad an leabhar seo a bheith ina *monumentum* i ndiaidh mo bháis is amhlaidh a bheidh sé ina fhianaise i mo choinne do mo dhamnú go síoraí.

(8. 3. 1940)

21 EANÁIR

Ó, táim cortha. Ní fheadar cathain a thabharfar fuascailt an bháis dom ón ualach trom seo atá á iompar agam? Tá mo nádúr múchta ag an ngalar seo. Ba mhór mar a chéasadh an grá mé roimhe seo. Ní chuimhním uirthi in aon chor anois. Shamhlaíos tamall ó shin go raibh an 'grá folaigh' ag corraí ionam arís ach, de réir dealraimh, bhí dearmad orm. Easpa grá atá do mo chéasadh anois. Níl aidhmeanna móra agam a thuilleadh. Táim ró-óg fós chun iad a chaitheamh uaim, ach féach imithe iad. Bíodh is nach mbeadh sé i ndán do dhuine iad a chur i gcrích go bráth, ba mhór an ní do dhuine iad a bheith aige chomh fada agus a fhéadfadh sé é, mar is cuid den óige iad. Ná ní ghortaíonn m'anchruth corportha m'aigne a thuilleadh. Roimhe seo nuair a chuimhnínn ar dhaoine sláintiúla théadh saighead nimhneach tinnis agus díomá trí mo chroí, ach anois ní bhím ag cuimhneamh ar na nithe sin in aon chor. Níl ann ach go bhfuilim ann. Is ar éigin a fhéadaim a rá go bhfuilim beo. Táim ídithe, idir chorp agus anam agus aigne.

(16. 3. 1940)

22 EANÁIR

Dhein Aodh de Blácam (*Roddy the Rover*) léirmheas ar leabhar scoláireachta Gaeilge inniu a cuireadh i gcló in onóir don Ollamh Eoin Mac Néill agus chun na fírinne d'insint ba mhó mo shuim ann ná i ngeáitsí Hitler agus a chomh-chleasuithe go léir. *Féil-Sgríbhinn Eoin Mhic Néill. Essays and Studies presented to Professor Eoin Mac Neill, D. Litt.* Edited by Rev. John Ryan, S.J. (Dublin, The Three Candles Press £2.2 nett). Is mairg don té nach bhfuil dhá ghiní le spáráil aige. Tá locht amháin – locht mór – agam ar an leabhar seo, ámh. Scoláirí Gaeilge na daoine a scríobh na haistí seo agus bhain na haistí féin leis an léann Ceilteach agus scríobhadh iad in onóir do scoláire mór Gaeilge, an scoláire Gaeilge is mó atá ann, de réir Aodh de Blácam, agus ina dhiaidh sin is uile ní fhéadfaidís an Béarla a sheachaint! Is uafásach an scéal é.

(19. 3. 1940)

23 EANÁIR

D'éiríos tar éis an dinnéir agus bhuaileas amach. Bhí an lá go breá agus bhíos féin ar fónamh. Dá olcas é an saol ag duine tagann tocht áthais anois is arís air, agus bíodh is go bhfuil a mhalairt de thocht orm agus mé á scríobh seo tá cuimhne an aoibhnis sin agam fós agus táim buíoch dá bharr. Níorbh fhiú dúinn a bheith beo in aon chor mura mbeadh tocht dá leithéid a theacht orainn anois is arís. Rud eile, ó bhí sé i mo chumas áthas a theacht orm tráthnóna inniu tá súil amach agam le faoiseamh ón lionndubh anois is arís san aimsir atá le teacht. Bhíos ag caint le Seán Ó Tuama thíos ag an gcrois um thráthnóna. Fear a bhíonn ag obair ar na bóithre is ea Seán agus duine a bhfuil géire cainte ag baint leis is ea é; dá bhrí sin is taitneamhach a bheith ag éisteacht leis. Bhí sé ag cur síos ar Sheán Ó Murchú a cailleadh agus ar an *County Surveyor* a cailleadh chomh maith. *Assistant Co. Surveyor* ab ea Seán Ó Murchú agus máistir Sheáin Uí Thuama. 'Bíonn breoiteacht ar a lán acu sin go mbíonn postanna maithe acu ach ní ligeann siad aon ní orthu. Ní maith leo scarúint leis na postanna maithe.' Sin caint Uí Thuama. Dúirt sé a lán eile, leis, ach pé ar domhan é, agus pé draíocht a bhí sa chaint aige, bhain sé an ghruaim den mhac seo. Tháinig gairdeachas i mo chroí tamall ina dhiaidh sin agus ní fios dom an caint

Uí Thuama faoi deara sin nó nach ea. Ní heol dom ach gur bhain a chuid cainte fiaile an dochma de mo chroí agus go raibh an talamh glan ansin don dea-phlanda. Pé rud ba bhun leis an gcuradóireacht táim buíoch de Sheán Ó Tuama. Chuas don leaba ar a hocht agus bhí *Capuchin Annual* na bliana 1937 á léamh agam as sin go codladh.

(20. 3. 1940)

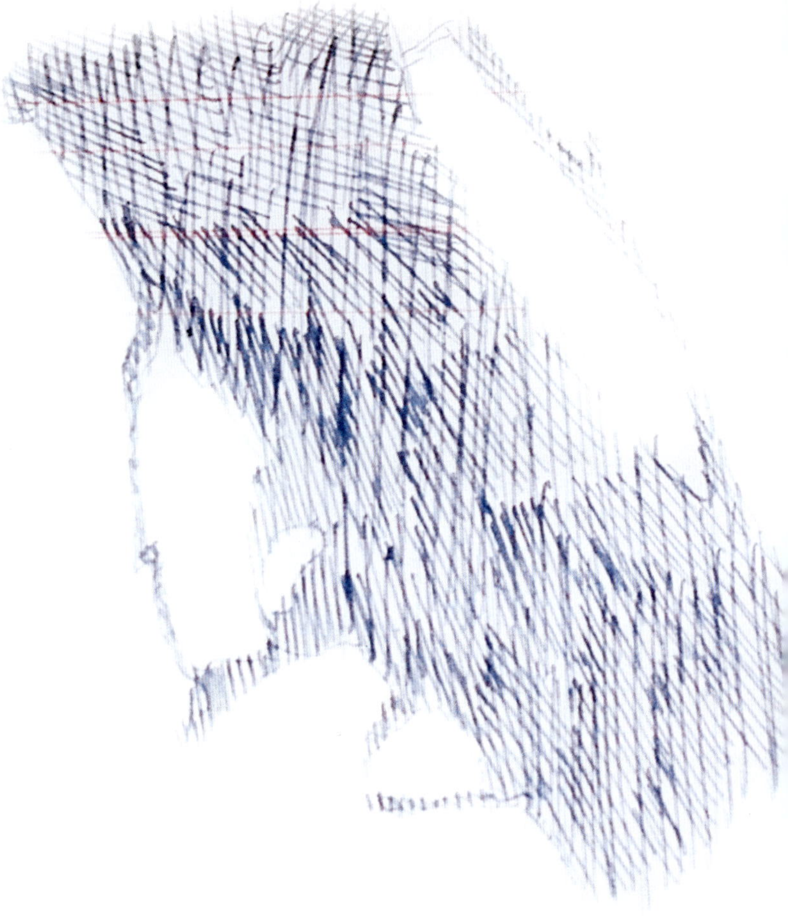

24 EANÁIR

Níor thit pioc amach inniu dhom go mb'fhiú a bhreacadh anseo, ach ar eagla an uaignis leanas lorg scáile a thit ar an leabhar seo agus mé i mo shuí ar an suíochán laistiar den tigh. Tháinig sceach idir an leabhar agus an ghrian atá san iarthar go láidir lonrach anois agus sin mar a thit an scáil ar an leathanach. D'fhéachas siar ar an ngrian anois agus d'fhéachas isteach san aghaidh uirthi. Ach má bhí de dhánaíocht ionam a leithéid a dhéanamh dhíolas as. Dalladh mo shúile láithreach agus in ionad an fhocail a bhí scríofa agam anseo d'fheiscint chonac mar a bheadh grian bheag ag dó an leathanaigh. Mhuise, nach mór an díchéille dom a bheith i mo shuí anseo sa bhfuacht ag scríobh ráiméise le teann leisce!

(21. 3. 1940)

25 EANÁIR

Tá trí focail ann, agus is minic a bhím á chíoradh i m'aigne an difear atá eatarthu mar is dóigh liom go bhfuil brí faoi leith ag gach focal díobh. Is í seo an fhadhb a bhfuilim ag iarraidh a réiteach: cad é an difear atá idir a bheith ag cuimhneamh, a bheith ag smaoineamh agus a bheith ag machnamh? Féachaimis ar fhoclóir gairid Uí Dhuinnín (*A Smaller Irish-English Dictionary*):

Cuimhnighim, -iughadh and -neamh, *intr.* (*with* ar), *I remember, think of, dwell on.*

Cuimhne, g.id., f., *memory, recollection; a commemoration, a memorial.*

Smuainighim (smaoinighim), *tr. And intr., I think, meditate, reflect; desire; imagine;* smuainim, *id.*

Smuaineadh, nte, pl.id., m., *thought, notion, imagination;* smaoineadh, *id.*

Machtnuighim, vb. -namh agus ughadh, *tr. And intr. I consider, reflect, I meditate; I am surprised, wonder;* machtnaim *id.*

Machtnamh, -aimh, m., *thought, reflection, astonishment.*

Ní dóigh liom go bhfuil an míniú déanta go rómhaith ag an Athair Ó Duinnín. 'Cé hé tusa airiú?' arsa tusa, 'nó an gin de scoláirí críonna an léinn tú?' Fillfead ar an gceist seo lá eile.

(22. 3. 1940)

26 EANÁIR

Is fadó a mhionníos go meabhróinn an dán san 'The Wayfarer' le Pádraig Mac Piarais agus déanfad anois é. Fairis sin breacfaidh mé anseo é:

The beauty of the world hath made me sad,
This beauty that will pass;
Sometimes my heart hath shaken with great joy
To see a leaping squirrel in a tree,
Or a red lady-bird upon a stalk,
Or little rabbits in a field at evening,
Lit by a slanting sun,
Or some green hill where shadows drifted by
Some quiet hill where mountainy man hath sown
And soon would reap; near to the gate of Heaven;
Or children with bare feet upon the sands
Of some ebbed sea, or playing on the streets
Of little towns in Connacht,
Things young and happy.
And then my heart told me:
These will pass,
Will pass and change, will die and be no more,
Things bright and green, things young and happy;
And I have gone upon my way
Sorrowful.

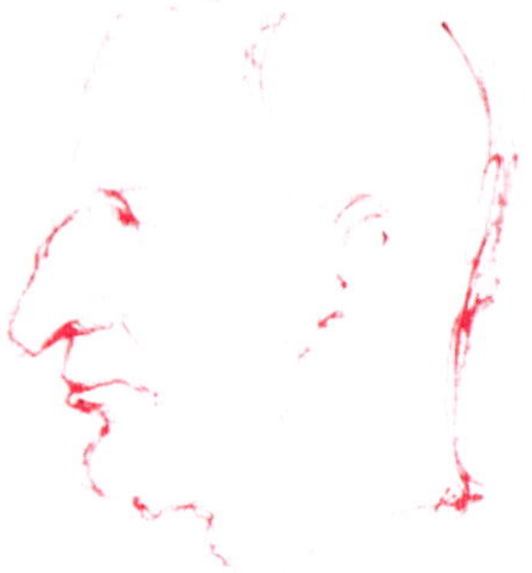

Níl pioc eile le ríomh agam ach gur chaitheas an lá sa leaba go suarach agus gur buaileadh i m'aigne é nach bhfuil á dhéanamh agam ach ag feitheamh leis an mbás.

(25. 3. 1940)

27 EANÁIR

Cuireadh tús le comhdháil bhliantúil Chumann Múinteoirí Náisiúnta na hÉireann i gCill Airne inné. Bhí de Valéra, atá i mbun an oideachais anois, i láthair. Dhein sé óráid fhada. Ach dhein sé rud ba mhó ná sin i bhfad, agus ní ba thábhachtaí. Dhein sé óráid i nGaeilge ó thosach deireadh gan focal Béarla a labhairt. Sin é an gníomh is fearr a dhein Dev le fada an lá. Níl aon rud is mó a chuireann déistin orm ná duine a thosnú óráide mar seo: 'A chairde, is mór an t-áthas a chuireann sé orm a bheith in bhur measc inniu' *etc.*, (ní hea, ach *et pauca verba alia Gadelica* [agus cúpla focal eile Gaeilge]) agus ansin: *'As I was saying in Irish, etc.'* (*ad infinitum!*). Tosnaíonn siad i nGaeilge. Deirid cúpla focal droch-Ghaeilge. Ansin tosnaíonn an Béarla breá blasta léannta leamh agus slán beo le teanga na ndaoine! Sin masla don Ghaeilge, ach bíonn na hóráidí chomh léannta sin nach mbíonn tuiscint asail acu. Bhuel, dhein an Taoiseach óráid Ghaeilge agus dhein sé óráid mhaith. Níor fhág sé cloch gan iompáil, mar a deir lucht dlí agus géarchúise. Ní maith liom fear maith a cháineadh ná obair fhónta, ach ní fhéadaim gan a rá gurab fhuirist a thuiscint nach Gaeilgeoir dúchais an Taoiseach. B'fhéidir nárbh é an Taoiseach a cheap an Ghaeilge seo in aon chor. Tá a fhios agam gur cheap sé an óráid mar ní dóigh liom go bhfuil mórán eile ann a fhéadfadh a leithéid a cheapadh. Pé ar domhan, é bhí rian an Bhéarla róshoiléir ar an nGaeilge seo agus is trua liom sin. Nó, féadaim é a rá ar chuma eile: ní raibh a chuid Gaeilge nádúrtha. Is dócha go mba chúis grinn don té a léifeadh mo chuid droch-Ghaeilge féin an chaint sin a bheith ar siúl agam. Éist leis an dTaoiseach:

'Naonúr as gach deichniúr de mhuintir na tíre seo, ní bhíonn oideachas ar bith le fáil acu, ach oideachas na mbunscoil. Is iad na Bunscoilteacha is Iolscoil don mhórshlua sin daoine i gcoitinne. Is iad is scoilteacha gairme beatha dhóibh.'

Agus seo giota eile:

'Ní hé bailiú eolais amháin atá i gceist agam ach rud is tábhachtaí fós – is é sin, oiliúint chun cruinnis, chun foighne, chun foirfeachta, chun dea-mheasa ar an gcuspóir atá le comhlíonadh agus ar acmhainn agus riachtanas an linbh.'

(27. 3. 1940)

28 EANÁIR

Biseach beag orm inniu. 'Ionmholta malairt bhisigh.' Mar sin féin, ní mór dom an canta aráin a thumadh sa tae chun é a ithe. Chaitheas tamall den lá ag léamh *An tOileánach* agus aontaím le Dubhghlas de hÍde (nach mbeadh bród air – ar Dhubhghlas de hÍde – dá mbeadh a fhios aige), gur deacair a shárú de leabhar a léamh ná a fháil. Is minic minic a léas cheana é agus tá súil agam gur minic minic a léifead arís é sula raghad faoin bhfód. Níor éiríos as an leaba ó chuas isteach ann tráthnóna Dé Sathairn.

(2. 4. 1940)

29 EANÁIR

Bhuail smaoineamh mé an lá faoi dheireadh agus níorbh é an chéad uair don smaoineamh sin teacht i mo cheann. Mheasas gur féidir buachtaint ar an eitinn fós le teann tola. Thuigeas nach mór dom searradh maith a bhaint asam féin más mian liom mo thoil a láidriú. Ní raibh sa mhéid sin machnaimh ach an tosach. Ansin is ea a tháinig an smaoineamh mór i mo cheann – an smaoineamh stairiúil. Bhíogas, agus tháinig neart dom. Más féidir liom buachtaint ar an eitinn agus mo shláinte d'fháil thar n-ais is féidir liom buachtaint ar an mBéarla – eitinn na Gaeilge – agus an Ghaeilge a shlánú arís! Ar an ábhar sin geallaim anois, más rud é go mbéarfad bua ar an ngalar míchuíoch atá ag gabháil dom anois, nach ndéanfad stad ná cónaí go dtí go mbeidh an Ghaeilge á labhairt ar fud na hÉireann mar a bhí in aimsir Bhriain Bhorú. Easpa misnigh agus cúthaileacht a chreach mise i gcónaí. Is mó caoi mhaith agus is mó pléisiúr aoibhinn a ligeas uaim de dheasca na cúthaileachta. Ní fhéadfainn a bheith chomh maith leis seo nó leis siúd. Is minic a bhí cailín go caoithiúil agam agus ligeas uaim í mar ní raibh aon mheas agam orm féin. Is mó faill a ligeas tharam le faillí agus le drochmheas ar mo chumhachtaí féin ionas gur fágadh in umar na haimiléise mé. Níl sé ródhéanach fós agus mar chúiteamh ar an aimsir a chailleas buafad ar an ngalar atá orm féin agus ar theanga mo shinsear.

(3. 4. 1940)

30 EANÁIR

Lá eile ag an bPaorach. Mé ag lámhacán mórthimpeall na háite ar feadh an lae. Saol uafásach an saol agus ba chuma dá measfainn nach mbeadh ann ach tréimhse. Ach fairíor géar, is mó fear maith a cloíodh leis an eitinn. Mar sin féin, troidfead go teann ionas nach mbeidh sé le rá i mo thaobh gur ghéilleas go bog. Táim chun dul ag obair i ndeireadh na míosa seo agus is ag Dia amháin a fhios conas a éireoidh liom. Agus féach ar an saol breá bog atá ag daoine eile, ach is leor sin.

(6. 4. 1940)

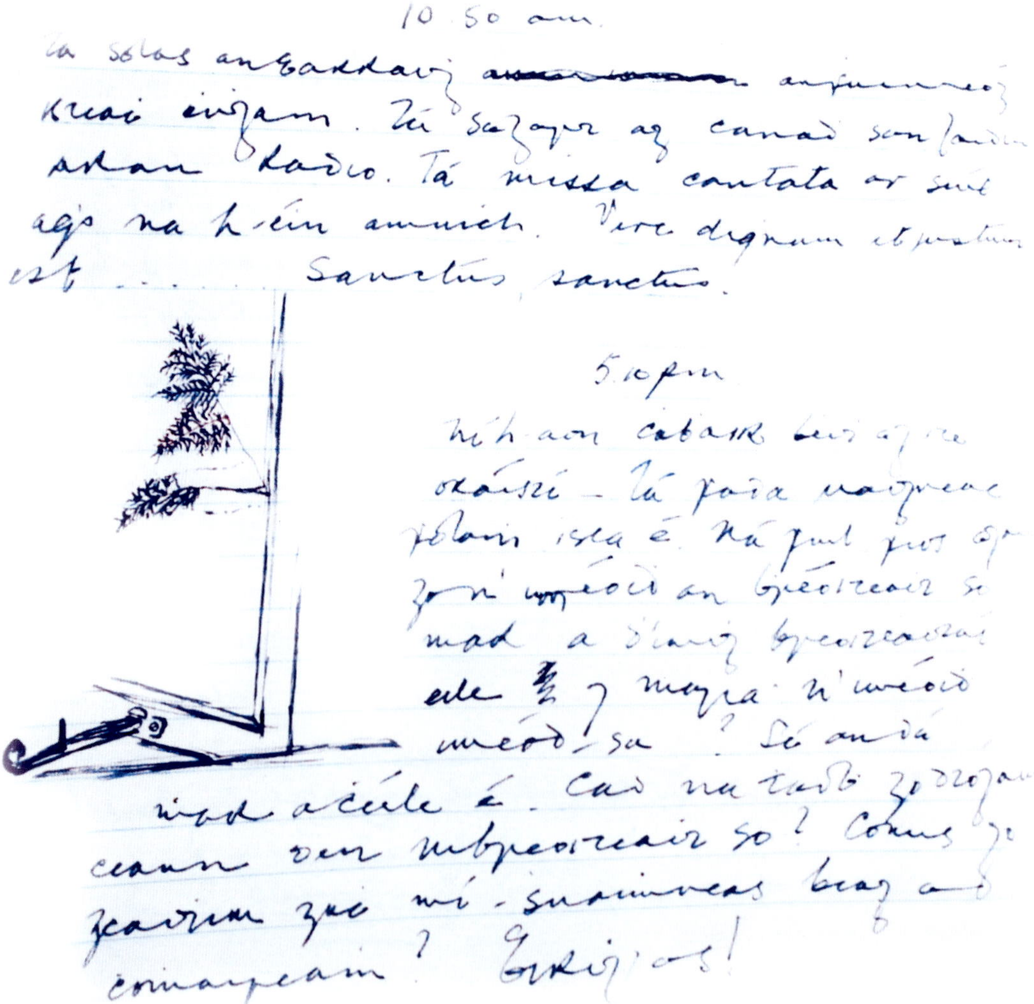

31 EANÁIR

Bhuel, tá obair míosa curtha i gcrích agam agus is baol liom gur obair gan mhaith agus saothar in aisce é. Níl sé de mhisneach agam féin filleadh air agus é a léamh agus is beag an baol go gcuirfeadh éinne eile de chúram air féin a leithéid a dhéanamh. Chun an fhírinne d'insint ní ligfinn d'éinne é a dhéanamh mar tá an iomad salachair ann – salachar nimhneach. Fanfaidh mé féin anseo ag an doras go doicheallach doithíosach agus ní fhearfaidh mé fáilte roimh neach beo.

(31. 1. 1940)

1 FEABHRA

Tá an t-earrach tagtha i ndáiríre. Bhí an lá inniu go mín aibidh brothallach. Ba dhóigh leat go raibh sé ina mhaidin ar feadh an lae go léir. Rugadh leanbh mic do bhean Dhónaill Uí Dhonnabháin maidin inniu. Sin Gael eile in Éirinn agus go raibh rath agus rachmas air agus sláinte bradáin aige. Ba mhór an fear iascaireachta bradán a athair agus is ea fós. Dála an scéil, inniu an lá go dtosnaítear ar iascaireacht na mbradán agus ní foláir nó gur dea-thuar é an t-iascaire óg a theacht ar an saol inniu. Fearaim céad míle fáilte roimhe, agus tá súil agam go mbeidh an teanga seo atá á scríobh agam anocht ina bhéal go blasta lá éigin agus go léifidh sé féin an fháilte a chuir an créatúr bocht gan sláinte roimhe ar a theacht ar an saol mí-ámharach seo.

(1. 2. 1940)

2 FEABHRA

Bhuaigh foireann Chorcaí ar fhoireann Thiobraid Árann san iomáint i gCorcaigh inniu. Tá an *League* buaite ag muintir Chorcaí anois. Chuas amach go tigh Uí Mhurchú chun cuntas an chluiche a chloisint ar an raidió. Bhraitheas Seán Ó Murchú, fear an tí, in easnamh go mór. Ní raibh ann ach Morgan agus a mháthair. Bhí beatha Mhichíl Uí Choileáin á léamh ag Bean Uí Mhurchú. Piaras Béaslaí a scríobh an leabhar sin. Léas féin é. Tá suim i gcúrsaí litríochta ag an mbean seo agus, de réir dealraimh, is maith léi bheith ag cur síos orthu. Michael O'Hehir an té a bhí ag craobhscaoileadh agus ní miste a rá go bhfuil sé ábalta go maith chuige. Tá togha na droch-Ghaeilge aige, ámh. (Labhradh sé i nGaeilge anois is arís agus b'fhearrde an Ghaeilge agus an duine féin agus an lucht éisteachta nach labharfadh.) Bhí aon chúilín déag de bhreis ag Jack Lynch agus a chuid fear orthu i ndeireadh na troda. Geallaimse dhuit go rabhas tuirseach go maith dhe um an dtaca go raibh sé críochnaithe. Níl aon rud eile go mb'fhiú a ríomh a thit amach inniu agus ní dócha gurbh fhiú an méid sin féin a bhreacadh.

(7. 4. 1940)

3 FEABHRA

Agus cad é an scéal atá agam duit, a sheanleabhair, inniu? Bhí an lá go breá agus níor ligeas tharam é gan mo chion féin d'aoibhneas a bhaint as. Shíneas ar shlat mo dhroma agus ligeas glaine agus bríomhaireacht an bhrothaill isteach i mo scámhóga agus i m'anam. Bhí leabhar Chesterton agam ach níor léas mórán de. Bhí rudaí eile ar m'aire agus, fairíor géar, bhí greim daingean ag an leisce orm. Bhí Prince ag súgradh timpeall na háite dó féin agus ag amhastraigh ar a chroídhícheall. An té a bhaist Prince air, ní fheadar cad a chuir [a] leithéid sin d'ainm mhí-oiriúnach ina aigne. B'fhéidir, tar éis an tsaoil, nach Prince a bhí in aigne an fhir bhoicht in aon chor ach Prints. Ach is fearr agus is dílse de mhadra Prince ná Fluff. Fanann Prince i mo theannta i gcónaí, ach éiríonn an táthaire beag eile tuirseach díom agus sleamhnaíonn sé abhaile. Dá bhrí sin tá Fluff níos giorra do bheith ina Chríostaí ná an Flaith. Chuireas litir ag triall ar mo chara, an sagart i gCill Dara. Eisean a chuireann an *Umkalabo* chugam. Ní fada eile go mbead sáite istigh in oifig mhífhollάin i gCorcaigh.

(12. 4. 1940)

4 FEABHRA

'Aréir is mé im néalltaibh deineadh taibhreamh aoibhinn dom agus inniu nuair a chuimhníos ar an dtaibhreamh sin, chuir sé na meánaoiseanna i gcuimhne dhom, cé nach raibh aon róbhaint aige leis an aimsir iomráitigh sin, ach amháin go mb'fhéidir go gcuimhnímid ar an bPápacht go minic nuair a chuimhnímid ar na meán-aoiseanna, cé go bhfuil baint ag an bPápacht le gach aois. Seo scéal an taibhrimh chomh fada agus is cuimhin liom é. Chuas isteach i seomra mór. Bhí slua daoine ina suí ar shuíocháin mórthimpeall an tseomra, daoine a bhí ar m'aitheantas cé nach cuimhin liom éinne acu anois. Dheineas anonn go tapaidh ar dhream amháin chun suí ina measc agus bhí an tuathal déanta agam sular thugas faoi deara é. Cé bheadh ina shuí san áit ar ar thugas aghaidh ach an Pápa féin! Screadadh orm druidiúint siar go tapaidh mar go raibh spás ar aghaidh an Phápa nár cheart d'éinne seasamh ann. Dhruideas siar agus náire an domhain orm mar shíleas go raibh an donas déanta agam, agus chuas ar mo ghlúine os comhair an Athar Ró-Naofa, in áit a bhí lasmuigh den spás beannaithe. Ansin thugas suíochán orm féin go maolchluasach i gcuid eile den tseomra. Thugas an Pápa faoi deara ag glinniúint orm agus faghairt ina shúile agus chuireadh an ghlinniúint sin smaointe míchompordúla i mo cheann i dtaobh a uafásaí agus atá sé fearg a chur ar an údarás is mó sa tsaol. Ansin thagadh daoine eile isteach anois is arís agus d'umhlaídís go léir go cuí os comhair an Phápa agus ní dheineadh éinne acu an dearmad a dheineas-sa. Faoi dheireadh tháinig fear óg isteach. D'aithníos é láithreach – Séamas Ó Donnchú a bhí sa Mhainistir Thuaidh i mo theanntasa, agus atá i mBaile Átha Cliath anois – cé nach bhfaca é le breis agus ceithre bliana. Dhein sé an dearmad céanna a dheineas féin. D'fhéachas ar Shéamas agus thugas faoi deara na súile grámhara agus na malaí dubha agus go mórmhór a óige. Ansin d'fhéachas ar an bPápa agus cad deirir, ná go raibh féachaint ghrámhar ina shúile siúd leis, agus malaí dubha os a gcionn, agus rud a chuir ionadh orm, measaim, go raibh sé óg. Deirtear nach dtagann ionadh riamh ar dhuine i dtaibhreamh, ach tháinig ionadh ormsa aréir. Ní cuimhin liom a thuilleadh. 'Is maith sin,' arsa tusa go searbhasach.

(13. 4. 1940)

5 FEABHRA

Lá fliuch salach. D'fhanas sa leaba ar feadh an lae go léir. Tá an saol seo ag éirí ródhian orm. Caithfidh mé filleadh ar an gcreideamh arís. Ach táim an-leisciúil agus níl misneach ar bith agam. Ba dhóigh leat nár dheacair do mo leithéidse an creideamh a chleachtadh agus go mba mhór an sólás dom é a chleachtadh, ach féach nach amhlaidh atá an scéal in aon chor. Is ríbheag de phléisiúr an tsaoil atá fágtha agam, agus tá ardtaithí agam ar bheith ag staonadh ó sholáistí an tsaoil. Ina dhiaidh sin is uile tá diabhal éigin istigh ionam, nó laige éigin nó easpa éigin, nach ligeann dom mo mhianta a bhaint ón saol seo agus mo shúile a dhíriú ar an tsíoraíocht. Canathaobh nach bhfuilim i mo Chaitliceach cuíosach maith mar gach éinne eile? Mar tá coinsias uafásach agam. Ní fhéadfainn a bheith i mo Chaitliceach cuíosach maith. Níor mhór dom a bheith i mo Chaitliceach maith nó gan baint ar bith a bheith agam le creideamh. Ní thuigim cad is *compromise* ann, maidir le cúrsaí creidimh. Peacach mór is ea mé. D'éisteas le drochtheagasc agus bhí an iomad measta agam ar mo thuairim agus ar m'intleacht féin. Níor umhlaíos mé féin mar a bhí ceangailte orm a dhéanamh. Is minic a dheineas faoistin go dícheallach agus go fíor, mar a cheapas agus mé á dhéanamh, agus ní túisce a bheadh sí déanta agam ná mar a cheapfainn gur drochfhaoistin a bhí inti. Is mó locht eile atá orm, agus locht atá i bhfad níos measa ná sin. Béarfad ar mo phaidrín anocht. 'Ní bhíonn an rath ach mar a mbíonn an smacht.' Ní mór dom mé féin a smachtú feasta agus dá laige mé is deacair an gnó é. Ach ar ndóin, is í an laige faoi deara an deacracht. Uaireanta measaim gur chuir Dia an drochbhreoiteacht chorpartha orm chun an drochbhreoiteacht spioradálta a leigheas .i. chun mé a chasadh ar an gcreideamh arís. Agus ansin measaim nach túisce a bheinn casta ar an gcreideamh ná go gcuirfeadh sé an bás chugam.

(20. 4. 1940)

6 FEABHRA

'Ní mheileann leathbhró.' Seanfhocal a bhfuil clúmh liath air gan dabht. Ach seanfhocal a bhfuil fealsúnacht ann agus go mórmhór i bhfocal amháin de. Agus seanfhocal a mhíníonn dúinn canathaobh go mbíonn míshástacht ar dhaoine nach bpósann. Seanfhocal a mhíníonn dúinn cad is bun le seanmhaighdeana a bheith cancrach droch-mhiotalach agus seanbhaitsiléirí a bheith ar mhíthreoir agus, uaireanta, baitsiléirí óga. (Ná dearmhad tú féin, a Sheáin.) Is baolach, a léitheoir ghroí, go bhfuil meascán mearaí ag teacht ar do cheann, nó b'fhéidir gur dóigh leat go bhfuilim ag magadh fút. Táim lom-dáiríre.

(20. 4. 1940 ar lean)

7 FEABHRA

Ach cuirfead smacht orm féin an turas seo agus beidh an smaoineamh ina rún go bráth na breithe. Tá seanaithne agat ar mo chuid smaointese, a léitheoir, agus dá bhíthin sin níl cathú ar bith ort gur cheileas an smaoineamh seo ort. Agus fós ní dóigh liom go gcuirfeadh sé puinn bróin ort dá mba nach bhfoilseoinn smaoineamh go lá an bhrátha. Tuig, a léitheoir mhustaraigh, go dtuigimse tú go maith, agus fós go dtuigim cad tá ar siúl agam féin anois, agus canathaobh go bhfuil an rud atá ar siúl agam taitneamhach leatsa. Táim ag gabháil dod smaointese féin anois, a fhir chóir. Ach i dtaobh mo smaointe féin bhain sé le ceist fealsúnachta. Ach airiú, a Sheáin, taoi ar éadromacht chéille anocht. Is mithid duit cur uait.

(20. 4. 1940 ar lean)

8 FEABHRA

Duine gan ghrá, gan bhean, gan chuideachta mé agus tá a shliocht orm. Duine gan aird mé de bharr an easpa go léir. Bhí beirt chailíní deasa sa bhus agus mé ag teacht abhaile. A Ghaolainn mhilis mhaorga, mura mbeadh tusa is fadó a bheinn i dTigh na nGealt. Níor thréigeassa tusa in am do ghátair agus níor theipis orm nuair a tháinig an anachain agus an callshaoth i mo threo.

(22. 4. 1940)

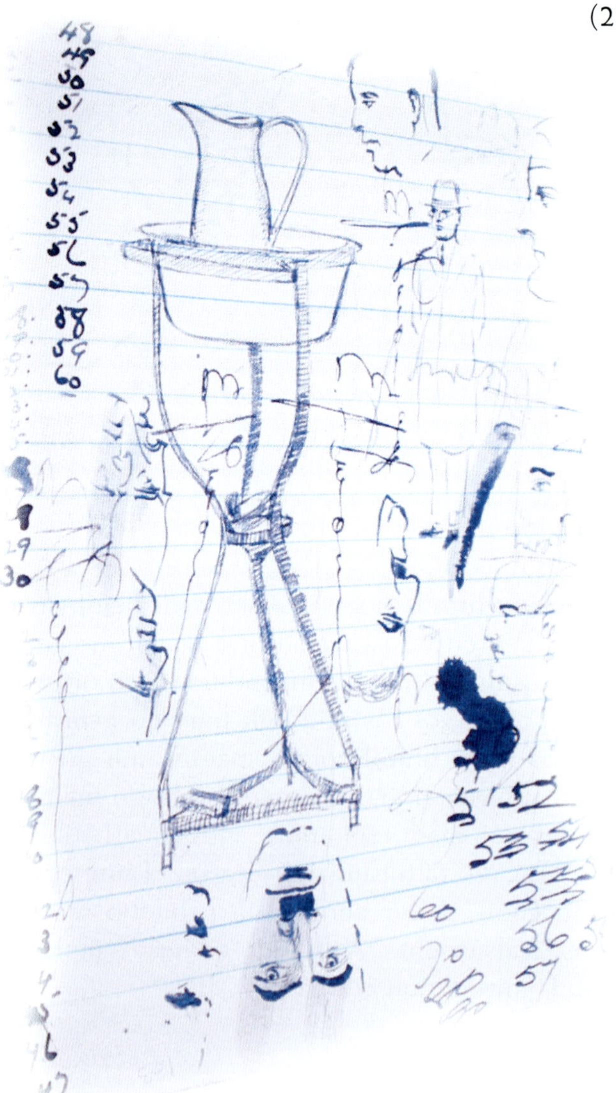

9 FEABHRA

Bhuaileas le Dónall Ó hÉalaí um thráthnóna agus bhí comhrá fada againn. Gan amhras bhí dithneas air. Bíonn dithneas orthu go léir. Ní bhíonn neomat acu na créatúirí bochta. Mo thrua iad. Ní fheadar an ag teitheadh uaimse a bhíd? Ní bhíonn dithneas riamh ormsa agus beidh mo cháil chomh mór agus b'fhéidir níos mó ná iad go léir. Is geall leis na Puncánaigh iad agus iad 'ag déanamh' na hEorpa. Is dóigh leo gur fearr an áit ina bhfuilid ag dul ná an áit ina bhfuilid faoi láthair ag déanamh moille. Sin é an difear ata idir sinne agus na daoine a mhair sna meánaoiseanna. Is maith a mhínigh Chesterton é san leabhar sin *Chaucer*. Ní raibh difear ar bith orthu sin. Níl uain ag na daoine atá anois ann aoibhneas an tsaoil a bhlaiseadh.

(23. 4. 1940)

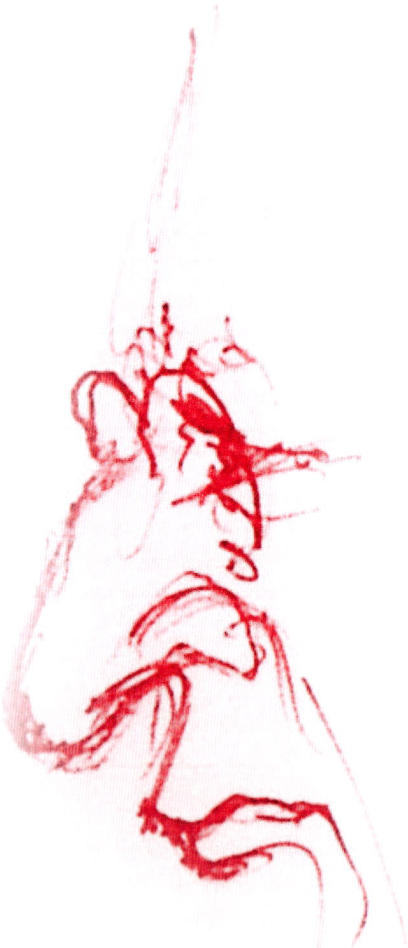

10 FEABHRA

An *Irish Digest* á léamh agam inniu. Seo rud spéisiúil a scríobh an Dr Walter Starkie:

At the present time Mr de Valera's face looms over Southern Ireland like the face of Dante in medieval Italy – the face of an ascetic, a dreamer, with more than a touch of grimness about it. Lately in Ireland he has assumed the value of a symbol and he has become the 'leader' in the sense that Parnell and O'Connell were leaders. He is very reserved in manner but courteous. He reminds me sometimes of Dr Salazar, the Dictator of Portugal. Like Dr Salazar, he is professional and there is something of the mystic about him.

Aghaidh de Valéra! Dúirt Starkie an méid sin go maith – an rud adúirt sé i dtaobh aghaidheanna de Valéra. Ní dóigh liom gur thaitin aghaidh éinne riamh liom chomh mór le haghaidh de Valéra. Is cuimhin liom mar a phreab mo chroí an chéad uair a chonac an aghaidh sin sa bhliain 1933 i Sráid an Chapaill Bhuí i gCorcaigh. Agus dheineas pictiúr de an oíche sin sa bhaile. Táim riamh ó shin ag déanamh pictiúirí den aghaidh sin agus uaireanta deinim iad i ngan fhios dom féin ar fad! Níor dheineas riamh pictiúr de a shásaigh mé. Ach déanfaidh mé ceann anois, anseo, go tapaidh, chun a thaispeáint duit chomh soiléir agus atá an aghaidh sin, gur cuid d'Éirinn í i mo cheann.

(24. 4. 1940)

11 FEABHRA

D'fhanas sa leaba ar feadh an lae go léir. Léas *L'Allegro* agus *Il Penseroso* inniu agus tháinig alltacht orm nuair a chuimhníos gur cheapas nach raibh aon fhilíocht iontu uair amháin. Is iontach é an teanga an Béarla agus b'iontach an file é Milton; ach ní ligfinnse don Bhéarla ná do Mhilton an Ghaeilge mhilis bhog a mhúchadh. Dá fheabhas é Milton ní ceart a chuid filíochta a mhúineadh in Éirinn do dhaoine óga go dtí go mbeidh an Béarla á mhúineadh trí Ghaeilge do Ghaelaibh.

(12. 5. 1940)

12 FEABHRA

Tá an beagán saoil atá i ndán dom ag dul i laghad in aghaidh an lae agus gan faic déanta agam. Tá an chéad phictiúr a dheineas i mbliana beagnach críochnaithe agam agus is mithid dom é. Bhí Morgan i mo theannta inniu agus mé ag péinteáil. Ní fheadar cé acu an ealaín nó an litríocht is dual dom. Sin laige mhór ionam. Ní bheidh sé ar mo chumas dul ar aghaidh mórán an fhaid agus a bheidh dhá bhóthar á thaisteal agam san am gcéanna, óir ná dúirt ár sean ná tagann an dá thrá leis an ngobadán.

(6. 5. 1940)

13 FEABHRA

Bhí an lá go breá ach é a bheith iarracht bheag braonach. Mé ag péinteáil agus ag cailliúint aimsire. Ní fheadar an bhfuilim ag cailliúint feola nó nach bhfuilim. Chaitheas tamall um thráthnóna ag féachaint ar an aos óg ag cleachtadh lúthchleas. Tháinig Seán Ó Riain ó Chorcaigh an treo. Labhramar lena chéile. B'fhearr linn gan bualadh um a chéile in aon chor. Is ait sin. Ach, ar ndóin, ní ait ná ní neamhchoitianta é. Seo mar a tharlaíonn: beirt chara; scaraid; éiríonn le duine acu sa tsaol; teipeann ar an nduine eile; buailid um a chéile blianta ina dhiaidh sin; bíonn beirithe acu ar a chéile ag féachaint ar a chéile sula mbíonn caoi acu ar súil a thabhairt treo eile; bíonn náire ar an bhfear bocht an fear eile á fheiscint dealbh; bíonn drochmheas ag an bhfear saibhir ar an bhfear bocht agus, ar aon chuma, bíonn rud éigin eile le déanamh aige seachas a bheith ag caint. 'Bhfuil agat? Tá.

(14. 5. 1940)

14 FEABHRA

Tá cogadh mór ar siúl. Tá na Seapánaigh i Malaya ag bagairt ar Singapore, agus tá na Sasanaigh ag teitheadh rompu. Tá na Seapánaigh sna Philippines, leis, ag iarraidh iad a bhaint de na Meiriceánaigh. Tá na Gearmánaigh agus na hIodálaigh ag cúlú san Aifric agus tá na Gearmánaigh ag cúlú san Rúis, leis. Tá na toitíní ag cúlú in Éirinn. Sin é an *background*. Táimse sa bhaile gan obair a dhéanamh ó mhí Mheán Fómhair. Bhíos breoite i gcaitheamh na tréimhse sin – breoite agus leathbhreoite agus in ainm a bheith breoite.

(10. 1. 1942)

15 FEABHRA

Bhíos chun dul go Corcaigh inniu ach bíodh sé le hinsint do shliocht mo shleachta nár chuas ann. D'fhanas sa leaba ag léamh na n-iris seo a leanas: *The Bell, The Standard,* agus seanchóipeanna de *John o' London's Weekly*. D'éiríos um thráthnóna agus ó shin i leith (tá sé timpeall a hocht anois) níor chuireas le stair an domhain.

(19. 1. 1942)

16 FEABHRA

Ní haon chúis ghearáin an lá inniu. Chonac ar an *Examiner* ar maidin go bhfuil Miss Walsh imithe ar shlí na fírinne – beannacht Dé lena hanam. Deirfiúr léi is ea máthair Thomáis Mhic Curtáin atá i bpríosún faoi láthair. Beainín ramhar ghealgháireach ab ea í. Chaith sí a saol, airím, ag déanamh cineáltais do dhaoine eile agus ag déanamh faillí san *ego* – nós nach molfadh Gabriele d'Annunzio. Níor ghá dhom é a chloisint chun é a thuiscint. San Cosy ar an Meal Theas a bhuaileas léi ar dtúis, bliain go leith ó shin, nó timpeall na haimsire sin. Bord amháin eadrainn agus sinn ag féachaint ar a chéile ag ithe. *'Any news down town?'* ar sise. *'They are signing a petition for Mac Curtain down at the City Hall,'* arsa mise. *'I'm his aunt,'* ar sise. Geallaimse duit gur bhain sí preab asam. Bhí an-chion aici ar leanaí, go mórmhór buachaillí óga. Bhíodh sí i mbun airgid i Cash and Co. agus thugadh sí pinginí nua faoi mar a thagaidís isteach chuici do na páistí. *'The lady who makes the golden pennies'* a thugaidís uirthi. Nuair a thugadh sí pingin dóibh d'iarradh sí orthu paidir a rá dhi chun go bhfaghadh sí rud éigin a bhí uaithi. Bhí aithne ag an aos óg go léir uirthi, de réir dealraimh. *'My brother loves you, ma'am, and he said three "Hail Marys" for you, and did you get your "attention," ma'am?'* arsa garsúinín amháin léi. *'What's the use in being an old maid?'* ar sise liomsa, *'if you don't show signs of it. I go down to the Lough every morning to feed the swans. I suppose all the kids say "spit out, spit out, the ould maid is coming?" That's what we used to say when we were kids.'* Bhí *insomnia* ag cur go crua uirthi. Is mó oíche a chaithfeadh sí go maidin ina dúiseacht. *'Do you read when you are awake like that?'* arsa mise. *'No, I grin,'* ar sise. *Lowbrow* amach is amach ab ea í agus ní raibh aon tsuim ná aon tuiscint aici i gcúrsaí polaitíochta, cé go raibh sí ar thaobh na bpoblachtánach toisc a muintir a bheith ar an dtaobh sin. Bhí sí an-chráifeach, ámh; bhíodh sí i gcónaí ag paidreoireacht, d'éisteadh sí Aifreann gach maidin roimh dul ag obair di; agus ar nós daoine naofa bhíodh sí i gcónaí ag déanamh suilt. Is minic a thógadh sí leanaí go raibh gaol acu léi go reilig na bPoblachtánach. *'What is the name of this graveyard?'* d'fhiafraíodh an leanbh di. *'The Republican Plot, dear,'* a fhreagradh sí. *'All the patriots of Ireland are buried here, dear.'* Uair dár dhearmad an leanbh ainm na reilige dúirt sé: *'Take me to where the kings of Ireland are buried, Nan.'* D'ithinn an dinnéar léi gach lá nach mór agus b'shin iad na scéalta d'inseadh sí dom. Duine simplí leanbaí. Ní raibh sí breoite riamh cé go raibh sí chomh tanaí le bata agus í óg. *'Healthy and ignorant,'* a deireadh sí. Ligeadh sí uirthi go mbíodh sí ag suirí liomsa agus is minic a chanadh sí 'Drink to me only with thine eyes' dom. Bhí breis agus trí fichid slán aici.

(20. 1. 1942)

17 FEABHRA

Is fada ó scríobhas focal air seo anois. Trí seachtaine ó shin arú inné ghaibh *haemorrhage* mé. Chailleas mórán fola. Cuireadh fios ar dhochtúir. An Dr Hamilton a tháinig. Ní fhaca go dtí sin é. Thug sé *morphia* dhom. Is mór a thaitin an *morphia* sin liom. Tháinig an Dr Ó Conaill Dé Luain. Fear tur. Bhíos go hainnis an tseachtain go léir. As sin i leith táim ag bisiú. Caithfidh mé dul go Leitir Fraoigh – áit nach ionúin liom. Mar sin féin, b'fhéidir gur fearr sin ná dul faoin bhfód – ach nílim cinnte. Táim sa leaba fós. Tá roinnt mhaith leabhar léite agam ó thuirling an scamall seo orm. Seo cuid acu: *Peer Gynt* le Henrik Ibsen, *Artists at Work* le Stanley Basson, *The Threshold of Quiet* le Dan Corkery. Léas cúpla leabhar eile leis 'ná cuirfead im' laoithibh le fíor-uamhan'.

(2. 3. 1942)

18 FEABHRA

Scaoileadh Mrs Madigan ó Cho. an Chláir saor. Is amhlaidh a cuireadh ina leith gur mharaigh sí a fear. Táim sa leaba i gcónaí. Ní thagann éinne isteach chugam ach mo mháthair. Ní bhím chomh mór sin ar buile i m'aigne agus a bhínn cúpla bliain ó shin in aon chor. Táim ag dul ina thaithí. Tagann ciúnas orainn go léir tar éis aga, dá fhíochmhaire a bhímid i dtosach – *'The mass of men lead lives of quiet desperation'*. Dá olcas a bhíonn ár gcúrsaí ní mór dúinn i gcónaí a bheith ciúin, ciúin. Níl dul ón bhfealsúnacht sin i ndeireadh na dála – mise sa leaba is a fhios agam. Níor léas *The Threshold of Quiet* go dtí le déanaí. Táim buíoch den chinniúint nár lig sí dhom é a léamh agus mé níos óige mar ní thuigfinn in aon chor é. Ní raibh fealsúnacht an chiúinis an uair sin agam. Ní rabhas ach *'half-taught in woe'* an uair sin. Tá leabhair ann nach ionbhlasta gan pianta agus díomá d'fhulaing roimh ré – pianta gan teora nach mór. Ní fheadar an féidir níos mó a bhaint as leabhar ná mar a cuireadh isteach ann? Más féidir níor mhaith liom a bheith chomh brúite ag an saol agus a bheadh an duine a dhéanfadh é. Gan amhras nílim ach ag tagairt do leabhair go mb'fhiú leabhair a thabhairt orthu. Ach seo ceist: an amhlaidh nár thuigeas *The Threshold of Quiet* go hiomlán in aon chor? Thuigeas mar ní ceart dúinn ligint do cheisteanna mar sin gabháil lasanairde dínn. Conas a chríochnódh G.B. Shaw an ráiteas '*The mass of men etc?*' Mar seo, creidim: '*The remainder go into cabinets and lunatic asylums*'. Is dócha nach bhfuil bean i gCo. an Chláir nach bhfuil deimhin de gur mharaigh Mrs Madigan a fear.

(5. 3. 1942)

19 FEABHRA

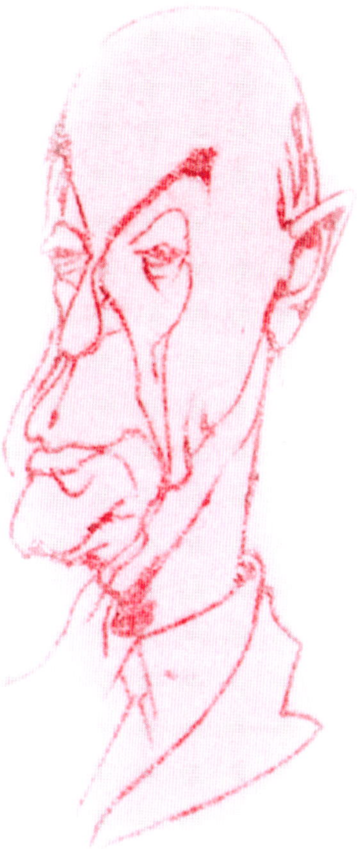

Dódh siopa Grants agus siopaí eile i gCorcaigh Dé Céadaoin. B'é an dóiteán ba mhó é dár tharla le fiche bliain. Cailleadh Máire Nic Suibhne tuairim is seachtain ó shin. Sochraid phríobháideach. Beidh ceann acu sin agamsa, leis. Is galántaí iad ná na gnáthshochraidí. Ní gach éinne a mbíonn a leithéid aige. Agus rud eile dhe, d'fhéadfadh do ghaolta a rá: 'Ní bheadh aon teora léi dá mba shochraid phoiblí í. Ar ndóin, bhí aithne agus meas ag fiodh agus fiolar air. Ach duine umhal ab ea é agus ba ghráin leis an éirí in airde'.

Léas na leabhair seo ó shin: *Tales of Hearsay* le Joseph Conrad; *Elizabethan Essays* le T. S. Eliot (ráiméis), *Dracula* le Bram Stoker. Is mó rud ait a shéideann faoin duine a scríobhann leabhar. Grá, uaireanta, saibhreas uaireanta eile agus galair eile go mba liosta iad a lua, mar a deirtear. Ach *constipation of the bowels* a bhí ag Stoker, is dóigh liom.

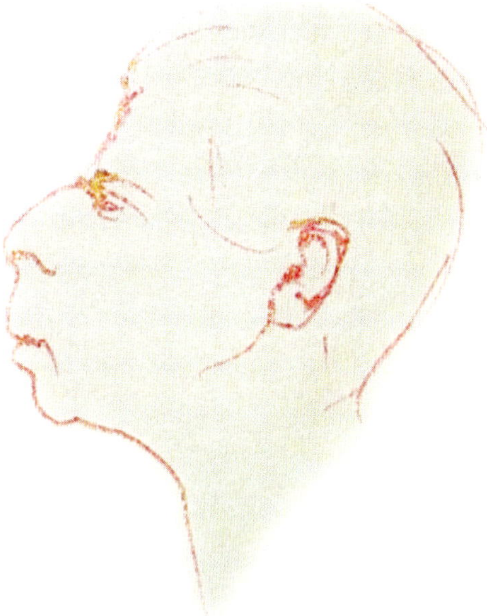

(13. 3. 1942)

20 FEABHRA

An lá is breátha a tháinig fós i mbliana. Ní fhaca mo sheomra beag chomh solasta le fada an lá. Mé sa leaba fós. D'éiríos inniu ámh, ar feadh leathuair an chloig agus ghabhas amach faoin aer. Shuíos ar an suíochán laistiar den dtigh agus bhí grian an earraigh ag taitneamh orm. Níl paisiún ar bith i ngrian an earraigh. Baineann sí leis an aigne. Ní teas a thugann sí dúinn ach solas. Sin é an difríocht atá idir na tír-ghrádóirí agus lucht litríochta – an difríocht atá idir grian an tsamhraidh agus grian an earraigh. Ní gach éinne a aontódh leis an dtuairim seo, ámh. Chuimhníos ar fhocail Gray inniu nuair a chorraigh an tuath áthas ionam:

See the wretch, that long has tossed
On the thorny bed of pain,
Repair at length his vigour lost,
And breathe and walk again.

The meanest flowret of the vale,
The simplest note that swells the gale,
The common sun, the air and skies
To him are opening Paradise.

(19. 3. 1942)

21 FEABHRA

Ní bhraithim an aimsir ag imeacht de ghnáth, bíodh is go mbím sa leaba gan éinne i mo dháil, mar nuair nach mbím ag léitheoireacht nó ag tarraingt créatúirí nach raibh riamh ann (lasmuigh de m'aignese) bíonn fealsúnacht mhilis éigin i mo bhéal á shú agam go dtí go n-éiríonn sé leamh nuair a chaithim amach é. Gheibhim ceann eile ansin agus mar sin de. Tar éis a mhíniú sin a chloisint uaim féin, tuigtear dom (níor thuigeas go dtí gur scríobhas; rud a léiríonn cumhacht na litríochta) nach bhfuil fealsúnacht socair ar bith agam le mo bheatha a riaradh. Ach measaim go mbeidh sula i bhfad. Ní rómhilis an fhealsúnacht an Chríostaíocht (*VATICAN BRAND*) nuair a bhlaisfeá ar dtúis í. Ach bíodh is gur minic a chaitheas amach go tapaidh í ní dóigh liom go n-éiríonn sí leamh choíche ar nós na bhfealsúnachtaí eile a bhlaiseas. Is dóigh liom go bhfuil buaine inti don té a fhoghlaim a blas. Ach go dtí go mbeidh an blas sin agamsa arís faoi mar a bhí fadó ní bheidh ar siúl agam ach 'ní dóigh liom' agus 'is dóigh liom'.

Bhuel, bhuel! a leithéid de chaint liobarnach timpeallach. Níl aon teora leis an duine nuair ná bíonn pioc le déanamh aige. Dúirt Milton: *'They also serve who only stand and wait.'* Ba cheart dó a rá: *'They serve the most who only stand and wait.'*

(20. 3. 1942)

22 FEABHRA

Lá an-bhreá inniu cé nár chorraíos as an leaba. Tá an óige ag borradh san dúlra arís. Athraíonn gach aon ní le teacht na gréine. Tagann athrú ar phearsa an duine, leis. Chonac mo dheartháir (tríd an bhfuinneoig) inniu agus é báite le grian agus chuimhníos ar dhúire an gheimhridh. Bíonn gach éinne óg lá gréine. Dá óige duine is deacair gan a bheith críonna sa gheimhreadh. Ní hionadh cogadh sa tsaol agus a rá go gcaitheann daoine fanúint istigh in oifigí dorcha sa chathair agus an ghrian ag taitneamh ar Ghuagán Barra.

'Ionann san is béasa an bhroic.'

(21. 3. 1942)

23 FEABHRA

Léas cúpla aisling le hEoghan Rua Ó Súilleabháin inniu – 'I Sacsaibh na Séad', 'Ceo Draíochta' agus 'Mo Léan le Lua' agus, mar a deir an tAth. Peadar, 'buaileadh isteach i m'aigne é' go bhfuil Eoghan Rua Ó Súilleabháin inchosanta. Ar ndóin, ní critic mé. Ach is dóigh liom go bhfuil sé ar mo chumas filíocht a aithint uaireanta. Tá, is dóigh liom, filíocht anseo is ansiúd i véarsaí Eoghain agus cá bhfuil a chomhbhéal le binneas? Ní heol domhsa i mBéarla ná i nGaeilge comhchruinniú focal chomh ceolmhar le dánta Eoghain. Conas is cóir go n-oibreodh filíocht ar dhuine (chun é a rá go tuatach)? De réir aitheanta na haimsire seo ba cheart go mbainfeadh sí preab as duine. Ní mór don bhfile focailín glic neamhchoitianta a shá isteach anois is arís chun alltacht a chur ar an léitheoir. Dá áiféisí an focailín sin is ea is saibhre an fhilíocht. Briocht suain ab ea filíocht Eoghain Rua. B'fhéidir go n-oireann filíocht na haimsire seo don aois. B'fhéidir go bhfuil na daoine róchodlatach agus rud éigin a dhúiseodh iad atá de dhíth orthu. B'fhéidir gur suan a bhí de dhíth ar aois Uí Shúilleabháin. De réir na fealsúnachta seo, níor mhór do dhuine anois a bheith níos súil-oscailte ná lucht a chomhaimsire, nó ná mar is gnáth san aois chodlatach seo chun go dtaitneodh Eoghan Rua leis! (Tá súil agam nach measfaidh éinne go bhfuilim do mo mholadh féin).

(31. 3. 1942)

24 FEABHRA

Maidir le mo shaol féin. (Tagaimse isteach anois is arís sa rud seo, leis.) Táim i m'othar i gcónaí agus dá bhrí sin ní dheinim faic. Dá bhrí sin arís is é atá le ríomh agam inniu ná na rudaí nár dheineas inniu. Níor dheineas uacht. Níor phósas éinne. Níor ólas uisce beatha. Níor bhearras m'fhéasóg. Níor phógas bean. Níor dheineas faoistin. Níor chanas amhrán. Níor chumas dán. Níor chuireas coirce. Níor chuireas máthair chéile. Níor chuireas taoibhín ar bhróig. Níor ghabhas ag snámh. Níor dheineas óráid. Níor bhriseas fuinneog. Níor éagas.

(31. 3. 1942 ar lean)

25 FEABHRA

An ghrian ag taitneamh ar an bhfuacht inniu. Tá sé ag dul dian orm na laethanta seo foighne a dhéanamh. Thirimeodh an saol atá á chaitheamh agam an t-anam is láidre agus an fhéith is láine. Ach ní haon chabhair an chnáimhseáil – *'The mass of men lead lives of quiet desperation.'* Ní mise amháin atá sa phraiseach, agus níl suim ag éinne i bpraiseach an fhir thall. An fear bocht thall, tá mo chroí lán de thrua dhó – tá sé chomh mór sin i gcéin, chomh fada sin ó aoinne, ar an dtaobh thall de rud éigin dothreasnaithe. Cuireann sé an focal uaigneach Laidne sin, *'procul'*, i gcuimhne dhom. Agus an taobh is brónaí ar fad de ní thagann sé riamh anall ionas nach mbeidh sé go bráth ina fhear abhus. Sórt *untouchable* is ea é, leis. Chomh fada agus is cuimhin liom tá Aesop ina choinne ar fad. De réir eagna na sean – eagna nach mór géilleadh dhi – tá sé an-chontúirteach baint ar bith a bheith agat leis an bhfear thall. Ní haon mhaitheas a thiocfaidh duit as. B'fhéidir go raghadh do thigh tré thine dá bharr. An cuimhin leat an scéal sin, 'An Fhuiseog agus a hÁl' le hAesop, faoi mar a d'aistrigh an tAth. Peadar é? Is é seo an 'múineadh' atá faoi thíos:

'An té a bheidh ag brath ar an bhfear thall chun a ghnó a dhéanamh beidh an gnó gan déanamh aige.'

Mura bhfuil drochaigne agus mioscais in aghaidh an fhir bhoicht thall ansin ní thuigim Gaeilge.

Ag féachaint dom anois díreach tríd an leabhar san *Aesop a Tháinig go hÉirinn*, ag cuartú an fhir thall bhuaileas leis an múineadh seo: 'Is mairg a dhíolfadh é féin ar a n-íosfadh sé.'

Sin réiteach ar mo fhadhbhsa. Ní chun sinn féin a mharú ach chun sinn féin a chothú a dheinimid obair. Is baolach go bhfuil dánaíocht agus saor-aigne an Ghaeil do mo thréigint faoi mar a thréig an tsláinte mé. Beidh sé seo ina *whine* agam mura stopfaidh mé.

(3. 4. 1942)

26 FEABHRA

Ach mo mhairg gan sláinte an chrainn sin amuigh agam. Tá sí amuigh ansin an mhaidin go léir gan oiread agus duilleog éadaigh uirthi agus í ag crith sa bhfuacht agus an fhearthainn ag titim anuas uirthi go stuacach agus ag sileadh fána cnámh mar a bhíonn an t-allas ag sileadh laistiar de chluasaibh Tom Helen agus é ar leathmheisce – go mall tochasach. Ach ní dheineann an íde sin dochar dá laghad do shláinte an chrainn. Beidh sí ina seasamh go huaibhreach nuair a thiocfaidh an dealán arís faoi mar nár fhulaing sí faobhar na síne riamh. Borróidh sí amach faoi ualach duilleabhair láithreach. Tá rian na glaise le feiscint cheana féin. Ach mise, níl borradh i ndán dom ar an dtaobh seo den uaigh. Is fearr an chiall a bhí ag an gcrann ná mar a bhí agamsa. D'fhan sí amuigh faoin aer. Rud eile, ní dóigh liom go bhfaca sí Bráthair Críostúil riamh.

(4. 4. 1942)

27 FEABHRA

Lá fliuch agus gaoth chaointeach le cloisint ag an bhfuinneoig – gaoth a chuireann i gcuimhne dhom an aimsir go rabhas i mo leanbh neamhurchóideach agus na peacaí a smáil m'anam ó shin. Cuireann gaoth gheimhriúil uaigneas agus doilíos croí orm gan teip i gcónaí. Mhúch sí an choinneal orm anois agus mé á bhreacadh seo. Is mar sin a mhúchtar an dóchas i nduine go tobann le smaoineamh obann. Nuair a shéideann an ghaoth bhorb fhliuch seo féachaim siar le brón ar an *ego* aineolach neamheaglach óg atá imithe leis na blianta agus ar nós na mblianta nach gcasfaidh agus deineann seanduine dhíom cé nach bhfuil ach cúig is fiche d'aois agam.

(6. 4. 1942)

28 FEABHRA

Lá breá – peata lae. Goileann sé anois is arís agus ní mór dúinne créatúirí laga mílítheacha dídean a lorg ón 'tuirlingt déar'. Ach ar nós an duine stailcigh is gile aoibh an lae seo ná na síorgháirí lae nach ndeineann toirmeasc ar bith. Níl de mhilseacht i soláistí uile an tsaoil ach comparáid. Agus is dócha dá ghéire agus dá fhaide an lionndubh is ea is sobhlasta an gairdeas nuair a thagann sé. 'Is fada dhom ar buaireamh ag cur tuairisc mo ghrá.' Agus b'fhéidir dá ghile an gairdeas is ea is duibhe an lionndubh.

Ach ní healaí domhsa fealsúnacht. Fágfaidh mé faoin bhfear uafásach broidiúil thall é. Cuirfidh mé síos ar rud eile – doircheacht sa timpeallacht agus réalt súl-dhallta i lár na doircheachta. Ach in ainneoin gile na réalta chím gur gin den bhfealsúnacht thuasluaithe nó *vice versa* b'fhéidir an t-ábhar atá á tharrac anuas agam anois. Sceach gheal a chonac sa ghréin tar éis cith fearthainne a chuir i m'aigne é. Rug an ghrian ar uillinn craoibhe anseo agus ordóg craoibhe ansiúd agus dhrithligh an uillinn agus an ordóg de bharr na fliche agus sin agat mo réalt san doircheacht. Is deacair aoibhneas na réalta sin a chur os comhair léitheora i bprós neamhlonrach. Is féidir é a chur i gcéill b'fhéidir i bhfilíocht má thá a shás d'fhile ann chun a dhéanta. Ach níl aon amhras orm ná gur féidir an sceach gheal sin (a bhí gan bláth ach na réalta – bolgóidí fearthainne lasta le grian) a chur i gcomparáid le véarsaí ina dtarlaíonn réalt anois is arís. Seo sampla:

Now fades the glimmering landscape on the sight,
And all the air a solemn stillness holds,
Save where the beetle wheels his droning flight,
And drowsy tinklings lull the distant folds.

Dar liom, is é an focal *'tinklings'* an réalt. B'fhéidir go bhfuil réalta eile ann. Níl aon amhras ná go bhfuil blátha ann. Ach b'shin an focal a chuir an máilín uisciúil lán de ghréin i gcuimhne dhom. Seo sampla eile:

I mBéal-Átha-na-Gár atá an stáidbhean bhreá mhódhúil,
'bhfuil a grua mar na caorthain agus scéimh ina cló geal
ba bhinne guth a béil san ná an chéirseach 's ná an smólach,
'S ná an lon dubh ar na coilltibh le soillse an tráthnóna.

'Soilse' an réalt.

(7. 4. 1942)

1 MÁRTA

Chonac cearc ina codladh anois agus an ghrian ag taitneamh. Ní thuigeann cearca cad is dul ar aghaidh ann. Ní dócha go bhfuil an focal *'progress'* i dteanga na gcearc. Cá hionadh nach bhfuil tionscail ná bancanna ná ceangal le *sterling* ag cine na gcearc! Cá hionadh nach bhfuil eolas acu ar amharclanna, ná leabharlanna, ná oifigí ná siopaí ná rince Philib an Cheoil, ná busanna, ná loingeas, ná *dive-bombers*. Níl acu ach leisce agus codladh i lár an lae. Níl oiread agus tuairim láidir polaitíochta acu. Níl acu ó aois go bás ach análú, ithe, suirí, breith ubh, codladh agus gor. Agus caitheann siad an saol easpach sin de dheasca easpa na hintleachta. Mór an trua gan an easpa sin ar chatharánaigh na hÉireann agus an domhain mhóir.

(7. 4. 1942 ar lean)

2 MÁRTA

Ní dheineann daoine easlána mar mise a ghabhann tríd an saol idir braitlíní na leapa agus nach mblaiseann an saol go gníomhach ach cur is cúiteamh i dtaobh cad is brí leis an saol agus is milse agus is iontaí blas an tsaoil dar linn toisc go bhfuil sé dofhálta. Dá olcas é ár riocht ní dóigh liom go dtagann feabhas faoi mhaitheas na beatha corportha riamh orainn – ní dóigh liom go bhfuil *cynic* le fáil inár measc. Agus níl an teoiric seo in aghaidh réasúin. *Cynic* (dar liomsa) is ea duine a raibh de mhí-ádh air na rudaí is sobhlasta a bhlaiseadh agus a fuair amach nach raibh milseacht na dtaibhreamh iontu. Gan amhras ní mór don duine go mba mhaith leis a bheith ina chinic taibhrithe a bheith aige roimh ré. Na daoine nár bhlais *the well of life* níl an dóchas ná an fhilíocht múchta fós iontu. Sampla maith na Iúdaigh, lucht gan aisling. Gheall Dia Slánaitheoir dóibh. Fuaireadar é agus blas chomh leamh do-aitheanta air gur shéanadar é agus go bhfuil coinne acu fós le Slánaitheoir a dtaibhreamh. Le linn dóibh a bheith ag feitheamh cnuasaíonn siad airgead. Ní holc an plean é. Ní dócha go raibh *cynic* amháin le fáil i measc Gael idir 1916 agus 1921. Fuaireadar roinnt saoirse i 1921 agus dhein *cynics* dá bhformhór. Fuaireadar tuilleadh saoirse ó de Valéra agus geineadh tuilleadh *cynics*. Nuair a bheidh Éire go hiomlán ina poblacht againn tabharfar *cynic* ar an té nach mbeidh ina *cynic*. Is ait an rud é go searbhaíonn an sonas sinn agus go bhfolmhaíonn an comhlíonadh sinn. Is ait dúinne é, aicme na leapa, agus is dothuigthe. Is sólás dúinn é, leis, mar ar nós ár mbráithre ar an urlár táimid mioscaiseach doicheallach éadmhar.

(9. 4. 1942)

3 MÁRTA

Maidir leis an gceist a bhí á plé agam inné i dtaobh na scríbhneoireachta is féidir liom gné eile den scéal a fheiscint inniu. B'fhéidir gur féidir an dá chasán a thaisteal i dteannta a chéile – b'fhéidir go luíonn an dá chasán taobh le taobh. D'éirigh le Dante, Gabriele Rosetti an dá thrá a fhreastal agus ní fheadar an mó trá a bhí á bhfreastal ag Leonardo De Vinci. Molann an drong liteartha sin go bhfuil leathchéad nó níos mó slán acu (leathchéad de bhlianta, ní de phuntaibh atá ceangailte le *sterling*) don scríbhneoir óg post éigin (*e.g.* post in oifig mar a bhí ag Charles Lamb nó post san státseirbhís mar a bhí ag Chaucer agus Maurice Walsh) d'fhreastal mar aon lena shaothar liteartha. Ní féidir scríobh i dtaobh an tsaoil gan eolas a chur ar an saol agus ní féidir eolas a chur ar an saol istigh i leabharlann. Is í an litríocht an ealaín is leithide agus is mó saoirse. Tá sí chomh leathan leis an aigne nach mór agus tá ar a cumas tairbhe a bhaint as gach rud di féin. Ar an ábhar sin ba mhaith an chomhairle an post. Agus nach bhfreagródh ealaín na péintéireachta do phost i mo chás-sa? Nó an bhfreagródh? An bhfuil sí róchosúil leis an litríocht? Cuirimis an aigne thorthúil i gcomparáid le bean agus cuirimis taithí nó eolas ar an saol i gcomparáid le fear. Ní féidir do bhean leanbh a bheith aici gan fear! Ní dóigh liom go dtiocfadh leis an bhfile is doiléire an méid sin a shéanadh. Cuirimis an litríocht i gcomórtas leis an leanbh. Ach ní fear ach leanbh an ealaín, dar liom. Agus is *eunuch* gach leanbh an fhaid agus is leanbh é. Agus fós nílim róchinnte gur leanbh fireann an ealaín. Ach chun nach rachadh an scéal sa mhuileann orm is leanbh an litríocht agus is leanbh an ealaín agus nílid toirtiúil. Cad é an difear atá eatarthu? Ní hionann sinsear dóibh is dócha. Dá bhrí sin méirdreach a bheadh san aigne a mbeadh an dá thoradh sin aici mar go gcaithfeadh sí luí le beirt stail éagsúil, an ea? Dá bhrí sin ní cabhair ach a mhalairt don litríocht an ealaín nó *vice versa*? Is baolach go bhfuil na samhlaoidí seo an-mheascaithe agam. Fágfad ina phraiseach é.

(16. 4. 1942)

4 MÁRTA

Ghealfadh an t-earrach seo an saol is loite. Bíonn an mhaidin mhoch faoi na héin ar fad. Bíonn na sluaite guth ann. Mheasfá gur istigh i halla a bheidís, bíonn an sluacheol chomh soiléir, neamhscaipthe. Bhíos chun a rá gur dócha go ndeineann an ciúnas falla timpeall orthu cé go bhfios dom gur toisc na cranna ar a mbíd a bheith chomh cóngarach dom go gcloisim chomh maith iad. Ní bhraithim aois ná easpa misnigh ná easpa binnis i nguth ar bith dhíobh. An amhlaidh gur cine filí iad, cine ógánach? *Poeta nascitur non fit*. Ach ní mór é a oiliúint sula dtiocfaidh bláth is toradh air. Ní mór dó treabhadh tríd na filí agus na leabhair ghramadaí. Ní fheadar an dtéann na héin chun coláiste ar bith. An bhfuil sé riachtanach dóibh éisteacht leis na filí foirfe agus a gcuid dánta a mheabhrú agus na méadair a mheas agus stíl a lorg sula mbíonn ar a gcumas na síordhánta gan locht, a chloisim gach lá, a chumadh? An mór dóibh filleadh siar ar na blianta atá imithe agus aithne a chur ar obair na n-éan atá san uaigh? An bhfuil léirmheastóirí broidiúla gan cheol acu a thagann chucu istoíche chun obair an lae a stracadh as a chéile? Nó b'fhéidir nach iad sin filí na n-éan a chloisimse in aon chor? B'fhéidir nach bhfuil iontu sin ach aisteoirí, ceoltóirí agus amhránaithe nár chum focal, nóta ná bréag riamh? B'fhéidir go bhfuil a gcuid cumadóirí rann balbh i gcónaí amhail is a bhíonn ár n-údair féin? Mar is gnáth, táim in umar na haimléise agus d'fhéadfainn scríobh go headartha agus ag dul in aimhréidh agus i ndoiléire a bheinn. Ach ba cheart dom, dá ainneoin, dul síos síos i ndiamhaireacht na ceiste le súil go bhfaghainn an t-ór. Táim róleisciúil, ámh, agus tá ganntanas páipéir ann. *'Unpremeditated art'* a thugann Shelley air agus de ghrá na leisce aontód leis an turas seo. Deir mo mháthair go bhfuil an tae ullamh.

Tá an tae ólta agam anois agus tá na héin chomh meidhreach agus a bhíodar ar maidin. Táimidne rómhór, ró-ainspianta, róghinearálta chun litríocht na n-éan a thuiscint. Ainmhithe bréana sinn leis, bréantas a thagann as ár mbéalaibh nuair is ceol cumhra a thagann as gob an éin. Ní fios dom an dtagann galar ar na héin ach tá a fhios agam nach mbíonn boladh bréan óna n-anáil. Bíonn sé ina shíor-Dhomhnach acu leis maidir le héadaigh. Ní fhaca éan neamhghalánta riamh – ná preabáin orthu. Is é an pictiúr a thagann chugamsa leis an bpíobaireacht ná an t-éinín galánta snasta agus a ghob san aer, greim aige lena dhá láimh ar chraobh thanaí mar a bhíonn greim ag duine ar *handlebar* rothair.

(18. 4. 1942)

5 MÁRTA

Cad é an saghas duine a chruthaíonn litríocht? Táim róleisciúil chun an cheist sin a fhreagairt go hiomlán agus ar aon chuma ní chuige sin atáim. Ach ba mhaith liom a rá nach féidir cumadóir litríochta a thabhairt ar an té nach n-imríonn cleasa lúth lena aigne. Obair chráite thocasach is ea obair na haigne ach is í an obair sin céad riachtanas na litríochta. Níl ann ach caint leamh, nó drochbhéas, nó tabhairt suas (is ionann na trí neithe) ar nós Críostaithe gur mó d'ainmhithe ná de Chríostaithe iad a deir, 'Tá an lá go breá', á rá go bhfuil nithe eile riachtanach don litríocht. Níl a fhios agam an bhfuil na tréithe eile sin sa mhéid atáim chun a scríobh anseo ach tá a fhios agam nach le mo shrón ná le hordóg mo choise deise a ghearras amach na tuairimí seo atá gearrtha agam ar charraig anchruthach eolais na cruinne, ach le faobhar m'aigne san oíche. Sin comhartha maith amháin ar an rud atá le scríobh agam. Comhartha maith eile mé a bheith leisciúil neamh-umhal.

(14. 5. 1942)

6 MÁRTA

Dia a chuir an cine daonna ar siúl an chéad lá nuair a d'ordaigh sé dóibh dul i méid. Thug sé an t-ordú céanna do na hainmhithe agus b'shin mar a dhein sé praiseach den teoiric ghalánta atá fúmsa a chraobhscaoileadh. Mura mbeadh na hainmhithe bhí creideamh nua bunaithe agamsa, gan locht, gan eiriceacht. In ainneoin na máchaile seo measaim go dtiocfadh roinnt mhaith seanmhaighdean agus meitheal fear pósta ag triall ar mo theampall. Tá mo shoiscéalsa bunaithe ar an argóint seo: más drúis a mhéadaigh an cine daonna, geanmnaíocht a laghdóidh iad. Grá na feola faoi deara domhsa a bheith ag fulaingt pian in Éirinn inniu. Ceadaíonn an Eaglais Chaitliceach don Chaitliceach pósadh ach de réir fhealsúnacht na hEaglaise is suáilcí an té a chloíonn le geanmnaíocht ar fad ná an té a phósann. Níor phós Críost agus maighdean ab ea Muire agus í ag fáil bháis. Is giorra do Chríost an té nach bpósann ar son na geanmnaíochta ná an té a phósann de réir na rialacha dá fheabhas é. Molann mo shoiscéalsa do mhnáibh agus d'fhearaibh *maximum* na naofachta a lorg trí staonadh ó bhaint a bheith acu lena chéile faoi chuing pósta nó lasmuigh dhi. Ar an gcuma sin tiocfaidh foirfeacht an chine dhaonna agus deireadh an chine dhaonna dá bharr. Conas a thiocfaidh deireadh na n-ainmhithe ní fios domhsa. Is follas anois nach creideamh nua atá á chraobhscaoileadh agam in aon chor ach *logical conclusion* na Críostaíochta agus an domhain, de réir na Críostaíochta. Nuair a chruthaigh Dia na créatúirí ar dtúis dúirt sé leo méadú agus chuadar i líonmhaireacht agus b'shin tosach an domhain. Ansin tháinig Críost agus dúirt sé leo staonadh agus b'shin tosach dheireadh an domhain.

Má thá sé i ndán d'éinne é seo a léamh ná habradh sé 'Amen' anseo, ach deineadh sé gáire.

(14. 5. 1942 ar lean)

7 MÁRTA

Le tamall anuas mheasas go raibh gluaiseacht na Gaeilge ag dul in ísle brí ar fud na tíre agus, rud nár mheasas a thitfeadh amach choíche, bhraitheas an fuacht céanna faoin dteanga i mo chroí féin. Níl éalú ó aigne na tíre ach ag fíorbheagán, is baol liom, agus nílimse ar an mbeagán sin. Tá greim níos láidre ag an daonlathas orainn go léir, nach mór, ná mar ba thoil linn a admháil. Íomhá bheag den tír gach duine againn a léann na páipéirí agus litríocht na linne. Níl tuairim an phobail seasmhach ná neamhearráideach (táim ag tréaslú liom féin, mar d'fhéachas ar Theagasc Chríostaí an Athar Uí Chonaill agus bhí an focal céanna aige ar *infallible*) agus fágann san gur anchruthach é an aigne a mhúnlaíonn é féin ar an bpobal. Is minic a bhíodh trua agam i m'aigne do na hábhair sagairt i Má Nuad agus do na príosúnaigh i Mountjoy nach bhfaigheann na páipéirí laethúla agus tuigeadh dom i gcónaí nach raibh ann ach míthuiscint díobhálach an áis sin a shéanadh orthu. Maidir leis na hábhair sagairt táim ar mhalairt aigne anois. Níl aon chomparáid idir an aigne a mhúnlaítear ar Dhia agus an aigne a mhúnlaítear ar Dháil Éireann agus an *Bell* agus *Dublin Opinion* i dteannta a chéile. Agus maidir leis na príosúnaigh, is túisce a mhúnlódh duine é féin ar an ndiabhal ná ar Dhia i Mountjoy. Ach i dtaobh na scríbhneoirí de, scáthán na haimsire iad agus ní bhíonn an fhealsúnacht chéanna acu dhá lá i ndiaidh a chéile. Sin é an chúis go mbíd i gcónaí ag tromaíocht ar aicme na polaitíochta, aicme gurb é a leas a bheith seasmhach, nó an ainm sin a bheith orthu ar aon chuma. Braitheann arán laethúil na scríbhneoirí ar nuaíocht.

(16. 5. 1942)

8 MÁRTA

There are more things in heaven and earth, Horatio,
Than are dreamt of in your philosophy.

Is baol liom nach bhfuil de Bhíobla againn ach Shakespeare. Ach tá an nós ann agus, mar is gnáth, géillimid go léir. Ó dheineas faoistin mí ó shin choimeádas srian ar aislingí na feola agus ar ainmhianta. Is róbhaolach gur lagaigh an ghrian an srian sin le cúpla lá anuas ach, chuige sin, féadaim a rá go rabhadar faoi chois go daingean agam. I dtosach na tréimhse geanmnaíochta seo, díreach cúpla lá nó trí tar éis na faoistine nuair nach raibh aon amhras faoi dhaingne an tsriain, deineadh taibhreamh dom. Ghéilleas don drúis sa taibhreamh – dheineas gníomh drúisiúil sa taibhreamh .i. thaibhríos gur dheineas gníomh drúisiúil – agus tharla an rud nach mór a tharla ina leithéid de chás. Dhúisíos láithreach agus chomh fada agus is cuimhin liom bhí an rud gránna sin ar siúl iar ndúiseacht dom. D'fhan an scéal go léir i mo chuimhne. (Tuigim an chuimhne anois níos fearr ná mar a thuigeas í nó ar a laghad is mó a chuirim sonrú inti anois ó léas faoistin San Abhaistín.) Chuir sé buairt orm an salachar a bheith ag filleadh orm. Níor thuigeas go rabhas neamh-urchóideach cé nach raibh an náire ná an díomá orm a bheadh orm dá mbeinn fíorchiontach. Bhuel, leanas glan an lá sin, rud nach ndéanfainn, measaim, dá mbeinn tar éis titim. Ba leathbhaol liom, mar sin féin, go rabhas ar nós an talaimh chlochaigh ar ar thit an síol. Thit an rud céanna amach an oíche ina dhiaidh sin, agus níor thit sé amach ó shin. Níor thuigeas an uair sin go soiléir nach rabhas neamhurchóideach agus fós b'fhéidir gur thuigeas. Ar aon chuma b'ait an rud é nár ghoill sé ar mo choinsias. B'fhíor do Hamlet, a Horatio. Nach orm a bhí an t-ionadh nuair a léas gur thit an rud céanna amach do San Abhaistín. Nílim a rá go raibh cúl tabhartha agam ar an bhfeoil mar a bhí ag an Naomh agus, mar a deirim, tá sé ina chúis imní dom go bhfuilim ag géilleadh arís le déanaí, ach deirim seo gur thug admháil an Naoimh sólás dom agus chuir sé ina luí orm a iontaí is atá an bheatha seo agus a laghad atá ar eolas againn ina taobh.

(15. 5. 1942)

9 MÁRTA

Is fada anois ó chuireas peann le pár. 'Bhfuil an tobar ag dul i ndísc? Ní fheadar, ach tá a fhios agam go bhfuil mo chuid cráifeachta a bhíog le teagasc Abhaistín Naofa ag dul i ndísc, mura bhfuil sí imithe ar fad. Léas beatha Tolstoi, an seanbhligeárd, ó shin ach ní tuairimí Tolstoi a chorraigh mé. Ní dócha go bhfuil an bhuanseasmhacht ionam ó dhúchas. Easpa toile. Níl easpa is measa amuigh. Tá m'aigne ina leac oighir má tá uisce ar bith ann. Is trua sin, a Chaoilte, a chara.

p.s. Chím go raibh sé ar aigne ag Tolstoi deireadh a chur leis an gcine daonna le staonadh ó fhleá na feola sula raibh sé de mhí-ádh ormsa tuirlingt ar an saol in aon chor. Níl de mhíniú air is dócha ach an seanmhíniú: *Great minds think alike.*

(12. 6. 1942)

10 MÁRTA

Chaitheas an tráthnóna go doircheacht ag comhrá leis an daoscar inné. Bhí pian ar m'aigne. Bhí a fhios agam go mb'fhearrde leigheas ar mo thrioblóid dul ag léamh nó ag scríobh ná dul ag méadú agus ag ithe bréantais an daoscair. Ach táim lag agus thugas m'aghaidh ar mo chomhainmhithe. Níl uaisleacht, ná dea-bhéasa, ná acmhainn smaointe dá laghad acu. Bréantas agus salachar de gach saghas a thaitníonn leo agus ní bhíd sprionlaithe lena chéile ná mise leo. Bithiúnaigh iad ach tá macántacht uafásach ag baint leo. Tá an fhírinne le fáil ina measc i gculaith choirpigh. Is fearr sin ná bréag i gculaith mná rialta. Bhíos-sa ina measc ag eascainí mar a bheadh deamhan sa chac is bréine in ifreann agus iad sin i mo thimpeall do mo shlogadh go cíocrach lena súile agus lena gcluasa agus iad ag liúirigh le sult ifreanda. Bhíodar ag faire go dlúth agus go drúiseach, leis, ar gach cailín a ghabhadh an bóthar agus thabharfainn an leabhar nár chuaigh colpa bog ná glúin sobhlasta ar rothar amú ar dhuine acu ná ormsa. Muna mbeadh an fhírinne mhíchreidiúnach – an fhírinne sin a shoilsíonn ar mhéirdreacha a bhíonn ina méirdreacha go poiblí – lasfadh ifreann Dante inár dtimpeall.

Bhí an spéir san oirthear chomh dearg sin go measfá gur thoir a bhí an ghrian ag dul faoi. Ach níorbh é an spéir a bhí dearg ach na scamaill mhóra a bhí sínte trasna na spéire goirme mar a bheadh tír chuantach sa bhfarraige. Agus chuir na scamaill sin an Rúis i gcuimhne dhom agus í dearg dáiríre – clúdaithe le fuil. Agus mheasas gur aimsíos an Crimea agus Sebastapol. Súdh an deirge tríd na scamaill faoi dheoidh agus fágadh salachar uaigneach mar chré.

Thánag abhaile agus scríobhas roinnt véarsaí. B'shin toradh an tráthnóna. Tagann filíocht chugainn, nó chun an té atá ina fhile. Ní dheineann an file ach í a scríobh ar phár. Níl de chumhacht múnlaithe ag file ach oiread agus a bhíonn ag athair linbh. B'fhéidir go mbíonn an leanbh cosúil lena athair. Soitheach gach mac máthar agus gach iníon athar dínn.

(13. 6. 1942)

11 MÁRTA

Tá an tráthnóna fuar agus tá mo chompánaigh, an *proletariat*, imithe ag siúlóid chun iad féin a théamh. Ní hé leas an duine bhreoite an iomad siúlóide a dhéanamh. Déanfad mé féin a ghoradh le scríbhneoireacht. An rud is giorra don chroí, is é is giorra don bhéal, a deirtear. Bíonn lucht na Gaeilge de shíor ag cur síos ar an nGaeilge agus ag scríobh thairsti. Leag Liam Ó Rinn a mhéar ar an locht sin agus é ag scríobh sa *Ghlór*. Tá an locht céanna ormsa. Bím de shíor ag scríobh i dtaobh na scríbhneoireachta. Ní hionadh sin mar nílim ach i mo phrintíseach. Is é atá in aigne agam anois ná an taobh istigh de na scríbhneoirí, go mórmhór na húdair mhóra, d'iniúchadh féachaint an dtiocfadh liom na hoibreacha a thuiscint. Is mór an t-ionadh an méid páipéir a ídítear. Sin ionadh amháin. Ionadh eile go mbíonn rud éigin á dtiomáint nó, chun é a rá ar chuma eile, ní bhraitheann siad an dua atá ann faoi mar a bhraithfeadh léitheoir. An rud a bhíonn á dtiomáint an tríú hionadh, measaim. Is é an rud é sin ná an soiscéal a bhíonn acu – an léargas nach follas do chách ná go hiomlán d'éinne eile ach dóibh féin, a bhíonn acu ar fhírinne an tsaoil. Nuair a chíonn an t-údar rud ar bith – nós nó cáil duine éigin nó gluaiseacht polaitíochta nó gníomh éigin – chíonn sé rud nach bhfeiceann éinne eile. Íomhá eile ar fad seachas an íomhá a chíonn an pobal, a chuireann an t-údar i dtaisce ina chuimhne. Dar leis an údar, íomhá bhréagach is ea íomhá an phobail – íomhá na míthuisceana, íomhá na simplíochta. Tagann buile air nuair a chíonn gach éinne ina choinne agus a fhios aige é féin a bheith sa cheart. Bíonn drochmheas nimhneach aige ar an bpobal mar a bhí ag Ibsen agus ag Yeats. Ar ndóigh, creideann an pobal go bhfuil sé ar buile. Nuair a bhíonn gach éinne i do choinne is cuma leat feasta meas an phobail. Scríobhann tú an fhírinne duit féin .i. gan moill ar bith a dhéanamh ag míniú do dhaoine nach mbeadh an cleas acu, mar a déarfá. As sin a thagann an doiléire adeirtear a bheith in obair scríbhneoirí na haimsire seo, measaim. Is dóigh liom, leis, nach foláir nó go raibh na scríbhneoirí móra go léir doiléir in aigne lucht a gcomhaimsire. San bhfichiú haois is ea a tuigeadh údair mhóra na naoú haoise déag. Is é sin le rá nach raibh an ceart agam nuair adúrt gur dó féin a scríobhann an t-údar a bhfuil droim láimhe an phobail tabhartha air. Scríobhann sé don ghlúin a thiocfaidh ina dhiaidh. Agus anseo is ea a fhionnaim an ceathrú hionadh, mar atá, misneach an scríbhneora a chreideann ann féin in aghaidh an phobail – in aghaidh an domhain agus in aghaidh daoine atá i bhfad Éireann níos léannta ná é féin. Ní fhéadaim cuimhneamh ar aon scríbhneoir mór anois a bhféadfá fear léannta a thabhairt air.

(13. 6. 1942 ar lean)

12 MÁRTA

Glacfam leis an *axiom* a deir nach féidir do dhuine a chíonn léas láidir fírinne – léas nach soiléir d'éinne eile – a bheith ina thost. (Mé féin a chum an *axiom*!) Braithim mé féin ag dul amú ach raghad ar aghaidh, mar tá aingeal coimhdeachta agam. Is maith sin, mar tá aingeal de dhíth orm. Tá daoine ann agus tá sé de nádúr acu a bheith de shíor ag féachaint isteach iontu féin agus a bheith á meas féin. Ní caitheamh aimsire é seo ach céasadh, agus níl leigheas acu air mar níl dul ó nádúr. Ní haon ní fónta a chíonn siad agus is béas leo siúl go maolchluasach. Ní bhíd cuideachtúil ach leo féin. Féachann siad ar an saol mórthimpeall orthu, leis, ar an gcuma chéanna .i. go bhféachann siad isteach ann. Agus tá daoine eile ann nach bhféachann isteach iontu féin ach go hannamh agus go míchúramach. Ag féachaint ar an saol a bhíd i gcónaí – an saol mórthimpeall orthu. Ar an gcuma sin is eol dóibh conas iad féin a ramhrú. Bíd cuideachtúil agus meas acu orthu féin. Is mó a chíonn an dream a fhéachann isteach. Chíonn siad an saol go léir istigh iontu féin. Ní fheiceann an dream eile ach an méid den saol ar a bhféachann siad.

(13. 6. 1942 ar lean)

13 MÁRTA

Rud nach sodhéanta do pheacach is ea faoistin mhaith. Is uafásach an rud é a rá, ach caithim é a rá, ní dóigh liom gur dheineas faoistin mhaith riamh. Is deacair iomrascáil na haigne a chur i bhfocail i bhfoirm dráma nó dáin nó úrscéil nó i bhfoirm faoistine. Ní bhíonn na húdair mhóra lánsásta riamh lena gcuid litríochta dá mhéid é a n-éirim féin agus dá mhéid é an dua a fuaireadar leis. Saghas faoistine is ea an litríocht. Is mó agus is iomláine an misneach a bhíonn de dhíth ar an bpeacach a dheineann dea-fhaoistin ná mar a bhíonn de dhíth ar an drámadóir a dheineann dráma. Ní hionadh mise ná aon ghnáthdhuine eile gan a bheith sásta lena chuid faoistine. Gníomh gan teora is ea faoistin iomlán sásúil; is deacair a rá ar deineadh a leithéid riamh. Tá sé buailte isteach i m'aignese, agus tá súil agam nach bhfuilim ródhéanach, nach féidir faoistin shíochánta a dhéanamh gan peann – é go léir a scríobh síos (peacaí do bheatha go léir), mí roimh ré, agus é a cheartú agus a athcheartú go mbeir sásta, más féidir sin, agus ansin é a léamh amach don sagart. Ní fheadar ar sháraigh a chuid faoistiní féin (na cinn a scríobh sé) San Abhaistín? Ní fhéadfadh Ibsen achasán ar bith a chaitheamh leis an té a dhéanfadh faoistin shásúil. Ná ní bheadh fonn maoite ar bith ar fhear na faoistine, cé go mbeadh ábhar maoite aige. Theip ar an misneach agamsa inniu. Mo náire go bráth é, d'fhanas sa bhaile.

(4. 7. 1942)

14 MÁRTA

Is é seo an Domhnach deireanach go mbeadsa agus muintir Inis Cara i gcuideachta a chéile go ceann i bhfad. Ní bhraithim aon bhuairt ar Inis Cara ina thaobh ná nílim féin ródhoilíosach. Lá gaothmhar ceathach. Tá *sports* ar siúl i Leemount agus tá an áit saor ón daoscar. Sin buntáiste. Ach táimse in éagmais mo chuideachtan. Sin buntáiste eile is dócha. Léas *Dr Jekyll and Mr Hyde* maidin inniu. Aistríodh don Ghaeilge é agus léas an t-aistriúchán san na blianta fada ó shin – rud a chuireann i gcuimhne dhom go bhfuilim ag dul anonn san blianta. Údar groí ab ea Stevenson i mo thuairimse. Léas rudaí eile a scríobh sé ach tá spiorad na hardlitríochta sa leabhar seo. Ní hamháin sin, ach an té a thuigeann an leabhar seo tuigeann sé cad is litríocht ann. Oibrítear litríocht le comharthaí. Dá mbeinn ag scríobh i mBéarla thabharfainn *The Science of Symbols* air. Is mó slí gur féidir é a rá. Cuireann an t-údar corp gníomhach ar gach smaoineamh agus ar gach mian agus ar gach tréith. Ní mór don chorp sin a bheith daonna agus ní mór dó a bheith ina fhear ionaid don smaoineamh (nó don mhian *etc.*) chomh maith. Sampla soiléir eile den chleas céanna is ea *The Pilgrim's Progress* le Bunyan agus, gan amhras, samhlaoidí Chríost.

(5. 7. 1942)

15 MÁRTA

Ní maith liom scríobh nuair a bhím *emotional* nó *sentimental*. Níl an teanga seo againne foirfe a dóthain fós agus ní mór dom iasacht na bhfocal sin a thógaint as an mBéarla – b'fhéidir gur orm féin atá an t-easnamh, ach pé ar domhan é, ní fhéadaim focal ar bith ach 'tochtach' a thabhairt chun mo chuimhne agus níl sé oiriúnach ná cruinn. Tionchar na haoise ar m'aigne an leisce sin atá orm scríobh i dtaobh na mothúchán – G.B.S. agus Ibsen b'fhéidir. Mar sin féin, táim á dhéanamh anois, agus cé go bhfuil m'aigne tirim neamhthorthúil anocht, tá deora goirt an uaignis ag borradh aníos mo scornach agus anuas mo shrón agus ní fada ó mo shúile gol. Má ghéilltear do thocht dá leithéid lagaítear scríbhneoireacht – lagaíonn an t-uisce an dubh. Ach méadaíonn sé an dubh, leis, agus sin í an chúis a bhfuil sé seo á scríobh agamsa anois. Bhí an dubh ídithe nach mór orm, mar a dúrt, agus chuireas cúpla braon uisce ann a bhí anseo sa chrúsca i m'aice. Tá mo dhóthain duibh agam anois agus níl sé rólag. B'fhéidir go bhfuil dearmad ar an lucht magaidh – b'fhéidir nach ndeineann an t-uisce goirt aon díobháil d'obair na hintleachta – b'fhéidir muna bhfaighimis ach bia a hullmhaíodh le réasún amháin le caitheamh go mbeadh sé tirim in éagmais an uisce ghoirt, nó in éagmais úruisce an áthais.

(31. 12. 1942)

16 MÁRTA

Dúirt Séamus Caomhánach liom inné nach raibh aon mhaith sna véarsaí a bhí agam ar *Scríobh I*. Dúrt féin an rud céanna anseo seachtain ó shin. Ansan dúrt sé: 'Tán tú coillte ag an bprós.' Is mó locht a bhí ar na véarsaí úd ach bhí locht orthu nach féidir a mhaitheamh – ní rabhadar ag iompar saoil. Cad tá i gceist agam leis sin? Is deacair a rá cé gur dóigh liom go bhfuil a fhios agam. Tá tearmann istigh ionat. Sórt monarchan is ea é. Titeann blúirí saoil isteach ann agus claochlaítear iad – deintear ór díobh. Bíonn ar tharla duit ag tarlú as an nua istigh – nó bíonn do chuid féin déanta agat den saol amuigh istigh – má thuigeann tú leat mé. Más féidir leat fáil isteach san monarchan seo agus cuid de na clocha scáil seo a ardú leat ar do pheann, beidh do chuid focal ag iompar saoil – bíodh na focail sin ina bprós nó ina véarsaíocht. Beidh do shéala féin ar na focail sin ach fós cuirfidh ionadh ort a shaibhre a bheid, a luachmhaire a bheid. Go deo deo ní fhéadfá féin cuimhneamh orthu gan chabhair. Bhí cumhacht seachas tusa féin ag stiúradh do phinn. Ní raibh a fhios agat go raibh a leithéid d'fhocail ar do chumas chuige. Nuair a d'éirigh leat fáil isteach san tearmann seo b'fhéidir leat an dialactaic nó an comhrá nó an t-agallamh Socraitiúil, a bhíonn de shíor ar siúl istigh ionat, a chlos. Is é comhrá é ná an Duine ag déanamh ionadh den saol agus ansin ag déanamh focail den saol ionas gurb ionann ar deireadh an Duine agus an Focal agus an Saol. Taibhsíonn an chaint seo mustarach agus cuireann sé Eoin Caibidil I i gcuimhne do dhuine.

Níl sa rud a scríobhtar lasmuigh den tearmann seo ach ceapadóireacht .i. focail nach bhfuil iontu ach focail – focail nach bhfuil ag iompar. Ní gá a thuilleadh a rá. Ní gá léirmheastóirí. Tá a fhios againn go léir cén scéal é againn féin agus ag ár gcuid tearmann. Tá sé de mhí-ádh ormsa gur ligeas do *Scríobh I* mo chuid ceapadóireachta a fhoilsiú in ionad briathra a thomadh sa tsolas. Ní don gcéad uair é fairíor. *Mea culpa*...

(14. 1. 1975)

17 MÁRTA

Chaitheas an lá sa leaba – lá fliuch agus an t-urlár an-salach. Bhíos ag iarraidh dán a chumadh cúpla oíche ó shin. Chumas dán uair amháin mar gheall ar pheaca a bhí déanta agam díreach roimhe – cé nár shásaigh sé mé thaitin sé liom. Chuireas ceann eile le chéile tar éis oíche a chaitheamh i dtigh tábhairne mar a raibh cailín aimsire dathúil. D'fhéadfá é a léamh gan aiseag a dhéanamh. Aon phíosa ceapadóireachta mar sin gur éirigh liom cuíosach maith a chur i gcrích, lean sé rud éigin a thit amach dom agus a chorraigh m'aigne. (Uaireanta, admhaím, scríobhas dán mar gheall ar smaoineamh nó teoiric éigin a bhí ina pheata agam agus d'éirigh liom maith go leor. B'fhearr na véarsaí ámh a cumadh de bharr rud éigin a tharla go gairid roimh ré.) Is ionann sin agus a rá (ní foláir dom siúl go haireach anois) nach mór do phíosa filíochta athair anamúil a bheith aige, nuair is mise an file atá i gceist. Dhearmhadas a rá nach raibh anam ná maitheas ar bith san dán a scríobhas cúpla oíche ó shin – an ceann a rabhas ag tagairt dó i dtosach – mar scríobhas é 'i bhfuil fhuar', mar a deirtear i mBéarla. Teastaíonn rud éigin lasmuigh díom féin uaim chun an fiabhras atá riachtanach dom a chur ar m'aigne ionas go gceapfadh sé *carmen*. Ní fheadar an mbíonn síorfhiabhras ar aigne na bhfíorfhilí? Bíonn: ná dúirt Shakespeare é? Féach an giota i *Gleanings from the English Poets* a thosnaíonn mar seo: *'Lovers and madmen have such seething brains.'* Bain rud éigin as an aimsir atá imithe le fada – rud éigin atá i do chuimhne le fada – rud éigin atá ag maireachtaint le d'aigne i bhfad – agus dein dán de. Gheobhair rud éigin stuama gan preib gan *pep*, gan anam, tar éis mórán dua. Dein dán as rud éigin a thit amach inné agus a chorraigh tú go mór – léimfidh an dán sin amach ina steillebheatha i ngan fhios duit, nach mór. Tá an dara dán cosúil le *bastard* agus an chéad cheann cosúil leis an gcúigiú duine déag a bheadh ag seanlánúin.

Tá taise na haimsire ag goilliúint go mór orm. Tá an saol imithe i mo choinne go mór. An dán úd a scríobhas cúpla oíche ó shin, ní raibh sé cosúil leis an gcúigiú duine déag clainne a bhí ag an seanbheirt – bhí sé cosúil le leanbh a tháinig ar an saol marbh.

(9. 1. 1943)

18 MÁRTA

Is deacair a rá an dhá shaghas nó trí saghasanna aigne atá in Éirinn inniu. Deineadh clampar in onóir do Phádraig Naofa inné mar is gnáth. Deir Chekhov gur féidir le scríbhneoirí oíche spéirghealaí a chur os comhair a léitheoirí tré cur síos a dhéanamh ar bhuidéal agus scáth madra ag rith. Mar an gcéanna is dócha gur féidir aigeanta na hÉireann a léiriú trí chur síos a dhéanamh ar an dtabhairt amach a bhíonn ann Lá 'le Pádraig. Dhein de Valéra óráid a chraoladh. D'iarr sé ar na daoine an teanga a shábháil. Sin aigne amháin. Tá daoine ann a déarfadh nach bhfuil an aigne sin ag de Valéra, agus nach raibh sé ach ag ligint air go raibh, chun vótaí na nGaeilgeoirí a ghoid. Ní gá domhsa tuairim ar bith a nochtadh ina thaobh sin, mar ní bhaineann sé le m'aiste. Is cuma an raibh sé i ndáiríre nó nach raibh, léirigh a óráid aigne amháin – 'aigne a haon' abraimis. Thabharfadh Sasanach agus roinnt Éireannach (*e.g.* Mr Dillon, Seán Ó Faoláin) *exaggerated nationalism* air. Míniú cruinn cothrom a thabhairt air is tasc dhomhsa. Nílim ag lochtú ná ag moladh ainm Mr Dillon, ámh. Tá prionsabail na haigne seo le fáil *ex cathedra* ón Ollamh Ó Corcora. Slabhraí timpeall orainn gach rud ó Shasana. Ba cheart 'an Éire a bhí anallód ann' a thabhairt thar n-ais gan rian Swift ná Goldsmith ná Yeats air. An naimhdeas le Sasana a choimeád beo. Gach ceangal le Sasana agus gach rian de shibhialtacht Shasana anseo a chur ar neamhní. Othar Éire. Ní oireann slaghdán don othar. Beireann an ghaoth anoir *pneumonia* ar a droim. Táim róleadránach. Bhí tabhairt amach i gCorcaigh inné, leis. Anthony an tArd-Mhaor. Tá aigne a dó ag Anthony. Labhair sé. Labhair an tionscalóir Ó Duibhir leis. Tá aigne a dó ag Ó Duibhir chomh maith. Dá mbeadh an tOllamh Ó Corcora ann dhéanfadh sé tagairt do Thomás Mac Curtáin agus do Thraolach Mac Suibhne. Dhein Ó Duibhir tagairt dos na daoine a chruthaigh tionscal an ime i gCorcaigh. Dúirt sé leis nár cheart an milleán a chur ar Shasana ach orainn féin agus ar ár leisce, Éire a bheith ar an gcaolchuid. Sin aigne a dó nochtaithe faoi mar a nocht an buidéal an oíche spéirghealaí. Lig an ghaoth anoir isteach. Obair atá de dhíth orainn – obair agus ní caint ná fós teanga. Ná bac leis 'an Éire a bhí anallód ann'. Is fuirist na haigeanta sin a thuiscint, a haon agus a dó.

Ní rófhuirist, ámh, aigne a trí a thuiscint ná a thaispeáint ag taitneamh ar bhuidéal ná ar an tseamróg. Tá aigne a trí an-chosúil le haigne a dó, ach ní mar a chéile iad. Measaim gurb é seo an difríocht. An té atá ar aigne a dó, ní raibh sé riamh ar aigne a haon; ach an té atá ar aigne a trí, bhí sé ar aigne a haon tráth dá shaol. Tá sé tar éis an fiabhras a chur de, mar a déarfá.

(18. 3. 1943)

19 MÁRTA

Is soiléir dom gur imigh rud éigin ar na daoine a bhíonn ag féachaint isteach iontu féin, ionas go bhféadfá daoine iontu féin a thabhairt orthu. Bíonn mí-ádh ar gach éinne acu. Ní bhaineann siad leis an saol. Ní gá don dream eile féachaint isteach iontu féin mar is ionann agus scáthán an saol dóibh. Baineann an saol leo. Is iad féin an saol agus bíonn an-spórt acu. Ní bhíd uaigneach. Ach bíonn drong na súl isteach uaigneach de shíor. Is anaithnid agus is iontach an saol é, dar leo. Measann siad ar dtúis, leis, go bhfuil rud éigin bunoscionn leo féin agus a rá nach féidir leo réiteach leis an saol. Sin dhá fhadhb le réiteach acu, más maith leo an t-uaigneas a dhíbirt. Éiríonn siad fiosrach. Séanaid cuideachta na mbeo agus lorgaid cuideachta na marbh. Anseo is ea a chíd an chéad léas solais – i leabhraibh. Is mó rud a réitítear agus is mó rud a théann gan réiteach. Iad fiosrach fós. Is deacair smaoineamh i bhfad gan scríobh. (Mhíníos é sin in aiste eile.) Má tá bean uait anseo in Inis Cara imigh go dtí an rince agus buailfir le mórán díobh. Má tá freagra uait imigh fan bóthair na scríbhneoireachta agus buailfir le mórán díobh. Féadfair a lán díobh a phósadh (na freagraí agus ní hea na mná) agus beidh *harem* agat .i. soiscéal. Sin mar a gheibhtear soiscéal, measaim. Sin mar a gheibheann na scríbhneoirí móra é. Nuair a bhíonn an soiscéal ag duine, ní mór dó é a scaoileadh uaidh, díreach mar a bheireann cearc ubh nuair a bhíonn an t-ubh aici. Ní dóigh liom gur mar seo a chríochnóinn é seo seachtain ó shin, ach is cuma.

(25. 6. 1942)

20 MÁRTA

Tá m'aigne ina fhásach. Níl luibh ann. Níl pingin sa tigh againn. Ní mór dom airgead a dhéanamh ar chuma éigin. Ní fheicim aon chuma eile chun é a dhéanamh ach scríbhneoireacht. Ní fhéadaim scríobh in aon chor, in aon chor, le déanaí – agus dá bhféadfainn féin cé a cheannódh é? Is uafásach an tír í Éire. Tá ceisteanna go leor le réiteach i ngach aon tír ag an scríbhneoir, ach in Éirinn tá ceist bhreise – ceist na teanga. Cé acu teanga? Mo fhreagra air sin: Gaeilge. Canathaobh? Tá £100 le fáil ar dhráma sa teanga sin ó Amharclann na Mainistreach agus £30 ón Oireachtas ar dhráma. Sin é an chéad chúis. An dara cúis – amadáin is mó atá ag scríobh is ag léamh i nGaeilge. An tríú cúis go bhfuil Gaeilge chomh maith leis an ngnáthamadán agamsa. A dhéithe na litríochta, múin an cleas dom! Á, caithfidh mé é a chuardach in bhur n-oibreacha. Ach *poeta nascitur non fit* [Beirtear file, ní dhéantar é]. Ó! Ó! Ó! Agus níl pingin sa tigh. *Pecunia fit non nascitur!* [Déantar airgead, ní bheirtear é.]

(6. 3. 1943)

21 MÁRTA

Is fada ó bhreacas focal anois. Is róbhaol go bhfuil an tobar imithe i ndísc. Pé spiorad a chuireadh fonn scríbhneoireachta orm, tá sí ar iarraidh. Tá a fhios agam nach bhfuil i mo chumas ach rud leamh a chumadh anois. Ní bhraithim an teas ná an buile ionam féin a thuilleadh. Anuraidh chuireadh leathanach a scríobh gliondar orm. Agus cuimhne an ghliondair sin a bheir dom dul i mbun pinn anois mar is fada ó bhí fuascailt ó ghéarleanúint an tsaoil chomh mór de dhíth orm. Tháinig sórt tuirse breoiteachta orm um thráthnóna agus éadóchas marbhthach. Ghlaos ar mo pheann, phógas é agus siúd sinn ag siúlóid le chéile amach faoi thuaith m'aigne. Agus taobh tíre níos uaigní, dúthaigh níos mísciamhaí ní fhaca riamh i mo shiúltaibh. Fásach!

(22. 5. 1943)

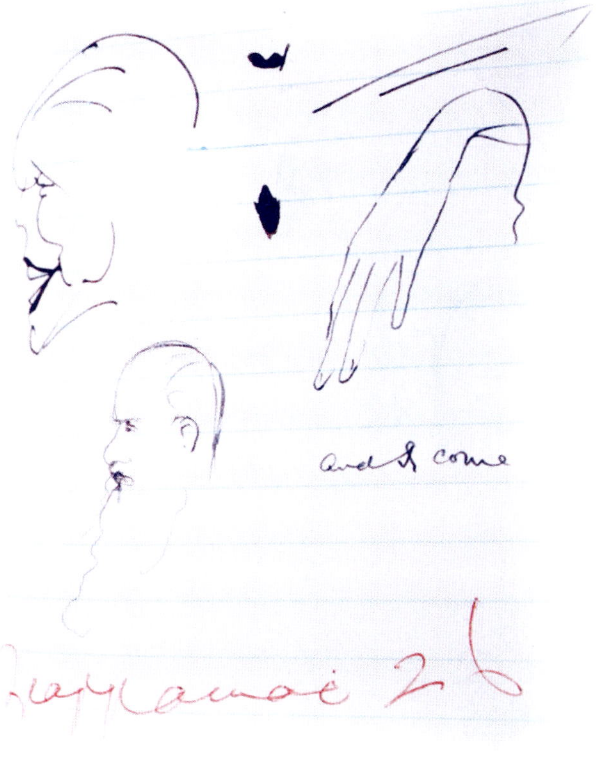

22 MÁRTA

Mharaigh an cat dubh sicín orainn um thráthnóna. Theilgeas an scuab i ndiaidh an chait agus cailleadh ceann na scuaibe. D'imigh an cat dubh saor ach tá sicín agus ceann scuaibe in easnamh orainn.

Anuraidh léas *Faoistin* Abhaistín Naofa agus dhein fíréan díom. Tá leabhar eile á léamh agam anois agus dealraíonn sé go múchfaidh sé pé gríosach creidimh atá beo go fóill ionam. Seo a theideal: 'An Tiomna Nua, iarna tharraing go fírinneach as an nGréigis Údarach leis an athair is onóraí i nDia Uilliam Ó Dónaill, Ard-Easpag Thuama'. Meon Chríost a chuireann ionadh orm. Ba lú a mheas ar an *status quo* agus ar sheanchuimhne sinsear a aimsire féin ná an meas atá ag G. B. Shaw orthu inniu. Níl leigheas ar bith agam ar an gcosúlacht atá idir Phairisínigh aimsir Chríost agus na hEaspaig agus an aicme chreidmheach atá inniu ann a thabhairt faoi deara. Ach smaointe marbhacha na smaointe seo.

Is baolach gur dheineas díobháil dom féin nuair a chuas ar thóir an chait.

(15. 5. 1943)

23 MÁRTA

Ní naomh mé agus, dá bhrí sin, ní maith a thig liom an céasadh seo d'fhulaingt. Táim iata i bpríosún ón saol mór i mo thimpeall. Ní féidir liom caidreamh aigne ná caidreamh coirp a dhéanamh leo. Duine ann féin mé. Staid uafásach. Mise féin an príosún. Cad is ifreann ann? Tú féin? Sea, maireachtaint ar do scáth féin. Ní féidir éalú as ifreann – ní féidir éalú asat féin. Measaim go dtuigim ifreann níos fearr le déanaí. Poll doimhin. Cá bhfuil an poll níos doimhne ná mise? Éadóchas. Cá bhfuil ionad níos éadóchasaí ná m'intinn sheasc? Síoraíocht i bpian. Cá bhfuil pian níos síoraí ná an tseanaithne rómhaith, rómhuinteartha, rótharcaisneach atá agam orm féin? Is fíor don Eaglais. Cuireann an Cruthaitheoir cónaí orainn ionainn féin mar a chuirfeadh sé sinn i dtigh. Tá múnlú an tí fúinn féin. Nó an bhfuil? Abair go bhfuil. Creidim go bhfuil. Deir an Eaglais go bhfuil. 'Tóg do thigh mar is mian leat,' adeir an Cruthaitheoir, 'agus bíodh sé agat le saol na saol.' Á, sin é é! Níor mhaith liom cur fúm sa tigh seo ar feadh na síoraíochta. Ní mór dom an tigh seo a chur i dtreo. Ní mór dom doras don phobal d'oscailt in am mar ní bhead infheadhma ar an dtaobh thall den uaigh. Is ionann ifreann agus uaigneas, agus daoine cuideachtúla atá ar neamh. Is róbhaol do Yeats agus d'Ibsen, ach tá Chesterton cainteach sna trithí i bhflaitheas Dé.

(26. 5. 1943)

24 MÁRTA

Níl a fhios agam ó thalamh an domhain cad a scríobhfad. Táim ar nós na maidine seo – gruama, dorcha. Cad é an síoreagla a bhíonn orm? Eagla bheag a bhíonn istigh ionam i gcónaí, a phiocann mé maidin Dé Luain i gcónaí – eagla nár fhéadas a mharú choíche dá mhinicí a chuireas i leataobh é – eagla bheag shuarach a dheineann luch díom. Nuair a bhím seal rófhada gan faoistin a dhéanamh bíonn gach ball dem chorp agus gach smaoineamh de m'aigne agus gach léim de m'anam faoi thionchar na heagla seo, agus mé ag dul i dtreo an bhosca. Is dócha go bhfuil Rí Séamas i ngach neach againn (.i. an bonnaire fiaphoic fáin) faoi mar a bhí Mr Hyde i *Dr Jekyll*. Uaireanta bímid inár nDon Juan agus uaireanta braithimid Proinsias Xavier ag corraí ionainn. Deineann buidéal fíona Ibsen de dhuine amháin agus Ataturk de dhuine eile, ar feadh tráthnóna. Tagann an bonnaire ar cuairt chugamsa i gcónaí tar éis babhta ólacháin agus bíonn fonn orm teitheadh ón saol mór namhdach faoi mar a chúbann garsún scoile go maolchluasach ó léim a thabhairt. Cuireann réamhrá le Bernard Shaw nó b'fhéidir *Cúirt an Mheán Oíche* ruaig ar an mbonnaire ar feadh scathaimh ach measaim gur fearr do dhuine aghaidh a thabhairt air ina aonar mar ní túisce a bhíonn an doras druite ar Bhrian Merriman ná seo an bonnaire ag crith ionainn. Ibsen, Shaw agus *The Bell* i dteannta a chéile a chuir an fonn scríbhneoireachta ormsa anuraidh. Thugas mo chúl ar an saol atá ann is dócha. Pé ar domhan é, bhí fiabhras misnigh de shaghas éigin orm. Duine eile ar fad ab ea mé. Ní raibh tásc ná tuairisc ar an mbonnaire. Ach thráigh an dúthracht ghlórmhar, an mheisce neamhaí agus, faoi dheireadh, thiteas anuas ar an dtalamh ó chríon Oisín agus dhein bonnaire dhíom. Ní heol dom aon ní is uaigní ná fuaradh meall sin na hintinne bíogtha.

(15. 6. 1943)

25 MÁRTA

An mbeidh ar ár gcumas go bráth litríocht a mhúnlú as an dteanga eitinneach mhantach seo atá againn? Ní haon chabhair fiafraí. Ní haon chabhair rud ar bith. Tráthnóna gránna. Tá sé ag fearthainn go bog. Tá cruth na gcrann lastall den Laoi báite sa cheo. Táim féin ag sraotharnaigh leis an bhfliuchras fuar. Is uafásach an tír í Éire. Ní haon ionadh daoine d'fháil báis ar a son mar b'fhusa go mór é sin a dhéanamh ná maireachtaint inti.

(19. 8. 1943)

26 MÁRTA

Mé gan a bheith ar fónamh. Eagla orm. Coinne agam le litir nár tháinig. Canathaobh nár tháinig an litir? 'Bhfuil trócaire ar bith ar neamh? Cad chuige an fhulaingt seo go léir? Ní bhraithim mé féin ag fás dá bharr – go hintleachtúil ná go spioradúil. Ach ní bhfaighir faoiseamh ón bhfulaingt go dtiocfaidh an bás! Ó! Ó! Táim cortha – táim traochta. Tá na scámhóga stracaithe asam. Níl a fhios agam cá bhfuilim. Táim imithe amú ar fad. Obair atá uaim. Obair, obair. Á, ólfad braon bainne.

(30. 8. 1943)

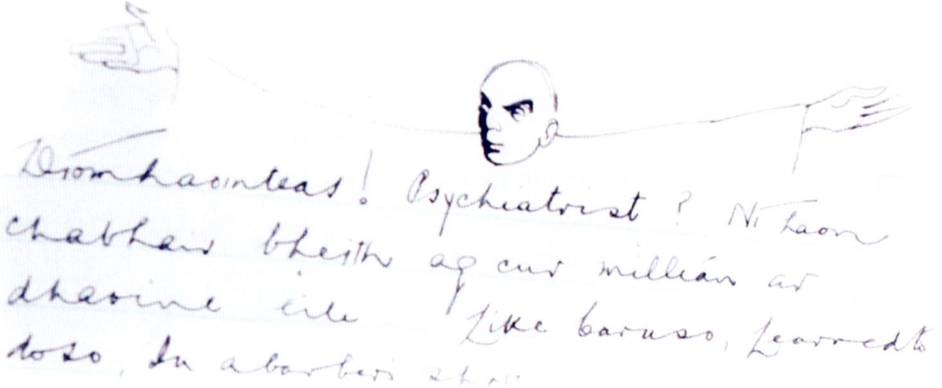

27 MÁRTA

Bím an chuid is mó den lá sa leaba fós. Fuair an taom breoiteachta seo greim dian orm. Bhíos ag smaoineamh anois ar an mbean a ba mhaith liom a phósadh – agus nach bpósfad gan míorúilt ó neamh. Ar na pianta ar féidir le duine a fhulaingt níl aon phian inchurtha leis an bpian a fhulaingíonn an té a chíonn an bhean a shantaigh sé féin á breith don leaba ag fear eile. Bíonn sórt trua aige dhi a bheith faoi smacht ainmhí. Is barbartha leis na rudaí is eol dó a dhéanfaidh an t-ainmhí léi – cé gurb iad na rudaí céanna ba mhaith leis féin a dhéanamh. Ó, an cailín bocht! Ach fan! Taitníonn an íde atá á fháil aici léi – *the unkindest cut of all*. Ní hionadh liom gur mharaigh a lán iad féin tar éis *Werther*, leabhar Goethe, a léamh! Ach níor mharaigh Goethe é féin – ná Yeats. An phian sin a dhein fathaigh díobh, b'fhéidir, agus de Dante. B'fhearr liom an bhean a fháil ar an saol seo ná a bheith i mo Dante agus siúl léi ar neamh. Ná meas, ámh, nach dtuigim go maraíonn an pósadh an grá. Is ionann grá agus mian. Sásaigh mian agus imeoidh sí. Is amhlaidh nach bhfuilimid mór a dhóthain chun lóistín fada a thabhairt don ghrá. Chomáinfeadh sé as ár meabhair sinn – an méid dínn atá inár ...* .i. an chuid is mó den chine. Aisling neamhaí an bhean a shantaítear sula bhfaightear í – aisling a dhéanfaidh gealt nó Dante díot sa deireadh. Nós nach gcuireann tú aon róshuim ann mar gal phíopa is ea í, nuair a gheibhtear í. Ní mór

* Bearna fágtha sa téacs d'aonghnó. É i gceist aige filleadh air ach níor dhein.

don abhac, don ghnáthdhuine, an aisling a loiteadh, a shailiú, a mharú. Tuigim é seo. Is dócha go gcreidim é. Is dócha gur chreid Dante é. Ach tá an aisling beo fós i mo shamhlaíocht mar a bhí i samhlaíocht Dante. Níl an creideamh seo róláidir – ní chorródh sé na sléibhte. Ní féidir an aisling seo a mharú ach sa leaba, a chara. Tá corp umat agus bí deimhin de. Ní hionadh go mbíonn lasracha agus deatach ifrinn inár dtimpeall agus an fear eile sa leaba lenár n-aisling, á maslú, á sailiú. Ní loitfidh an fear seo an aisling. Sinn féin agus sinn féin amháin a fhéadfadh sin a dhéanamh. Ní hé go bhfuil mo phíopa ina bhéal aige, tá an neamh a chumas dom féin ina sheilbh aige. Ní sólás dom go gcoimeádfaidh sé an neamh san beo go deo – agus go ndéanfainnse gal tobac de! *De profundis clamavi* [Ghlaos as an duibheagán].

(15. 9. 1943)

28 MÁRTA

Bhí firín anseo inné agus le 35 blian roimis. Bhí agus tá sé tugtha do chráifeacht os ard agus do mhná os íseal. Ball de Mhuintir na Tíre é agus ball dúthrachtach. Ba mhaith leis an Ghaeilge d'athbheochtaint ach níl focal Gaeilge aige. Ar ndóin, dhein sé iarracht tréan an teanga d'fhoghlaim ach bíonn sé róbhroidiúil – cruinnithe srl. Fuair sé beart cáipéisí ó scoil a mhúineann tríd an bpost agus chuir sé i leataoibh iad mar a dtáinig clúmh liath orthu. Tá an firín bocht chomh béasach eaglach agus go ndéarfadh sé 'gaibh mo leithscéal' le dreancaid. Sin é an chúis go bhfuil na mná atá imithe anonn sna blianta ceanúil air agus na mná óga anamúla nach bhfuil, gan cion ná meas air. Tá cúis bheag mharbhach eile ag na mná óga, leis – tá iarracht de chruit ar a dhroim. Ach ina choinne sin tá fonn ar mo rábaire – ní nach ionadh agus an daichead ar an dtairseach aige. Is uafásach an rud é daichead in aigne bait-siléir in aois a 35.

(15. 9. 1943 ar lean)

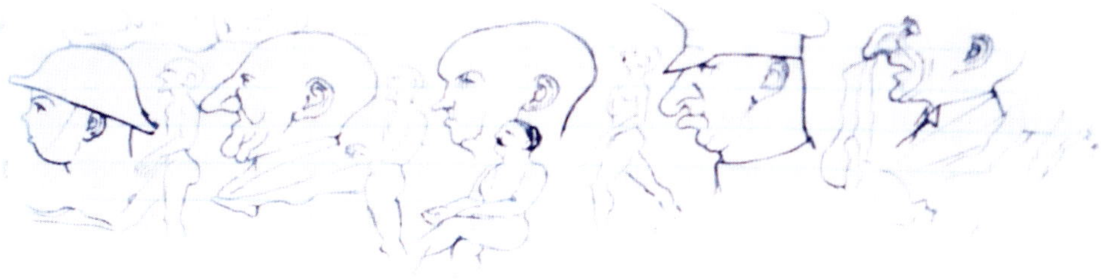

29 MÁRTA

Táim ag cur allais agus ní miste dom rud éigin a scríobh an fhaid agus a bhead ag fuaradh. Is eagal liom go bhfuil tromshuan ar m'aigne. Tá mo phíopa i mo bhéal agam anois agus tá an cloigeann an-te. Is féidir píopa d'ól go mall smaointeach i dtreo is go bhfanfadh an cloigeann fuar – nó fionnuar. Inné agus mé ar bhruach na Laoi dheineas iarracht ar an tseanbhuile filíochta a mhúscailt i m'aigne. Theip orm. Tá an aois seo lán de smaointe ach sceinnid uaim. Airím ag crónán sna sceacha iad agus i bpíopaireacht thruamhéileach na sicíní agus i gcúlchaint na gcomharsan, ach teipeann orm iad d'fheiscint faoi mar a theipeann orm an ghaoth a léamh. Cad faoi deara an daille? An míshuaimhneas spioradúil atá orm, measaim. Bím i gcónaí ag santú an tsaoil agus ag lorg faille. Ní féidir le duine an Bíobla a léamh an fhaid agus a bhíonn an dinnéar á ullmhú aige. Bím i gcónaí ag lorg boige baininscní. Bím ag tnúth le corp mná. An mbímidne – an t-ál fireann – ag lorg smaointe baininscneacha faoi mar a lorgaímid coirp bhaineanna? Á, is leor sin.

(17. 7. 1943)

30 MÁRTA

D'fhanas sa leaba go dtí an iarnóin ag léamh Shaw. Bhuaileas an bóthar siar ansin. Mná óga ag rothaíocht. Iad go léir sobhlasta. Ach braitheann sin – a sobhlastacht – ar ocras an té a bhíonn á santú. Mé tuirseach ag filleadh dom. Bhuaileas le Con Sweeney agus a bhean agus cailín óg, cothaithe, iarracht ainnis, 'Ar mhaith leat cailín deas a bhreith leat?' arsa Con. 'Is ar éigin a thiocfadh sí liom,' arsa mise. Ansin, ar eagla go measfaidís go rabhas ródháiríre, dúrt go raibh an-bhrothall ann. Thánag abhaile. Chuireas teasmhéadar i mo bhéal. 98.6F. Cad chuige ar scríobhas é seo? Ní raibh a fhios agam nuair a thosnaíos cad a thiocfadh as mo cheann nuair a raghainn i mbun pinn. Is dócha go rabhas ag tnúth le rud éigin go mb'fhiú a scríobh. Bhí breall orm.

(7. 8. 1944)

31 MÁRTA

Thugas turas ar an ollscoil inné. Bhí mac léinn agam ar feadh uaire an chloig – Daithí. Ansin bhuail Seán Ó Coileáin agus Séamus Caomhánach isteach chugam. Dúirt Séamus nach peaca an striapachas ach áis. Fear creidimh é seo – Caitliceach deabhóideach. Dúirt a dheartháir Kruger leis uair amháin nach raibh aon chreideamh aige féin .i. ag K. Dúirt Séamus leis go raibh, toisc go n-úsáideann sé an dá fhocal 'olc' agus 'maith'. Dúirt K. thar n-ais go ndéanfadh Pól (Naomh) préitséir de ar deireadh. Tá an-chur amach ag Séamus ar Phól toisc an staidéar a bhíonn á dhéanamh aige ar na gluaiseanna Sean-Ghaeilge. Uaireanta bíonn Séamus an-doimhin ach uaireanta eile ní bhíonn ann ach simpleoir. Tá leagan amach annamh aige ar an saol. Labhrann sé Gaeilge álainn.

(21. 1. 1972)

1 AIBREÁN

Ní rabhas ar fónamh inniu. Lá breá. *The Hidden Ireland* le Corkery á léamh agam don tríú huair, is dóigh liom. Is cuimhin liom lá, tuairim is bliain ó shin, gur bhuaileas leis ar an Meal Theas agus go ndúrt leis go raibh traidisiún na Gaeilge bocht! Cad é an dalladh púicín a bhí orm? Ba bheag ná gur thit an duine cóir i laige. Is róbhaol gurb aige siúd atá an ceart go hiomlán maidir le meadaracht agus traidisiún agus, b'fhéidir, *ego*.

Má léann éinne na nótaí seo i mo dhiaidh, cuireadh sé paidir le m'anam.

(13. 3. 1948)

2 AIBREÁN

Tagann fulaingt i mbeatha duine agus méadaíonn ar an bhfulaingt diaidh ar ndiaidh. Bíonn an duine féin ag faire agus ag iarraidh neamhní a dhéanamh de: agus leath-thuairim aige nach bhfuil an mí-ádh ach ag súgradh agus go n-éireoidh sé as tar éis tamaill. Méadaíonn sin ar an bhfoighne aige a bheith ag coinne le fuascailt. Ach tagann neomat – an neomat go dtéann an fhulaingt thar fóir, neomat uafásach. Éiríonn an spiorad as go tobann agus screadann sí. In aghaidh Dé an scread sin. Tá deireadh le foighne, deireadh le gaois. Is cuma faoi dhóchas. Is beag ná go bhfuil deireadh le dóchas. Abair gur le breoiteacht a ciapadh an spiorad. Cé nach dtagann laghdú ar bith ar an mbreoiteacht briseann an scread an ciapadh spioraid. Neomat nirt an neomat seo. Dúshlán faoi Dhia. Agus bíonn milseacht san aer tar éis na bruíne. Slí mhaith chun aghaidh a thabhairt ar an mbás.

Is uafásach an radharc é duine mín d'fheiscint ag cnaoi. A chorp, a aigne, a mheanma, ag dul i laghad gach lá. Gliocas suarach de shaghas éigin ann. Agus, an déistin is gránna ar fad, é ag urnaí go humhal. A Dhia, cothaigh stailc agus neamhumhlaíocht ionainn ionas go mbeidh sé de mhaitheas ionainn gabháil de chiceanna ort, más gá.

Mo spioradse a scread tráthnóna inniu. Nach gránna an rud an nóta pearsanta, a Ollaimh Uí Chorcora.

(19. 3. 1948)

3 AIBREÁN

Cad is filíocht ann? Caint linbh? Aigne – samhlaíocht linbh? Beirt i seomra. Capall ag gabháil na sráide lasmuigh. Féachann an duine fásta amach. 'Sin capall Sheáin Uí Cheallacháin,' a deir sé ina aigne, 'ag breith ualach prátaí ar an margadh'. Cailleann an duine fásta an capall ar an gcuma sin de dheasca a chuid eolais. Ní shaibhríonn an capall ná an saol beatha an duine fásta. Airíonn an leanbh fuaim an chapaill. Blaiseann sé fuaim an chapaill ar son na fuaime féin. Agus éisteann leis an bhfuaim ag dul i laghad agus i laghad agus ag titim siar siar isteach san Tost. Agus is ionadh leis an fhuaim agus is ionadh leis an Tost. Agus bíonn an saol lán d'alltacht agus de dhraíocht. Agus saibhrítear aigne an linbh. Agus an fhaid agus a bhíonn an leanbh ag cnuasach draíochta, bíonn an duine fásta ag cuimhneamh ar phraghas na bprátaí nó an tabhairt suas breise a bhí aige féin ar Sheán Ó Ceallacháin.

(2. 4. 1949)

4 AIBREÁN

Tá tréith áirithe i bhfilíocht A. E. Housman a dhealaíonn ó gach éinne eile é. Ní fhéadaim ainm a sholáthar don tréith sin ach tá sí le fáil sna línte seo a leanas:

Fred keeps the house all kinds of weather,
And clay's the house he keeps,
When Rose and I walk out together
Stock-still lies Fred and sleeps.

Agus anseo:

Use me ere they lay me low
Where a man's no use at all.

Tá cion agam ar an dtréith áirithe seo. Dar ndóigh, tá tréith nó blas dá chuid féin i bhfilíocht T. S. Eliot, G. M. Hopkins, Máirtín Ó Direáin agus i bhfilíocht gach file gur fiú trácht air. Tá gaol ag an dtréith seo na filíochta leis na rudaí eile go bhfuil cion agam orthu – na cloig, na harthaí, an chanúint, an Rúiseachas. Atmaisféar aontaithe. Clogachas an tseomra – seomra na gclog. Árthachas áras na n-árthach. Ionannas na canúna i mbéal gach éinne. Rúiseachas na scríbhneoirí éagsúla. Sin é an rud a dhéanann an file. Cruinníonn sé focail – rudaí gur le gach éinne iad – focail nach bhfuil aon chosúlacht ná gaol eatarthu – focail nach raibh ina scata le chéile riamh roimhe seo – agus séideann sé orthu agus láithreach bonn baill líontar iad le blas an fhile sin – a chuid eiseanachais. Cónaíonn an scata focal sin tamall i ndúthaigh áirithe (.i. in aigne an fhile agus ina chroí) agus piocann siad suas canúint na háite. Nó, is cosúil le lucht aoncheirde iad – b'é an comhdhualgas a bhí orthu sin ná an dán faoi leith seo a thabhairt chun críche. Ar aon chuma tá marc coiteann orthu is is aithnid iad thar aon dream eile focal. An marc, an t-aontú sin, a chuireann gliondar ormsa.

(2. 4. 1949 ar lean)

5 AIBREÁN

Tá cac focal déanta agam anois. B'fhéidir go bhfágfadh sin slí i m'aigne do *Burnt Norton* le Eliot.

(17. 2. 1950)

6 AIBREÁN

Son, if thou placest thy peace in any person, for thy own gratification and for the sake of his society, thou shalt be unsettled and entangled.

Thomas à Kempis

Is fíor duit, a Thomáis à Kempis.

(29. 4. 1950)

7 AIBREÁN

Tháinig an tAth. Valkenburg chugam seachtain ón Domhnach seo caite. Thug sé an phaidir seo dhom a fuair sé i seanlámhscríbhinn agus tá sí breis agus trí chéad bliain d'aois. Aistriúchán ar an bpaidir 'Omnipotens sempiterne Deus' le Tomás d'Acúin:

'A shíoraí Dhia uile-chumhachtaigh, a Dhia, seo mise ag triall go sacraimint d'Aon-Mhic, ár dTiarna Íosa Críost: seo mé ag triall chuici mar easlán go lia na beatha, mar shalach go tobar na trócaire, mar dhall go dtí an soilse síoraí, mar bhochtán dearóil go Tiarna neimhe agus talún agus mar lomnocht go Rí na Glóire. Guím Thú, dá bhrí sin, ar son t'fhéile domheasta, m'easláinte a shlánú, mo ní ó mo shalachar, mo dhaille a shoilsiú, mo bhochtacht a shaibhriú, agus mo nochtadh d'éadú; ionas go nglacfainn arán na nAingeal, Rí na Rí, leis an onóir agus leis an umhla, leis an eagla agus leis an ngrá mar aon leis an gcaondúthracht, leis an nglaine chroí agus leis an rún is cuí do do mhórgachtsa agus is tairbhe don anam. Tabhair domh ní hé amháin Sacraimint Chorp Ár dTiarna a ghlacadh ach fós, a brí agus a héifeacht. Ó, a Thiarna rócheansa, tabhair dom Corp d'Aon-Mhic a ghlacadh go friochnamhach mar aon le caondúthracht ionas, de thoradh a ghlactha, go dtuillfinn a bheith dá Chorp mistioca agus mo chomhaireamh idir a bhallaibh. Ó, a Athair ionúin, tabhair dom do mhac ghráigh, atáim ar tí a ghlacadh anseo faoi bhrat na sacramainte d'fheiscint aghaidh ar aghaidh ina dhiaidh seo i bhflaithiúnas i saol na saol. Amen.'

(24. 5. 1950)

8 AIBREÁN

Deineadh taibhreamh dom aréir. Tuigeadh dom gur cailleadh an bhean lán de stuaim. 'Ce acu lá, lá mo pheaca?' arsa mise. 'Dé Céadaoin.' Á, agus cailleadh í Déardaoin. Féach mar a bhain Dia díoltas díom! An ruidín bocht. D'éirigh sí tanaí lag roimh bhás di. Mhúscail mo ghrá di arís. Bhí brón orm – brón taitneamhach. Is baolach go raibh áthas orm nár phós sí éinne eile. Ach líonadh mé de thrua di. Is dóigh liom go rabhas ag lorg na daoine agus na háiteanna deiridh a chonaic sí chun rud éigin di a fháil uathu. Bhíos ar lasadh le grá di agus bhí ceo draíochta éigin ar an saol – ceo a bhain léi. B'fhéidir gurbh é an rud a bhí sa cheo ná ise. Bhí a corp imithe anois ach bhí a spiorad fágtha. B'shin é an chúis b'fhéidir gur athraigh mo ghrá di. Tháinig teibiú ar mo ghrá. Tháinig iomlánú ar mo ghrá. Ní raibh aon rud ann di anois nár ghrás. Agus rud ait eile. Nuair a ghránn fear bean agus nuair a phósann sí fear eile measann sé go n-imríonn an fear eile lámh láidir uirthi faoi chuing phósta nuair a luíonn sé léi. Is baol leis gur bhlais sí fulaingt agus pléisiúr. Bíonn a haigne féin céim níos drúisiúla ná drúis nuair a dheineann sí iarracht ar mothú dáthaobhach na mná d'fhulaingt. Ní chuimhníonn sí ar an bhfear in aon chor. Bhí an uas-drúis seo i m'aignese aréir ach í a bheith tar éis báis d'fháil agus dul ar neamh. An bás is dócha an fear céile a bhí aici.

Cá bhfuil sí anois? 'Bhfuil tionchar ag na focail seo uirthi?

(15. 5. 1950)

9 AIBREÁN

Pósadh nó gan pósadh: *that is the question – whether it is nobler in the mind to suffer the slings and arrows of outrageous passion or to take arms against a she of troubles and, by proposing, end her.*

(3. 9. 1950)

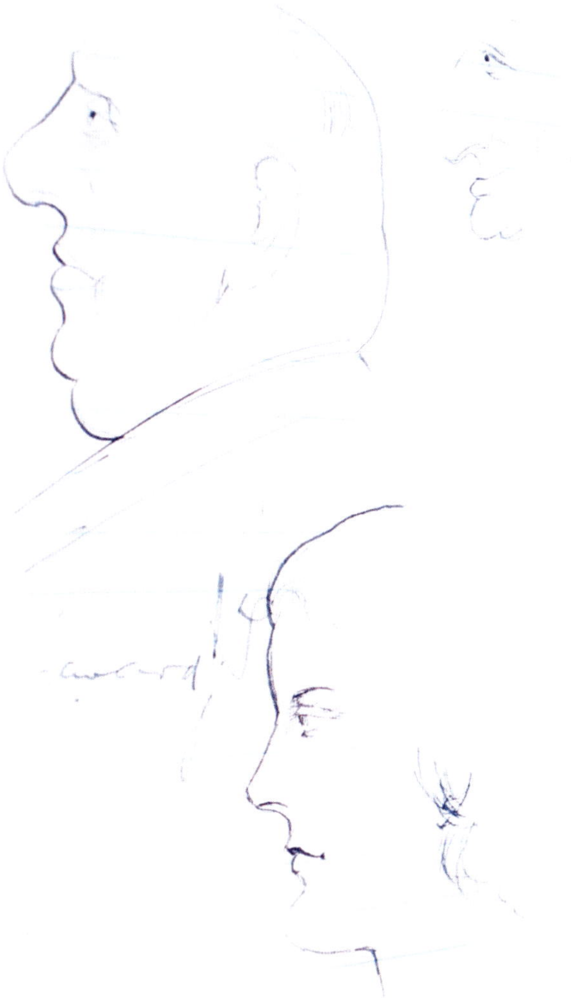

10 AIBREÁN

É fuar anocht cé go raibh an lá (inné) bog. Bhuaileas leis an Ath. Tadhg agus le Máirtín Ó Murchú. Ní raibh dinnéar agam leo, áfach, mar chuadar san go dtí an Vic. chun mise d'fheiscint ar *Telefís Scoile*. Bhuaileas leo san Vic. nuair a bhí dinnéar caite acu. Ní ólfadh an tAth. Tadhg ach *ginger ale* toisc an Charghais. Dá mba sa bhaile a bhí nuair a bhuail sé linn, dúirt sé linn go n-ólfadh sé deoch níos speachúla, *causa urbanitatis* [d'fhonn a bheith dea-bhéasach]. 'Breá leis *urbanitas*. Chuir an abairt Laidine i gcuimhne dhom a léas áit éigin le déanaí i.e. *castratus ergo castus* [coillte, dá bhrí sin, geanmnaí]. Deir an tAth. Tadhg nach bhfuil an fhealsúnacht sin ceart – nach gá go leanfadh geanmnaíocht coilleadh. Deineann an coilleadh an dúthaigh a chosaint ar an gcoillteán, ach bíonn an coillteán bocht níos measa as ná riamh.

(17. 12. 1967)

11 AIBREÁN

Slán le smaointe. Fáilte roimh rudaí. Rud a chuirfead anseo agus ní smaoineamh. Deineadh an léitheoir an smaointiú – má tá léitheoir ann. Mé san leaba. Léas an *Irish Times* agus an *Cork Examiner* agus an *Irish Press* inniu .i. thugas stracfhéachaint orthu. D'éiríos ar a dó. Luíos arís ar a trí. Léas giota as *Tonn Tuile* le Séamus Ó Néill. Léas píosa den leabhar *The Face and Mind of Ireland* le Arland Ussher. Chuireas litir ag triall ar an Ath. Valkenburg. D'éisteas le droch-ghearrscéal a chraol an BBC ar maidin. Fuaireas *Combar* na míosa seo ó Riobard Mac Gópáin. Sin a bhfuil. Ní fiú faic na rudaí. Níl agam tar éis an tsaoil ach smaoineamh. Ach fan! Solas coinnle sa tseomra. An doras ar oscailt. Mé idir an choinneal agus an doras. Scáth mo chloiginn ar an ndoras agus ar an bhfalla lasmuigh. Pian mná i m'aigne. Mura mbeadh an phian sin ní bheinn chomh míshocair. Chím an doras agus chím an phian san doras. Agus tá pian san scáth. Ach smaoineamh é sin agus ní cheadaítear smaointe anseo. Tá pictiúr mo sheanmháthar os cionn na tine. Bhí sí óg an tráth sin. Níorbh eol di fear an uair sin. Arbh eol di paisiún? An bhfuair sí an fear ba mhian léi? Fuair sí fear ar aon chuma, agus má fuair sí pléisiúr tá sin thart anois. An pléisiúr nach bhfuil thart sin é an pléisiúr a bhaineann soir agus siar dínn – pléisiúr duine eile nach bhfuil thart. Dá ndeintí coillteán d'fhear ar bith agus é i ngrá le bean – ansin dá bpósadh sí fear eile. Cuimhnigh ar an lá roimh a pósadh nó an tseachtain. Cuimhnigh ar phléisiúr na mná agus pléisiúr an fhir in aigne an choillteáin – an pléisiúr nár tharla ach a tharlóidh! Á, tá na rudaí sa tseomra seo lán de smaointe. Agus b'fhéidir go bhfuil na smaointe sa tseomra seo lán de rudaí. Ar aghaidh, ar aghaidh gan stad, gan smaoineamh, gan rud. Ceilimis an smaoineamh orainn féin – ceilimis an rud. Más mian linn smaoineamh nó dhó tá go leor le fáil i leabhair. Fan ón rud mar tá do smaoineamh féin ann. Ach tá do smaoineamh féin i smaoineamh an leabhair. Ní féidir éalú. Íosa Críost. Taoi teanntaithe. Bhunaigh an duine cathracha agus oll-scoileanna agus faisiúin agus paidreacha agus cearrbhachas agus ólachán agus óráidí chun an smaoineamh a cheilt air féin. An dóigh leat gur féidir an smaoineamh a cheilt ort féin agus tú istigh sa leaba i d'aonar gan chabhair? Níl aon dul as agat ach an bás. Taoi lag, níos laige ná éinne beo agus ní féidir leat aghaidh a thabhairt ar an smaoineamh. Níl d'acmhainn agat ealú uaidh. Bás – cad eile?

(1. 12. 1950)

12 AIBREÁN

Lá fada. Ní raibh Íosa lena linn chomh mór san ina aonar agus atáimse. Bhí sláinte agus solus ón Athair ag Íosa. Bhí a dheisceabail aige agus shiúil sé go laethúil i measc na nIúdach. Ach mise, táimse faoi scáth, i m'aonar. D'ól Íosa fíon agus deir an tAth. Tadhg, fear léannta cráifeach, na focail seo: 'an té a ólann fíon bíonn pearsantacht aige'. Agus bhí Máire Mhaigdiléana agus mná áille eile ag Íosa. Ach níl agamsa ach an mhaighdean ghránna shimplí, Gobnait. Ní féidir liom fíon d'ól. Ní féidir liom grá a thabhairt do bhean. Ní féidir liom siúl i measc na nIúdach, ná i measc na nÉireannach. Ní mise Íosa, Mac Dé, ná amadán an domhain. Is mise Seán Ó Ríordáin, gealt agus ainniseoir. Bím i m'ainniseoir baoth ó mhaidin go hoíche. Guím chun Dé go laethúil go bhfeicfinn sláinte, ach, go dtí seo, déanann Sé neamhaird díom. Táim meánaosta cheana féin agus táim ag scríobh as Laidin, mar ní dóigh liom go dtuigeann Dia, an tAthair Uilechumhachtach, an Ghaeilge.

(5. 4. 1951)

13 AIBREÁN

Leabhar nua. Lá gréine. Slaghdán curtha díom nach mór. Smaointe fíochmhara namhdacha i mo cheann. Ba mhaith liom easpag nó dhó a dhícheannadh. Níl easpag ar bith le fáil inniu. Raghad amach faoin ngrian agus iarrfad ar Dhia áilleacht agus sláinte a thabhairt dom. Ansin pósfaidh mé mo ghrá agus cuirfidh mé ambasadóir ag triall ar Dhia athuair agus glacfaidh mé le hambasadóir ó Dhia. Ansin beidh síocháin ar an saol agus ní bheidh aon locht agam ar na hEaspaig ná na dochtúirí – agus déanfaidh mé dearmad glan ar na hothair atá sínte sna *sanatoria*. Ach is mithid dearmad a dhéanamh díobh. Tá galar agus éagóir i mo smaointe rófhada. Grian agus eagar atá de dhíth orainn go léir. Chuala fuaim rothair ag gabháil thart anois díreach. Is ionann an fhuaim sin agus fuaim mún á dhéanamh ar an dtalamh. De réir dealraimh, nuair a thosnaíonn madra ar amhastraigh ní féidir leis éirí aisti. Tá leanaí ag liúirigh agus coileach ag glaoch. Seo an tríú huair i rith cúpla neomat a chuala an coileach. Chuala é an ceathrú huair agus an abairt deiridh á scríobh agam. Bhí eagla orm go gcloisfinn don chúigiú huair é agus an chéad abairt eile á scríobh agam. Fuaim gluaisteáin anois. Fuaim mná ag siúlóid. Níl galar ar rud ar bith ach ormsa. Cloisim na héin. Tá galar agus eagla orm. Tá an leabhar seo ag éirí gruama ar nós na leabhar eile. Cá bhfuil mo bhríste? Is geall le feachtas dom bríste a chur umam. Nach álainn an teideal é 'timire teallaigh'.

(20. 4. 1951)

14 AIBREÁN

Táim beo fós. Tá an spiorad daonna ionam go fóill. Ach níor fionnadh spiorad an duine chomh mór in ísle brí riamh roimhe seo. Ní féidir liom anáil a tharrac gan phian – níl duine go labharfainn leis. Is eol dom, ar shlí, síoraíocht. Tá am díscithe agam. Cad is am ann ach gníomh ag imeacht agus gníomh ag teacht. Ach ní thiteann fiú focal amach. Tá stad ar siúl anseo – nó tá siúl ar stad. Agus tá an t-anam súite asam.

(21. 5. 1951)

15 AIBREÁN

Lá an-bhreá. Tá an bhliain ag imeacht agus níl na prátaí istigh ag Taidhgín fós. Sluasad atá in easnamh air, mar dhea. Leisce. Gheobhad-sa sluasad dó nó tá breall orm. Is baol liom go bhfuil m'aigne cosúil leis an sruthán – gabhann sí an tslí is saoráidí, gan na hardáin a shárú choíche ach a bheith á dtimpeallú de shíor. Sin é an rud a bheir dom drochmheas a bheith agam orm féin. Ach, a deirim, níl an tsláinte agam, agus níl sluasad agam, a deir mo dheartháir. Bíonn leithscéal ag an leisce i gcónaí. Tá éalaing eile ar m'aigne. Ní féidir léi teacht ar chomhairle chinnte agus cloí leis an gcomhairle sin go seasmhach. Tá a fhios agam nach n-oireann obair in oifig dom de dheasca drochshláinte. Obair faoin aer a theastaíonn uaim. Is féidir scríbhneoireacht a dhéanamh faoin aer agus is féidir péintéireacht a dhéanamh faoin aer. Tá beagán eolais agam ar an litríocht ach níl eolas ar bith agam ar an ealaín. Tá, is dóigh liom, claonadh chun na healaíne ionam de réir nádúir, agus má tá claonadh chun na litríochta ionam is beag é, dar liom. Cad a dhéanfad? Tá teipthe orm casán amháin a thréigint cé go bhfios dom go ndéanfainn mo leas an t-easpa cinnteachta a dhíbirt. Téim tamall ar an gcasán seo inniu agus tamall ar an gcasán siúd amárach. Ní shroichfead talamh slán choíche. Ní bheadh ionadh orm dá socródh an fear thuas an fhadhb dom sula i bhfad eile.

(15. 4. 1942)

16 AIBREÁN

Ní féidir (liomsa ar aon chuma) suí síos agus an fhírinne a scríobh. Tá easpa simplíochta ag cur ar ár bhformhór. Tá ár n-aigne clúdaithe le sraitheanna éithigh. Ach le himeacht aimsire titeann na sraitheanna sin dínn agus nuair a bhíonn ceithre fichid slán againn bíonn ar ár gcumas beagnach cúpla focal den bhfírinne a scríobh. An rud atá á scríobh agamsa anois ní fírinne é in aon chor. Tá sé cosúil leis an bhfírinne. Bheadh eagla orm an fhírinne a scríobh mar chaithfinn na rudaí breátha ornáideacha i mo chuimhne a theilgean i leataobh gan iad a thaispeáint don saol in aon chor. Bheadh an fhírinne rólom. Bhí an-bhród orm i dtaobh an ruda a dúrt anois díreach mar gheall ar na sraitheanna éithigh, bhí sé chomh glic sin. Ach ní raibh sé fíor. Bhí cuid mhaith den bhfírinne ann ar aon chuma. Féach an chuma ina bhfuilim anois. Ní féidir liom an fhírinne d'aithint thar an éitheach de dheasca mo ghliocais féin.

(27. 5. 1951)

17 AIBREÁN

Bhíos i gCorcaigh inné agus nílim ar fónamh inniu. Tá an tráthnóna rud beag fuar doicheallach. Táim i m'aonar. Leabhar álainn le Ronald Knox – *Enthusiasm* – á léamh agam. An leabhar is suimiúla dar bhuail liom le fada – leabhar a thugann faoi cheist atá do mo chrá le tamall. Ach go tobann ó chianaibh d'éiríos as an léitheoireacht. B'éigean dom. Tháinig an seanuaigneas orm. Éadóchas. Tuigeadh dom nach raibh aon tsaoirse agam. Dá mba mhaith liom dul síos ar bhruach na habhann ní fhéadfainn é – táim ró-easlán. Na headarlúidí uafásacha seo sa doircheacht. Nuair a bheireann éadóchas greim ormsa ní féidir liom fiú paidir a rá. Thugas faoin gCoróin Mhuire um thráthnóna agus aréir, ach theip orm. Shleamhnaigh gach 'Ave Maria' uaim agus d'imigh uaim le gaoith gan a bheith ráite. *Ave Maria, gratia plena, Dominus tecum; benedicta tu in mulieribus, et benedictus fructus ventris tui Jesu. Sancta Maria, Mater Dei, ora pro nobis peccatoribus nunc et in hora mortis nostri. Amen.*

(15. 6. 1951)

18 AIBREÁN

Níl aon ní ar m'eolas is mó a bhaineann an mórtas agus an teaspach de dhuine ná bheith breoite sa leaba. Duine tréigthe gan údarás is ea an t-othar leapan. Níl éalú aige uaidh féin. Níl de cheantar aige ach an leaba ná de chomhluadar ach é féin. Caithfidh sé aghaidh a thabhairt ar a aghaidh féin. Ní deas an bhail a bhíonn air. Nach agamsa atá a fhios sin. Ach dúirt Pascal gurb é atá ag teacht leis an gcine daonna ná nach féidir leis an duine suí síos ar a shuaimhneas i seomra. An té a cheanglaítear den leaba bíonn air machnamh a dhéanamh (ach is mó duine ar m'aitheantas a ceanglaíodh don leaba ar feadh blianta agus ní mór an rian machnaimh a chím orthu). Nach mó sin gníomh déanta ar an saol seo nár de bharr machnaimh é! An fear machnaimh Nasser? An fear machnaimh de Valéra? Stalin? Eisenhower? Is dócha nach ea, mar ní dheineann lucht an mhachnaimh faic. Tá a mhalairt de chéill acu. Is dóigh liom go ndúirt Shaw go gcuireann Dia na Glóire nó Fórsa na Beatha nó an *Zeitgeist*, níl a fhios agam cé acu, iachall ar an té a mbíonn *genius* aige an leaba a thabhairt air féin ar feadh leathbhliana uair sa deichiú bliain nó mar sin. Is mar sin a dheintear *genius* a athnuachaint, de réir dealraimh.

(30. 1. 1957)

19 AIBREÁN

Shit. Is breá an focal é '*shit*'. Is ann atá míniú an tsaoil seo. *Shit.* Amen.

(19. 6. 1951)

20 AIBREÁN

Tugadh *injection* dom ag an Bons tráthnóna inniu – an ceann deireanach. Nuair a thánag amach as an otharlann sheasaíos ag an ngeata ag fanacht leis an mbus – 4.50 p.m. Tráthnóna suairc. De ghnáth bíonn imní agus trí chéile orm – go mórmhór ag fanacht le bus. Bíonn pian éigin orm nó bím ag machnamh go duairc ar mo shláinte nó bím ag cuimhneamh ar na véarsaí a scríobhas agus á lochtú – á rá liom féin nár tháinig fiú líne amháin beo as an mbeatha, nach bhfuil iontu ach ceapadóireacht. Ach go tobann tráthnóna inniu chaitheas uaim mo chúramaí féin agus d'fhéachas ar an tráthnóna agus ar na daoine. Ba gheall le míorúilt é. Fuaireas radharc mo shúl. Líon an tsráid agus an spéir le hiontaisí. Stop bus a bhí ag teacht ón gcathair. Thuirling scata. Orthu sin bhí an sagart ba shuaithinsí dá bhfaca riamh. Chuir an hata a bhí uime áthas agus iontas orm cé nach gcuirfeadh ó chianaibh nuair a bhíos dall. Hata ab ea é nár bhain lena cheann – drochmharcach. Is cinnte nach réiteodh an hata agus an ceann sin go bráth. Ba dhóigh leat go raibh a fhios ag an sagart go raibh an hata bunoscionn lena cheann mar bhí gáire ina shúile mar a bheadh duine a thiocfadh amach ar stáitse agus buicéad ar a cheann. Bhí an sagart féin mí-oiriúnach don bhóthar, mheasas, mar shiúil sé trasna mar a dhéanfadh duine nár shiúil riamh roimhe sin. Ach b'fhéidir go raibh faitíos air sula dtitfeadh an hata anuas. Bhí mo shúile ar lánoscailt agus ní fhaca aon aghaidh nach raibh gearrscéal scríofa uirthi. Níor ghaibh aon aghaidh chugam nár chuireas suim inti. Tháinig aghaidh cailín an treo agus mheasas í mar a mheasas na haighthe eile – .i. gan a thabhairt faoi deara in aon chor go raibh sí dathúil. Ansin is ea a chuimhníos air nárbh ionann an mheastóireacht seo agus an mheastóireacht eile úd a dheininn ar bhean óg – an mheastóireacht fhireann nach fada a bhíonn duine ina bun nuair a éiríonn sé guairneánach, mar baineann sí le mianta, agus níor mhaith liom cuimhneamh uirthi mar stracfadh sí an tráthnóna as a chéile. D'fhéachas ar an spéir. Bhí solas an-gheal díreach os cionn simné. Mar sin féin, bhí greim ag an solas seo air féin agus tuigeadh dom gur chuir an solas seo oiread áthais orm agus a bhí ar mo chumas a iompar. Bhraitheas mé féin aibidh don solas aibidh seo. Ní gach éinne a fhéadfadh sásamh a bhaint as an solas aibidh seo. Níor mhór dó a óige a bheith curtha de. Bhuail an smaoineamh mé gur dócha go mbíonn an radharc seo i súile an Ollaimh Uí Chorcora de shíor.

(6. 2. 1953)

21 AIBREÁN

Lá nach raibh suairc caite agam. Tá oiread spidiúcháin fachta agam ó dhaoine mar Mhary MacEntee go bhfuil eagla orm focal Gaeilge a bhreacadh síos. Tá *Párliament na mBan* á léamh agam agus mé i bhformad go mór leis an údar, an mháistreacht ar an dteanga atá aige. Táim gan aon iontaoibh agam asam féin, ach go háirithe. Mar sin féin, ní i mBéarla a scríobhfad go ceann tamaill eile.

(8. 3. 1953)

22 AIBREÁN

Thugas breis agus uair an chloig ag siúl síos suas Sráid Phádraig. An chathair lán de dhaoine – lán de Bhéarla. Cuma nite ar na daoine – cuma ghalánta namhdach. Níor mhaith leat speic a chur ar éinne acu. Uaisleacht sráide í seo? An bhfuil sí ginte iontu? Buan? N'fheadarsa. Mór an ní an dignit seo pé bunús atá leis, pé fada gearr a leanann sé. Is maith liom a bheith ag brú tríothu. Is maith liom iad a bheith ann. Is maith liom líonmhar iad. Anamúlacht. Is treise agus is tapúla aigne an té a bhraitheann cathair dhaoineach ina thimpeall. Cuid de na mná chomh hálainn sin nach mbeadh sé de mhisneach agat féachaint orthu. Dá bhféachfaidís thar n-ais ort bheadh beirthe ort. Ach ní fhéachfadh. Beag an baol. Tabhairt suas orthu sin. Dá mbeadh duine i ngrá le bean amháin ní chífeadh sé an áilleacht scaipthe seo in aon chor.

Tá leathanach leamh scríofa agam. Is mó ceann acu scríofa agam. Canathaobh? Gan an teanga a bheith ar mo thoil agam? Tá sin ann. Ach tá locht eile orm. Táim lofa ag an éitheach. Is dóigh liom go mbíonn eagla orm m'aghaidh féin a thabhairt don saol. Aghaidh leamh a thugaim orthu. Bím ag iarraidh a bheith cneasta geanúil. Duine liom leat is ea mé. Anois ní aithním fírinne seachas bréag. Táim róbhog – rómheata. Tá eagla na fírinne orm agus a fhios agam nach bhfuil sí aon phioc níos measa ná an t-éitheach gan dealramh atá cruthaithe agam. Deinim éagóir orthu sin agus orm féin. As seo suas bead chomh neamhbhalbh seanbhlastúil drochmheasúil le hEzra Pound nó le Pound i nDún Chaoin. An dteipfidh ar an misneach agam? Bhíos seacht mbliana déag ar fhichid inné. Is mithid dom mé féin a dhíriú in airde.

Ach an slua seo sa chathair. Cérbh iad an slua seo? I mo thaobhsa de, gach duine ach mé féin. Ba mise mé féin ar leithrigh ach b'iad na daoine eile a bhí faram ar an tsráid an slua. Agus dá gcuirfeá an cheist ar aon duine eile a bhí ar Shráid Phádraig tráthnóna inniu thabharfadh sé an freagra céanna ort – é féin, é féin agus an chuid eile an slua. Tá an slua ann de réir dealraimh ach ní féidir labhairt leis. Tuigeadh domsa tráthnóna inniu go raibh an slua go léir ar aon intinn le chéile ach nach rabhas-sa féin ar aon intinn leo in aon chor. Bhí an intinn sin le feiscint go soiléir i súile an uile dhuine acu. N'fheadar conas a bhí an scéal ag mo shúilese, ach b'fhada ó m'intinnse an intinn uaibhreach tharcaisneach sin. Ach, nuair a chuimhním air, b'fhéidir go raibh a mbior sin ormsa chomh maith le cách mar chosaint. B'fhéidir go rabhamar go léir dulta i bhfolach ar a chéile – ag ligint orainn lena chéile nár dhaoine sinn in aon chor ach slua. Agus, de réir dealraimh, chuir sé olc orainn go léir súile a chéile d'fheiscint ar bior le slua-intinneachas! Chuir ormsa ach go háirithe.

(4. 12. 1953)

23 AIBREÁN

Tá an oíche salach. Táimse tuirseach. Tá an oíche go léir ó thánag ó Chorcaigh caite sínte siar agam. Ag éisteacht leis an raidió – ag léamh. An tseancheist ag gabháil trí m'aigne: bua teanga an chainteora dúchais. *Malartán na mBarúil* ar an raidió anocht. Laoiseach Ó Dea – cathaoir. Buanchainteoirí: Ó Mórdha agus Ó Luanaigh. Droch-chainteoirí iad. Ach bhí cainteoir acu anocht – aoichainteoir – Bríd Ní Neachtain. Cainteoir dúchais. N'fhéadfadh éinne acu teacht i ngiorracht scread asail di. Tuislí agus botúin ar fad ab ea na buanchainteoirí neamhdhúchasacha. Ach í siúd – machairí míne síoda is bánta sróill. Draíocht, cumas, neafais, líofacht! Gaeilge ó phréamh, Gaeilge an chliabháin. Rud gur fiú a shroisint. An bhfuil sí agam nó an mbeidh i bhfad na haimsire? Dúradh rud éigin ar an raidió anois ach níor thugas liom é.

(11. 12. 1953)

24 AIBREÁN

Báisteach! Uisce! Ní gá dúinne, ach go háirithe, guí chun Tammuz uisce a scaoileadh chugainn. Mé féin gan a bheith ar fónamh chomh maith. An doircheacht aigne úd, a bhfuil seanaithne agam air, faram an lá go léir. Éadóchas, cancar agus díomhaointeas. Seo ifreann. Agus tá rudaí tarlaithe a chuirfeadh sceitimíní áthais orm tráth. Níl agam dá bharr ach seanbhlas. Chuas chun Aifrinn leis na *girls* (.i. m'aintíní, a bhíonn faram de shíor is de ghnáth, amhail na boicht). Shíneas sa leaba ó shin féachaint an gcneasódh mo scámhóg thinn. Chuas amach sa ghluaisteán ó chianaibhín. Tuile báistí. Chuas chomh fada le Scéim na Laoi agus d'fhéachas ar na soilse ildathacha agus ar an abhainn dhubh agus chuimhníos ar ifreann Dante. Thugas na cuaillí telegrafa feadh an bhóthair faoi deara. Bhíodar chomh nite soilseach sin sa tsolas gur thógas ceann díobh. Tá sé pléisiúrtha a bheith amuigh i ngluaisteán sa bhfearthainn agus a bheith ag machnamh ar an Rí Lear, go mórmhór nuair is fearthainn ghroí í. Agus is mór an ní machnamh ar aon ní seachas mé féin, fág is nach mbeadh ann ach an scianphóca atá anseo le m'uillinn. Uch, tá litreacha le scríobh agam. Canathaobh gur lú ná an sioc orm aghaidh a thabhairt ar aon ní atá curtha ar an méir fhada agam? An bheart láithreach an bheart. Ní haon mhaith tuiscint ná eolas gan gníomh. Níl aon rud chomh héifeachtach ná chomh hóg le gníomh. Titeann an saol chun úire nuair a dheintear gníomh. Rud croíúil is ea gníomh. Ní fairsinge go dtí é. Sin é an míádh a d'imigh ar Ghaeil na hÉireann – theip ar a ngníomh agus chríonaíodar. Sin mar a d'imigh ar a dteanga.

(13. 12. 1953)

25 AIBREÁN

Lá fliuch. Iascairí ar an abhainn. Sasanach darb ainm dó Roper ann. *Station wagon* aige ar an mbóthar. Bean óg istigh ann ag feitheamh leis. Miss Williams is ainm di, cloisim. Tá Roper pósta agus is í Miss W. an striapach atá aige – más fíor. Ní bhfuaireas-sa ach stracfhéachaint uirthi ach tá sí dealraitheach, déarfainn. Bean is ea í, nuair a thagann an treo, go mbíonn na fir ag féachaint treo eile chun go dtabharfadh sí faoi deara nach bhfuilid ag féachaint uirthi agus, san am gcéanna, gan ar a n-aigne ach í. Fear pósta pleidhciúil eile ag taisteal ar nós na gaoithe ar rothar inneall-ghluaiste agus é ag guí Dé go bhfeicfeadh sí é agus go dtuigfeadh sí chomh cróga agus atá sé. Géarú ar an saol timpeall is ea í, bail ó Dhia uirthi.

(21. 3. 1954)

26 AIBREÁN

D'fhéachas ar mo pheann anois beag ar an mbord le hais na leapan. 'A phinn is fada nár scríobhais. An bhfuil do bhior dírithe ar na laethanta romhainn le fuadar? An bhfuilir ag bíogadh faoi dheoidh? Nó an bhfuil deire scríofa agat? Is mó peann ar fud na hÉireann anocht agus ar fud an domhain ag scríobadh leis. Ach taoi-se socair. Lá dá raibh ní bhíteá socair. Éirigh.'

(10. 7. 1954)

A Ghaeilge im Pheannsa

A Ghaeilge im pheannsa
Do shinsear ar chaillis?
An teanga bhocht thabhartha
gan sloinne tú, a theanga?

Bhfuil aoinne inár dteannta
Ag triall ar an tobar?
Bhfuil aon fhocal seanda
Ag cur lenár gcogar?

An mbraitheann tú pianta,
Dhá chíoch bhfuilid agat?
Pé cuma ina luífeá,
Arbh aoibhinn an t-amharc?

Pé cluas ar a luífeá
San oíche, pé eagar
Ina dtitfeadh do chuail dheas cnámhsa, a theanga,
'mBeadh fhios ag an easpag, an bráthair, an sagart
Nár chuí dóibh aon mhachnamh rómhór ar do bhallaibh,
Ar eagla an pheaca?

An leatsa na briathra
Nuair a dheinimse peaca?
Nuair is rúnmhar mo chroíse
An tusa a thostann?
An suathadh so i m'intinn,

An mbraitheann tú a shamhail?
Do d'iompar atáimse,
Do mhalairt im chluasaibh,
Ag súrac atáirse
Ón striapach allúrach,
Is sínim chugat smaointe
A ghoideas-sa uaithi
Do dhealramhsa a chímse,
Is do mhalairt im shúilibh.

(*Brosna*, 9)

27 AIBREÁN

Ní ceart do dhuine fanacht socair oiread agus neomat amháin mar ní túisce díomhaoin duine ná seo ar a thí Learaí na nAdharc. Tá feabhas tagtha orm ó thosnaíos ar scríobh. Ní ag cuimhneamh ar mo scámhóga ná ar m'anáil atáim a thuilleadh, ach ar an rud atá á dhéanamh agam. Is cóir don duine a bheith broidiúil i gcónaí mar, dá smaoineodh sé ar a chás nó ar an saol, raghadh sé as a mheabhair.

(6. 5. 1954)

28 AIBREÁN

Aréir bhíos ag feitheamh le daoine lasmuigh den Mercy Hospital. Chonac na beirteanna ag gabháil tharam faoi sholas na lampaí – lucht suirí. Thaibhsíodar an-ghliondrach, an-éadromchroíoch, an-luaimneach agus iad ag coisíocht tharam isteach sa doircheacht. Tuigeadh dom go raibh a mbeith ann agus a ndul tharam iontach, aoibhinn. Tuigeadh dom chomh maith nár thógadar sin aon cheann dá mbeith ann nó dá ndul tharam. Tuigeadh dom go raibh bheith istigh acu sin i saol nach raibh dul agamsa ar a bhlaiseadh riamh. Bhraitheas uaigneas go géar ansin. Bhraitheas greim i mo chroí. Bhítheas ag fáscadh mo chroí. Ach ba lú an t-éadóchas a bhraitheas ná a bhraithinn fadó nuair ba mhó fós a ndraíocht. Iad sin go raibh an draíocht iompu an uair úd tá sí curtha díbh acu anois. Táid féin curtha i leataoibh pé áit go mbíonn daoine meánaosta. Ach tá an draíocht ann fós, fág is gur ar dhaoine eile atá sí. Iad sin atá i leataoibh níl aon toradh acu ar dhraíocht anois más fíor, ach táimse fós lasmuigh ag faire orthu sin ag a bhfuil an draíocht. Ach níl toradh ag lucht na draíochta ar an draíocht ach an oiread leo sin a bhfuil sí imithe dhíobh. An bhfeiceann éinne í, mar sin, ach an té nach mblaiseann í?

Táim mar a bheadh caoire ar chlaí – ag faire ar léim a chaitheamh. Ní fheadar. Sin é é, ná feadar. An t-am tráthúil, an mhíorúilt phoiblí. Ní bhraithim mé féin ullamh chuige. Táim ag fáilt aithne ar m'aineolas féin agus táim sceimhlithe aige. *Ars longa, vita brevis* [bíonn an ealaín fadsaolach, an bheatha gearrshaolach]. Táim ag déanamh ar mo dhaichead blian agus gan faic déanta agam. Cá bhfuil na teangacha go léir a bhíos chun a fhoghlaim? Cá bhfuil na dánta a bhíos chun a scríobh? Na drámaí? An staidéar a bhíos chun a dhéanamh ar an mBíobla? Ag dul le sruth atáim.

(10. 7. 1954)

29 AIBREÁN

Rugas ar an bpeann seo chun an sceon a tháinig orm nuair a dhúisíos a ruagairt. Tá an sceon imithe, is dóigh liom, ach níl faic scríofa. Ní beag cúram amháin a dhéanamh.

(30. 8. 1954)

30 AIBREÁN

Táim tar éis an-drochoíche a chaitheamh le luas anála. Mo lagspiorad féin faoi deara cuid de, b'fhéidir, ach ní féidir a shéanadh go raibh saothar ar mo chroí a choinnigh dúisithe mé an oíche go léir. Ní féidir an raic seo a sheasamh go bráth. Ní féidir a bheith deas leis na daoine deasa go léir agus a bheith teann le tíoránaigh agus obair lae is oíche a dhéanamh ar scámhóga briste. Níl an lá ag gealadh fós. D'fháilteoinn roimh an solas anois. Ní féidir liom luí síos. Táim teanntaithe. Anois is ea ba mhaith liom mo naimhde a thachtadh nuair nach bhfuil aon teacht agam air. Nuair a bhraithim m'anam i mbaol braithim fuath dóibh sin i mo chroí. Conas a thabharfad aghaidh ar an mbás in aon chor ar deireadh? Níl an misneach ná an gheanúlacht ná an muintearas nár mhór do dhuine a bheith aige chuige, agam. Nár bhreá an rud é a bheith marbh, deireadh a bheith ag duine le corp! An mbeidh anáil againn sa tsíoraíocht? Ach dá raghfá go hifreann, ní fhéadfá teacht as. Nárbh shin *claustrophobia*? Nárbh é an dálta céanna ag neamh é? Níl aon éalú as sin ach an oiread. Níl ach áit amháin thall go bhfuil éalú as agus sin Purgadóir, ach níl ansin ach moill bheag. Pé áit a raghair beidh beirthe ort. Tá an sceon ag feitheamh leat thall is abhus. Ní féidir teitheadh. Ní mór an fód a sheasamh agus croí an sceoin a bhriseadh.

(9. 9. 1954)

1 BEALTAINE

Tá an ceo ag líonadh isteach. Ní mhothaím beo. Leanaí ag béicigh. É fuar, tais. Tá beirthe orm. Ní fheicim go bhfuil aon fhuascailt ann ach an uaigh. Caithfidh ár mbás a bheith olc chun a bheith níos measa ná ár mbeatha. 'Bhfuil iasacht fuinnimh le fáil in aon bhall? Is minic cheana a bhíomar ainnis, lag ach tháinig biseach orainn. Tá an samhradh chugainn agus bíodh an diabhal ag an ngeimhreadh. Tá daoine á bpósadh, daoine á saolú agus daoine á n-adhlacadh. Sin é an saol – tubaist anseo, foirtiún ansiúd. Ní mheánn mo chinniúintse ná do chinniúintse brobh. Tá an roth mór ag casadh. Tá an gnó mór daonna ar siúl – giniúint, breith agus éagadh. Is cuma sa diabhal faoi aon duine faoi leith. Aoibhneas agus beatha is ea é má bhíonn tú páirteach san casadh timpeall. Mura bhfuilir, bás is ea é. Nó, mar a deir an tUltach, 'Tá do chosa nite.'

(28. 2. 1960)

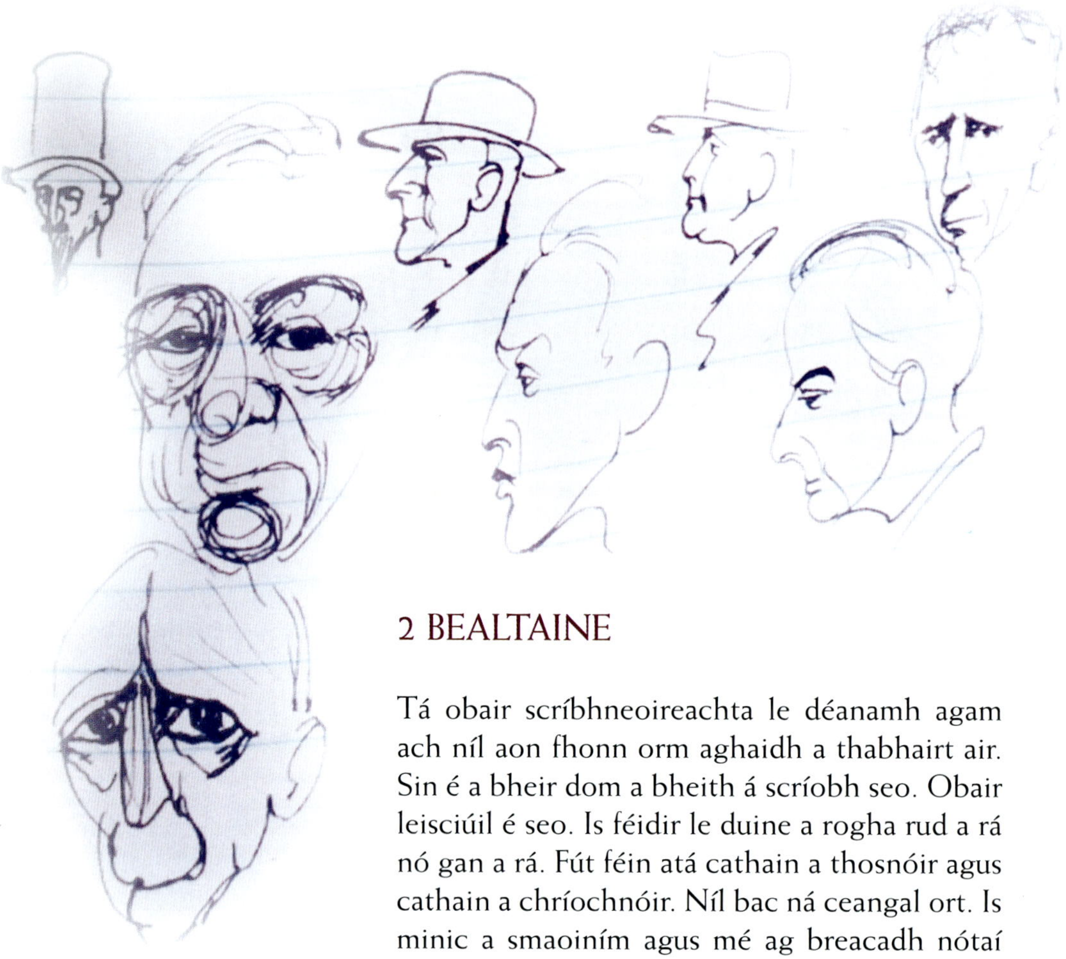

2 BEALTAINE

Tá obair scríbhneoireachta le déanamh agam ach níl aon fhonn orm aghaidh a thabhairt air. Sin é a bheir dom a bheith á scríobh seo. Obair leisciúil é seo. Is féidir le duine a rogha rud a rá nó gan a rá. Fút féin atá cathain a thosnóir agus cathain a chríochnóir. Níl bac ná ceangal ort. Is minic a smaoiním agus mé ag breacadh nótaí den tsaghas seo an léifear go bráth iad. 'Bhfuil aon chothú d'aon duine iontu. An obair in aisce iad? Ní hea. Taithí dom féin iad. Is leo a chuirfead mo stíl in oiriúint don *magnum opus* atá romham amach!?!

Is ait an rud é scríbhneoireacht. Minic a thosnófá agus gan faic le rá agat. Sula mbeidh a fhios agat é beidh rud éigin nach raibh aon choinne agat leis ráite agat. Ní gá an scríbhneoireacht a bhreathnú sula raghair ina cuilithe. Scaoil fúithi.

(27. 12. 1954)

3 BEALTAINE

Cén bua a bhí ag an Ath. Peadar Ó Laoire go ritheann an teanga a scríobh sé chomh héasca, chomh taitneamhach, chomh ceolmhar sin agus tú á léamh os ard? Ina theannta sin braitheann duine gur Gaeilge é seo gan aon agó. Pléisiúr rí-iomlán é an mothú seo. Tá Gaeilgí eile ann agus bíd ag ligint uathu nó bíonn an braon Béarla anuas orthu. Dúirt an Canónach Ó Conaill, beannacht Dé lena anam, liom ná léifeadh sé Gaeilge aon scríbhneora eile ach an tAth. Peadar ar eagla go dtruailleofaí a chuid Gaeilge féin – nó, mar a dúirt Máirtín Ó Cadhain ar *Scéala Éireann* inniu, go ndearóileofaí í. Tá Gaeilge dhúchasach ag Máirtín féin ach má sea, ní ritheann sé chomh sleamhain ná ní thiteann sé chomh cruinn agus Gaeilge an Athar Peadar – ná níl sé chomh mín. Ní fheadar ná go mbaineann tréithe seo an Athar Peadar .i. an éascaíocht, an míneadas, an tsoiléire, an cruinneas, le seandaoine.

(7. 2. 1955)

4 BEALTAINE

Sagart ag scréachaigh sa tséipéal gach Domhnach seanmóintí gan puinn iontu ach focail agus fothram. Gan croí ná aigne sna focail seo – gan iontu ach taithí – iad de ghlanmheabhair. Tharla an glór-i-gcóitín sagairt seo. Gheobhaidh sé bás. Beidh a thamall aige. Tá a ionad aige – istigh i lár an phobail ag scréachaigh ar feadh suime áirithe aimsire. Caithfear éisteacht leis. Bhí sé le bheith ann riamh agus den chinniúint é. Caithfidh an pobal cur suas leis. Bhí an tréimhse scréachaí seo le bheith ann ó thosach. Is é cúram an tsagairt seo, nó ar a laghad is é a chinniúint é, an tréimhse scréachaí seo a chur de.

(8. 6. 1955)

5 BEALTAINE

Bhí tráth, tamall de bhlianta ó shin nuair a bhínn ag scríobh go rialta (go cuíosach rialta), go measainn go mbíodh mo mhachnamh ag fás ó lá go lá, ó dhán go dán. Ba rud leanúnach m'aigne an uair úd. Ach anois is annamh a théim go tigh m'aigne de ló ná d'oíche agus n'fheadar cad tá ar bun aici. Ag sníomh a théide a bhíodh sí an uair úd ach anois ní shníomhann sí ach blúiríní gan aon cheangal eatarthu. Nó sin é a cheapaim, ach a mhalairt .i. go bhfuil sí ag sníomh léi thíos fúithi, ach nach bhfuil aon aird agamsa uirthi – ach go mbeidh ar ball agus ansin go mbainfead fómhar. Tá go breá!

Tá an aimsir go haoibhinn. Ní bhraithim go mbraithim go bhfuil m'óige imithe agus nach bhfuil an cumas céanna áthais agam anois agus a bhí tráth.

Deirim anois, agus is minic ráite cheana agam é. Deirim é, agus tá náire orm é a bheith le rá agam, go bhfuil an galar is suaraí dá raibh ar aon duine riamh ormsa .i. easpa misnigh. Tá galar eile orm atá geall le bheith chomh holc leis .i. leisce.

(15. 7. 1955)

6 BEALTAINE

7.25 p.m.
Beidh dráma le Donnchadh Ó Céileachair, *Úna Iníon Eochaidh*, ar an raidió ar 7.30 .i. i gcionn 5 neomaití. Táim ar tinneall ag feitheamh leis. Beidh an Ghaeilge go maith ann ach go háirithe. N'fheadar cad a bheidh le scríobh agam anseo ar a hocht. Neosfaidh an raidió agus an aimsir. Tá Gaeilge Bhaile Bhuirne aige seo gan cháim ina hiomláine. Is mór é m'fhormad leis. Seo é anois. Tá mar a bheadh gaoth ag teacht ón raidió. Á…

8.00 p.m.
Tá an dráma úd cloiste agam. Bhí an Ghaeilge go deas agus go snoite agus go dúchasach mar a cheapas go mbeadh. Bhí an dráma féin slachtmhar ceardúil. Ach nuair atá an méid sin ráite, sin a bhfuil le rá. Ábhar seanchaite gan tógaint croí ann d'éinne – gan aon radharc breise ar aon rud. Má bhí an nádúir daonna ceilte orainn roimhe seo tá sí chomh ceilte céanna fós. Ní bhfuaireas aon bhíogadh ann ach bíogadh teanga. Bhí láimhseáil na teanga thar barr agus tá buíochas gach éisteora tuillte ag an údar. Ba mhó de láimhseáil phobail ar theanga é ná de láimhseáil duine.

(13. 8. 1955)

7 BEALTAINE

Lá neamhshuairc agus oíche mhíchéadfach caite agam. Mothaím cancarach. Aon uair a mhothaím cancarach i m'aigne féin le déanaí tosnaím ag mallachtú na hEaglaise agus na nEaspag. Táim an-dílis don Eaglais le tamall de bhlianta anuas .i. le rá nach lochtaím an Eaglais os comhair daoine ná i m'aigne féin. Ach tá scúth éigin orm chun na hEaglaise arís le déanaí. Braithim go raibh sí ina hualach anuas orm le tamall do mo mhúchadh – gur chailleas aon iontaoibh a bhí agam asam féin dá bharr.

Ligeas don Ghaeltacht satailt orm ar an gcuma chéanna. Chomharlaigh Ibsen dúinn institiúidí seanda d'fhógairt in ainm an diabhail. Ní mór ná go raibh an ceart aige. Tá umhlaíocht agus umhlaíocht ann. Theastódh roinnt easumhlaíochta anois is arís, leis. Caith uait a bheith ró-íseal. Caithfeam sinn féin a chur i bhfeidhm anois is arís. Deir Naomh Pól nach bhfuil aon dlí ann don té nach bpeacaíonn. Bhíos ag léamh drámaí le Rabindranath Tagore anocht agus fuaireas neamhspleách ó bheith á léamh. Is minic cheana a fuaireas amach gur fhuascail fear mór mé (mar Shaw nó Ibsen, nó Yeats nó Joyce nó Strindberg, *etc.*) ó lagspiorad agus ó mo neamhfhiúntas féin ar cuma gur chaitheas uaim idir lagspiorad agus neamhfhiúntas.

(4. 9. 1955)

8 BEALTAINE

Chaitheas lá suáilceach inniu. Aifreann ar maidin i dteampall an Chroí Ró-Naofa. Dheineas faoistin inné. Tar éis an Aifrinn (10.00 a.m.) chuas de shiúl mo ghluaisteáin chomh fada le Roithleán. Shuíos síos ar thaobh an bhóthair in aice droichid ag léamh an *Sunday Times*. Ba mhór an suaimhneas do m'aigne lapadáil an tsrutháinín i m'aice. (Mharaíos Pilib an gheitire anois.) Gheal m'aigne. Seo liom ag siúl tamall den bhóthar. Bhí ba i ngort. Sheasaíos taobh an chlaí agus is gearr gur dhruid bó liom agus, i ndiaidh ar ndiaidh, seo chugam iad go léir. Iad an-chiúin, an-chroíbhriste. Tháinig an líne seo i mo cheann: 'An mbeidh ba na síoraíochta chomh ciúin?'

Cheapas go ndéanfainn dán. Thosnaíos mar seo: 'Chonac ba ar an mbóthar ó thuaidh'. Ansin rith sé chugam líne a ghoid ó Mháire Bhuí Ní Laoire: 'Maidin Domhnaigh Dé'.

Chaitheas uaim ansin é.

(18. 9. 1955)

9 BEALTAINE

Grian ar maidin – fuacht tráthnóna. Lá a chuaigh amú orm ab ea é. Teangmháil na hoíche aréir atá ag goilliúint fós orm. Tráthnóna uaigneach é seo. Chuas treo na nUamhanna tráthnóna timpeall a cúig. Chuas sall bóthar na Coille. Solas buí na gréine ag dul faoi ar an abhainn agus ar an droichead. Fliuchadh cúinne amháin den reilig leis an solas buí seo. Tá draíocht agus rúndiamhair ag baint le tithe beaga ar an dtuaith agus le castaíocha an bhóthair. Chonac bean ramhar mheánaosta ar an mbóthar agus slipéirí seomra uirthi. Is dóigh liom gur bean ó Bhaile Bhuirne í. N'fheadar ar aithin sí mé. Bhí solas dul faoi na gréine ag tréigint agus mé ag filleadh abhaile Bóthar na Coille. Sin é an solas a thiteann ar fhocail nuair a bhíonn filíocht iontu. Is folamh linn focail agus aibhnte in éagmais an tsolais úd. Tá uaigneas gan teora i gcroí an duine. Dá áilleacht í an nádúir féach go mbíonn diabhlaíocht ar siúl i gcónaí istigh ionainn – formad, drúis, fuath, saint. Is geall le Teagasc Críostaí mé.

(15. 10. 1955)

10 BEALTAINE

Seo leabhar nua á thosnú agam – dialann nua. Rud suáilceach is ea rud nua. Is beag ná go mothaím óg de bharr an leabhair a bheith nua – cé, le fírinne, go bhfuilim an-chaite an-seanda ó bheith breoite i rith na seachtaine. Ina theannta sin táim ag déanamh ar mo dhaichead. Nílim ach bliain faoina bhun agus níl oiread agus leanbh tabhartha i mo dhiaidh. Saol seasc – blianta agus bod amú.

Tá an oíche fliuch. Táim luite le ceithre lá ach d'éiríos tráthnóna agus chuas go Corcaigh chun go gcuirfi snáthaid *streptomycin* ionam. Ag gabháil trí Shráid Phádraig dom le faobhar na hoíche chonac cailín a bhfuil súilaithne agam uirthi agus í ag labhairt go tapaidh le bean agus iad ar tí a chéile a fhágaint. Cailín álainn sna fichidí tosaigh í seo. Bhí gaoth fhliuch ag séideadh agus bhí sé dorcha ar an tsráid in ainneoin na soilse. Mar sin féin, chonac a haghaidh soiléir. Ní cailín ramhar í ná níl sí lom ach an oiread. Tá sí díreach i gceart. Bhí an aghaidh chothaithe chéanna uirthi an uair dheireanach a chonac í. Bhí agus bliain ó shin agus beidh i gceann bliana eile. Ach na cailíní a raibh taithí agamsa orthu agus mé sna fichidí, bheadh aghaidh bhog álainn orthu inniu, ach i gcionn míosa bheidís lom caite agus cló an bháis orthu. B'shin iad na mná a bhíodh faram san *sanatorium*. Dá neamhbhuaine é an gnáthshaol sláintiúil ba sheacht neamhbhuana an saol sleamhain sin. Tá feabhas mór tagtha, áfach, le *streptomycin etc.*

Tá a fhios agam áit amháin ar an mbith nach dtagann fás ná fairsingiú ar aigne an duine agus is é sin Halla na Cathrach i gCorcaigh!

(28. 1. 1956)

11 BEALTAINE

Is mó machnamh searbh a dheintear do dhuine agus é san leaba ar feadh an lae. Ní foláir nó táim i mo dhuine aosta ar deireadh mar ní cúrsaí pearsanta ach cúrsaí sóisialta a bhíonn ag cur tinnis orm anois. Is beag duine a déarfadh go bhfuil an *status quo* cóir in aon tír go bhfios domsa. Mar sin féin, cosnaíonn an *ecclesia sancta catholica* an *status quo* i gcónaí. Tá na hargóintí cloiste againn agus is minic a thugas géilleadh dóibh ach ní anois é. Nuair a chíonn tú os do chomhair amach gach lá sa tseachtain daoine laga múchta briste agus, b'fhéidir, damnaithe mar mhaithe leis an *status quo* seo agus an Eaglais ag féachaint ar an obair go breá sochma réidh, tá sé deacair foighneamh. Ach cad tá le déanamh? Cad tá le déanamh ach déanamh mar a dheineann an Eaglais: a bheith sásta le toil Dé. Ach cad mar gheall ar an misneach sin a athraíonn cúrsaí uaireanta? Cad mar gheall ar bhuile cróga a bhualadh ar son an chirt? An amhlaidh nach bhfuil sé de mhisneach againn sin a dhéanamh? Má thá misneach ann tá eagla ann chomh maith, agus pé acu an bhfuaireamar misneach nó nach bhfuaireamar, fuaireamar go léir ár gcantam den eagla. B'fhéidir gurb í an eagla atá orm féin atá do mo chrá agus ní éagóir an tsaoil.

Ní maith é a bheith teanntaithe rófhada sa leaba gan chomhluadar. Mar a dúirt Peig Sayers liom féin, ní bhíonn aon mharú ag duine ar a smaointe. Éirím cúng mioscaiseach an túisce is a éirím as an léitheoireacht. Nach fuirist don duine aonair lobhadh fiú nuair a bhíonn sé á fhaire féin, gan bacadh in aon chor leis an bpoiblíocht gan aird.

Cad é an tairbhe réasúnaíocht nuair atá fuath agus fearg istigh i mo chroí i gcónaí? Tá sé soiléir nach féidir aghaidh a thabhairt ar an saol seo gan creideamh éigin sa tsaol eile. Conas eile is féidir ár bhfuath agus ár bhfearg a chosc?

(29. 1. 1956)

12 BEALTAINE

Taibhreamh is ea gnáthshaol an duine – taibhreamh is ea gach teanga – dúiseacht is ea scríbhneoireacht. Bítear ag samhlú na fo-aigne le scríbhneoireacht – ach is sa bhfo-aigne a chaitheann daoine a saol laethúil. Dúiseacht as an bhfo-aigne is ea scríbhneoireacht – cé nach mbíonn d'ábhar aici ach an fho-aigne. Más fíor, níl dream is lú filíocht ná filí. Sórt bácaeirí is ea iad a bhácálann cístí fo-aigne. Mura mbeadh iad ní bheadh a fhios ag na fíorfhilí .i. na gnáthdhaoine atá múchta san taibhreamh, cad is dúiseacht ná cad is taibhreamh. Más fíor arís, is ionann taibhreamh agus filíocht, ach ní bhíonn éinne in ann an taibhreamh a chur ar fáil i bhfoirm focal ach iad san nach bhfuil ag taibhreamh .i. na neamhfhilí ar a dtugtar filí.

(28. 9. 1974)

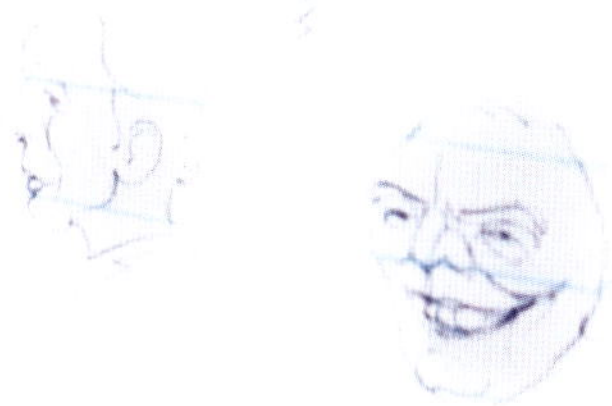

13 BEALTAINE

Táim á scríobh seo agus mé sínte siar sa leaba. Táim i mo luí ar mo chliathán clé. Tá sé éasca dul i mbun pinn mar seo. Rud muirearach domsa is ea é suí suas díreach, mar tagann tinneas droma orm agus easpa análach. D'fhéadfainn mórchuid scríbhneoireachta a dhéanamh mar seo dá gcuirfinn chuige. Uaireanta braithim greim ar mo chroí nuair a chuimhním ar an bhfocal 'scríbhneoireacht'. Tagann easpa muiníne orm. Tá a fhios agam go bhfuil bua líníochta agam – bua nár chothaíos riamh, go maithe Dia dhom é. Ach an bhfuil bua scríbhneoireachta agam? Sin ceist. Deirtear nach bhfuil an teanga seo ar mo thoil agam agus céad riachtanas scríbhneora is ea é a theanga a bheith ar a thoil aige. An bhfuil an teanga ar mo thoil agam? An bhfuil an ceart acu? Ní dócha go bhfuil an teanga ar mo thoil agam. Cé aige tá? Tá an teanga ar a thoil ag Máirtín Ó Direáin ar chuma nach mbeidh sí go bráth agamsa. Tá sí ar a thoil aige más féidir a rá go bhfuil teanga ar a thoil ag aon duine. Mara bhfuil sí ar mo thoil agam canathaobh nach n-éirím as ar fad? Mura mbeidh rath go bráth ar mo shaothar, cad chuige cloí leis an saothar sin? Ag an bpointe seo díreach is ea a imíonn mo thoil agus m'intinn ó thuiscint. Cheapfá go n-imeoinn le healaín (.i. péintéireacht, dealbhadóireacht, *etc.*) ag an bpointe agus go n-éireoinn as a bheith ag taisteal bhóthar seo na Bó Finne atá thar mo chumas. Ach ní fhéadaim é, mar creidim ar uairibh gur mó atá sí ar mo thoil agam ná Máirtín Ó Direáin féin. Baois, b'fhéidir.

(9. 5. 1956 ar lean)

14 BEALTAINE

Cad chuige an scríbhneoireacht lagáiseach, chúthaileach seo? Canathaobh nach mbeinn dán?. Nach í mo theanga féin í? Nár thánag slán as drochbhreoiteacht a sháródh aon duine? Ní breoiteacht ach teanga atá ag cur tinnis orm anois. Bhí tráth agus is beag tinneas a chuirfeadh teanga orm. Chrochfainn véarsa ar ghath gréine an uair úd agus choinneodh an gath gréine suas é. Na scoláirí agus na léirmheastóirí a bhíonn ag iarraidh lagspiorad a chur orainn toisc gan a bheith iontu féin ach mioscais. Cé thabharfadh toradh orthu ach amadán? Ach bíonn glór beag istigh á rá gurb acu atá an ceart. Ní túisce glactha leis an nglór seo ná siúd glór beag eile agus a mhalairt á rá aige.

(3. 2. 1956)

15 BEALTAINE

Á! 11.30 a.m. Fuar. Leaba. Leisce. Scámhóga laga. Ach chím bróg ar an urlár – mo bhróg féin ansin go ciúin agus go huaigneach ar an urlár. Agus ritheann sé chugam dá mba scríbhneoir mór mé go bhféadfainn cur síos a dhéanamh ar an mbróig sin ar an urlár a mhairfeadh fad a mhairfeadh an teanga seo nó níos sia. Cuirimis i gcás gur le scríbhneoir mór an bhróg agus gur mise an scríbhneoir sin. Táim ag cur i gcás gur liom féin an bhróg cé gur liom. Is é sin le rá go bhfuil oiread sin de chumhacht na scríbhneoireachta ag baint liom nach mór dom a rá, 'Cuir i gcás gur liom féin mo bhróg féin'. Anois cad tá le rá? Cad é an rud iontach seo a déarfadh an scríbhneoir mór? Bhuel, aithním an bhróg. Ní toisc í a bheith ar an urlár cois na leapa a n-aithním í ach toisc déanamh áirithe so-aitheanta a bheith uirthi. Tá sí dealraitheach le haghaidh duine sa mhéid sin. Ina theannta sin, tá an déanamh seo nó an crot seo na bróige de ghlanmheabhair agam tá sí feicthe chomh minic sin agam. Nuair a chím aghaidh amháin ar an tsráid braithim áthas. Cuireann aghaidh eile gruaim orm, aghaidh eile fearg orm, aghaidh eile ionadh orm. Is beag aghaidh nach mothaímid rud éigin speisialta de bharr í d'fheiscint. Braithimid tar éis í d'fheiscint go bhfuil rud éigin ráite nó á rá ag an aghaidh sin. Braithimse go bhfuil rud éigin ráite anois díreach ag mo bhróig – agus go mbíonn an rud sin á rá aici de shíor. Tuigtear dom gur rud uaigneach atá á rá aici faoi mar go mbeadh a fhios aici go raibh bac nó máchail éigin uirthi. Tá umhlaíocht éigin ag baint léi. Cuireann sí aghaidh bhalbháin i gcuimhne dhom.

Tuigtear di gur ball d'ísealaicme í. Ach tá rud á rá aici bunoscionn leis an uaigneas seo. Is lena haicme is mó a bhaineann an t-uaigneas. Ach an rud pearsanta nó bróganta atá á rá aici, rud atá scríofa uirthi is ea é. Féach uirthi. Tá barraicín agus uachtar agus teanga agus poill *etc.* inti agus iad go léir ina gcodanna di. Suimigh iad agus gheobhair bróg. Féach orthu go léir le chéile agus chífir bróg – chífir foirm na bróige. Sin é an rud atá á rá aici .i. foirm na bróige. Nó sin é an rud atá ag labhairt – ní fheadar cé acu. Agus an rud atá ráite aici, mothaím go bhfuil sé ráite de shnap aici. Gan amhras tá rian mo choise-se agus rian an bhóthair agus rian na haoise uirthi chomh maith ionas go bhfuil an rud a bhí á rá aici nuair a chonaiceamar í ar dtús athraithe – pé acu maolaithe nó géaraithe é, ní fheadar.

(14. 2. 1956)

16 BEALTAINE

Seo maidin amárach cé gur fada ó mhaidin í. Táim ag lorg m'análach. Ní bhraithim go maith. Chun an taom a chur díom atáim ag scríobh seo. Cad é sin don té sin nach mbaineann sin dó? Níor mhór don duine aidhm a bheith aige – ceann cúrsa sula bhféadfadh sé beart fónta a dhéanamh, i gcúrsaí litríochta nó in aon chúrsaí eile. Cad d'fhéadfainnse a dhéanamh, cuir i gcás, nach bhféadfadh aon duine eile a dhéanamh chomh maith nó níos fearr agus a raghadh chun tairbhe na teanga nó chun tairbhe an duine? Ach ní mar sin atá an scéal ach oiread. Ní gá go bhféadfainn a rá cad é féin an saothar seo ná an bhfuil a leithéid i mo chumas. Tá fuinneamh i gceist – tá cinniúint i gceist agus ní fios cad eile. Ní mór dúinn a bheith ag scríobh agus ag tochailt go bhfaighimid sinn féin agus ansin as go bráth linn. Tá imeacht faoin saol. Tá an saol ag gluaiseacht. Tá gach ní ag casadh timpeall. Má bheirtear ort san chasadh timpeall, tá leat. Is é díogha é bheith i leataoibh.

(17. 2. 1956)

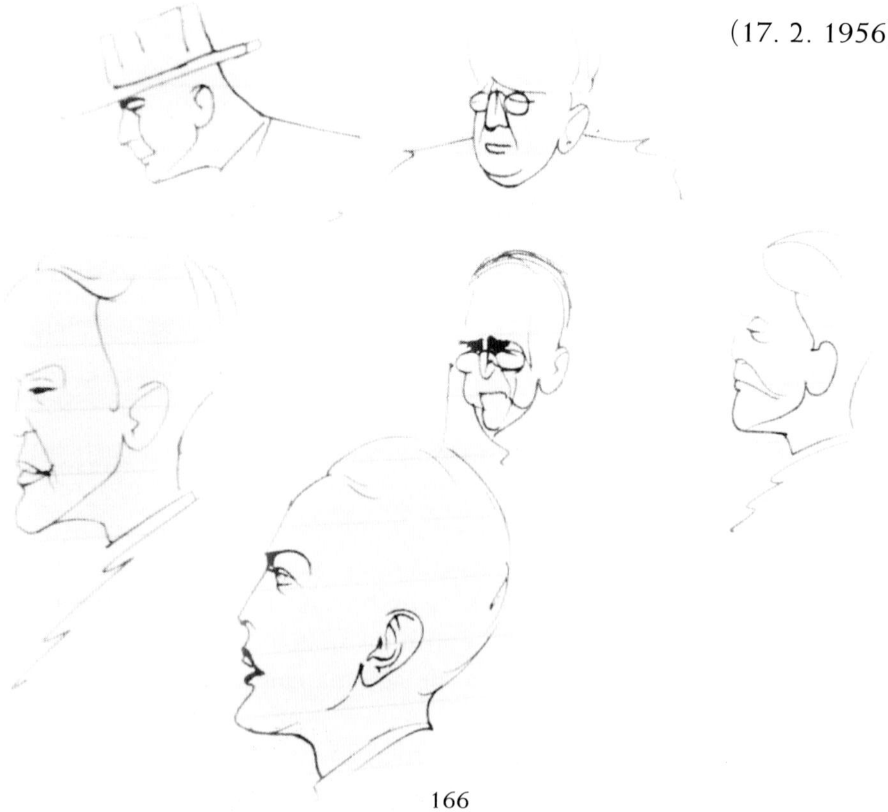

17 BEALTAINE

Gan amhras, táim beartaithe ar dhán a scríobh a chraithfidh an teanga Ghaeilge agus aigne an duine ionas go gcuirfear mé ar aon chomhrian le Virgil agus Dante. Ach cathain? Táim beartaithe ar dhráma Gaeilge a scríobh a sháróidh Ibsen agus Strindberg agus a léireofar i bPáras agus i mBerlin ar ball. Ach cathain? Táim ag feitheamh. Cad leis? Le Godot.

Ní mór staidéar a dhéanamh. Ní mór dul go feirc in aigne an duine. Níl sa ráiméis sa leabhar seo ach rud folamh – scribleáil *dilettante*. Éirigh as. Dúisigh.

(21. 2. 1956)

18 BEALTAINE

Níl aon dabht ná gurb olc an rud é uaigneas leanúnach gan naofacht. Tá an lá go léir caite agam sa leaba. Dá mbeadh cuairteoir agam i rith an lae nó dá mbeadh coinne agam le cuairteoir anocht, mhilseofaí an t-uaigneas. Chun na fírinne a rá ní bhíonn aon bhlas ar uaigneas fada ar deireadh mar ní féidir uaigneas a bhlaiseadh gan neamhuaigneas. Ainmhí sóisialta is ea an duine.

(22. 2. 1956)

19 BEALTAINE

Maidin. Is aoibhinn an rud é maidin. Dá bhrí sin is aoibhinn an focal é 'maidin'.

11.30 a.m. Cuireadh isteach orm ó chianaibh. Fuaireas páipéar nuachta agus litreacha – litir mhaslaitheach ab ea ceann amháin acu – ó Phort Láirge.

Focal deas is ea *'morning'*. Focal deas, leis, is ea *'matin'* sa bhFraincis. Ach an focal is deise ar fad acu is ea *'manaña'* sa Spáinnis.

5.30 p.m. Ní dócha go gcreidim i nDia. Ní chuimhním riamh air agus mé anseo teanntaithe. Dá gcreidfinn i nDia nár chuma liom mo naimhde, dá líonmhaire iad, agus nár chuma liom a bheith teanntaithe sa leaba seo. Is minic a cheapas gur ait an rud é gur chuaigh ar ghabhas trí bhreoiteacht le blianta fada amú ar fad. Níor deineadh aon tairbhe anama dhom cheal creidimh. Cúrsaí spioradálta iad sin ach maidir le cúrsaí daonnachta dhe tá an scéal go hainnis agam. Is dócha nach bhféadfadh éinne é a sheasamh. Ní hionadh go bhfuil ag teipeadh orm. Tá an saol seo rófholamh. Táim do m'ithe féin. Dá labharfadh duine liom, fiú ar feadh cúig neomaití, b'shin ualach m'aigne iomparaithe ar feadh 5 neomaití. Ba mhór an fhuascailt é. Is chuige sin an scríbhneoireacht – chun go n-iomprófaí m'aigne tamall. Ní toisc rud a bheith le rá agam. Gan amhras fuascailt mhór eile is ea scríbhneoireacht. Cad mar gheall ar Mhícheál Ó Guithín, an fear bocht? É i gcónaí ina aonar agus gan puinn báíochta ag na daoine leis. Is mór an náire dhom é nach gcuirim leabhair chuige. Tá neart aigne aige siúd – rud nach bhfuil ag a thuilleadh againn. Níl aon tuarastal aige ná faic.

(23. 2. 1956)

20 BEALTAINE

Tá an ghrian ag teacht amach. Cad é mar thógaint croí é. Cé leag an fhulaingt go léir anuas orainn ach Dia féin? Ní foláir nó is ar mhaithe linn é. Ní foláir gabháil tríd chun teacht ar an aoibhneas. Is suaite an bóthar é, más ea, bóthar an aoibhnis – gabhann sé trí phian, trí fhuath, trí éadóchas, trí náire, trí leamhas, trí challshaoth den uile chineál sula bhfeictear an léas beag aoibhnis – .i. má chítear in aon chor é.

Táimid ait. Is mó buille atá fachta againn. Is mó drochbheart déanta againn. Táimid lagspridiúil, leisciúil, peacúil, uaibhreach, uamhal, ainbhiosach agus sinn ag aosú go tiubh. An féidir go bhfuil beart fónta ionainn? Cathain a éireom as a bheith leamh, díomhaoin? Moladh le Dia! Láithreach!

(24. 2. 1956)

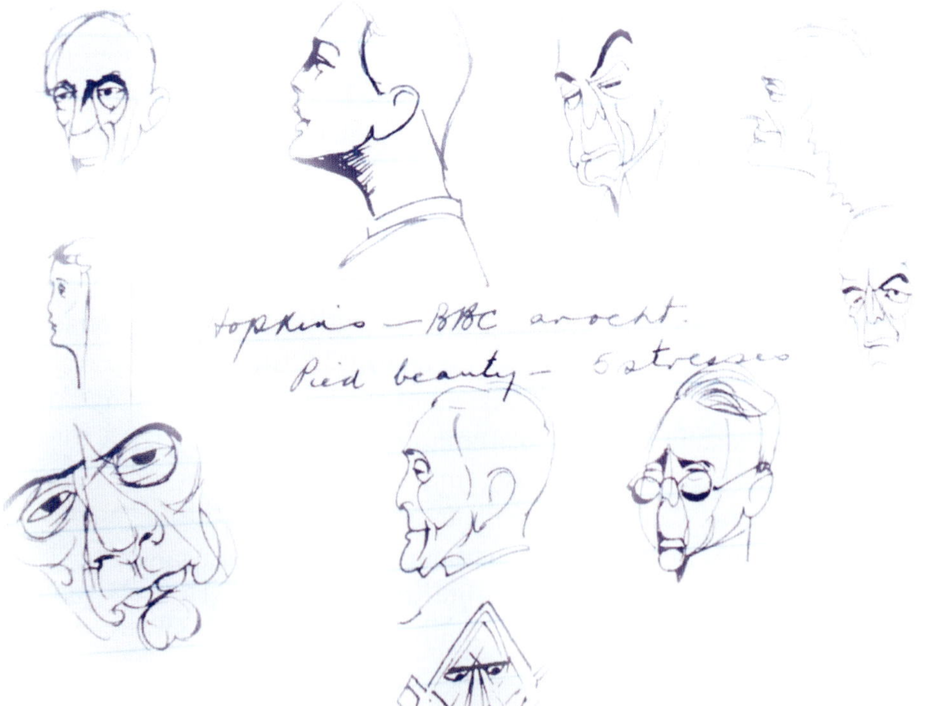

21 BEALTAINE

Iad ag caint ar Heine ar an raidió anocht. File na gcumadóirí ceoil a deir siad. Nach mó cúinne den aigne nach bhfuil cuardaithe agamsa. Braithim gur file mé anocht cé go bhfuil tamall caite agam ag léamh an Teagasc Críostaí agus tamall eile ag féachaint ar mhadra Dagwood Bumstead. Nach cuma cad deir siad mar gheall ort más file tú? Is róchuma. Ní maith leo an Ghaeilge a bheith áthasach. B'fhearr leo sinn d'fheiscint múchta. Gráin orthu agus mallacht. Mullach an Ois ab ainm don chéad chnoc dá bhfaca riamh. Chím solas. Táim ag téarnamh. Tá an doircheacht ag scaipeadh. Seo aníos m'anam as an bpoll. Táim beag beann anois orthu.

(24. 2. 1956 ar lean)

22 BEALTAINE

Gluaisteán – ghaibh gluaisteán siar. Tá éanlaithe ag paidreoireacht ró-ard sa teampall. Cloisim duine ag teacht na céimeanna aníos. Cloisim an clog á bhualadh sa tsiopa. Tá an fuacht imithe. Táim féin sa leaba gan anam. Braithim coitianta. Braithim caite. Bhíos chun dul thar n-ais ag obair amárach ach nílim ag mothú rómhaith. Cuireann an rud is lú fearg orm. Táim ídithe. Tá *job* le déanamh agam do Raidió Éireann agus ní féidir liom aghaidh a thabhairt air. Tá mo naimhde ag bagairt orm gach treo baill. Níl Gaeilge ná Béarla agam. Níl sláinte ná airgead agam. Níl foighne ná creideamh agam. Táim folamh. Nach chun freastal ar mo leithéidse an bás? D'fhéadfainn teitheadh uaidh. An focal is scanraithí sa Ghaeilge is ea an focal 'leamh'. Braithim leamh. Mar ní féidir le duine maireachtaint air féin. Ní mór dó staidéar agus léitheoireacht fhairsing a dhéanamh. Ansin ní bheidh sé folamh. Ach an túisce is a cheapann duine gur féidir leis an rud is lú a sholáthar as a aigne féin, sin deireadh, sin buile. Ní féidir le duine maireachtaint air féin. Ní fheadar. Cad mar gheall ar Dhia? 'Cuir uait gach saghas eolais agus gach saghas tuisceana,' a dúirt Eoin na Croise. Is le daoine speisialta a dúirt sé é.

(28. 2. 1956)

23 BEALTAINE

Chuimhníos anois ar an bhfocal 'dúchas'. An focal 'dóchas' a chuir i mo cheann é. Focal is ea dúchas a bhfuil doimhneas agus draíocht ann domsa. An bhféadfaí liosta focal dá leithéid a chorródh duine, toisc iad a bheith imithe an-doimhin ann, a chur le chéile? Bean an tí; Mullach an Ois; anonn is anall; an Inid; slaghdán; bó.

Lá bog lán d'éanlaithe. É tais, ceoch. É beagnach Dúnchaoiniúil. Nach suairc an teideal é 'comharsa'! Cara dúinn go léir is ea an chomharsa. Ní bhíonn aon rud ar a chúram ach breoiteachtaí agus mí-ádh daoine eile. Duine lán de mhuintearas é – duine caidreamhach a bhíonn de shíor i measc daoine. Ní baol dó éirí ait. Is aoibhinn an duine é. É siúd a choinníonn teangacha beo. É siúd is bun le coraí cainte is saibhreas teanga. Ach, mar sin féin, ní dheineann sé deabhadh riamh ach glacann gach rud breá bog. Is duine fíor-neamhoifigiúil é, cé go bhfuil oifig sheanda aige. Duine ciallmhar é. Duine measartha, stuama. Is mó d'fhear tuaithe é ná d'fhear cathrach, measaim. Is dóigh liom go n-ólann sé píopa agus níor mhiste leis tamall den lá a chaitheamh ag caint. N'fheadar an raibh a leithéid ann riamh? B'fhéidir nach bhfuil ann ach píosa béaloidis.

(28. 2. 1956 ar lean)

24 BEALTAINE

Rud eile ba cheart do dhuine a bheith is ea cruaidh. Ró-*naïve* atáimid. Sea, agus róthrócaireach. Is é sin le rá 'leamh'.

Na Deich nAitheanta
Ná bí riamh ná choíche leamh.
Ná bí deas le neach gan ábhar.
Cac ar dhaoine mar is cóir.
Déan do mhún ar gach scríbhneoir.
Ná dein muintearas.
Ná bí umhal.
Ná dein moill.
Ná labhair le pleidhce ar aon chúis.
Seachain gach fear is gach bean ar an saol.
Mallachtaigh na hEaspaig is an chléir.

(28. 2. 1956 ar lean)

25 BEALTAINE

Faoi mar a dhúnfá do bhróga is ceart scríobh. Bíodh gach aon ní docht. Ná bíodh aon rud ar sileadh leat. Ná bíodh aon lúb ar lár.
Ní gá deabhadh,
Ní gá ampla,
Ná eagla.
Bí i bhfeighil do shuaimhnis.
Tóg bog iad.
An té atá suaite ní mór dó sin dul chun suaimhnis ar dtús.
Bí cneasta. Cneasóidh cneastacht tú.
Bí foighneach le daoine agus leat féin.
Ní fiú rud a dhéanamh mara ndeintear go neafaiseach é. Ní gá strus.
N'fheadar.

Táim ag éirí bréan den bhfealsúnacht ramhar seo arís.

Bí ar do dhícheall.
Fáisc an braon deireanach asat féin.

(28. 2. 1956 ar lean)

26 BEALTAINE

Tá tart orm. Ós annamh liom é aicíd nádúrtha a bheith orm táim á bhreacadh anseo chun go bhféadfaidh mo chlann agus clann mo chlainne é a léamh i mo dhiaidh go bhfuil tart orm. Ó thosnaíos an leabhar seo (28. 1. 56) ní raibh babhta ólacháin agam cheal sláinte. Deirim go bhfuil tart orm. Tá agus tá áthas orm tart a bheith orm. De ghnáth an taca seo d'oíche is é a bhíonn orm ná crá croí i dtaobh gan an teanga seo a bheith agam mar ba mhaith liom. Léan uirthi mar theanga maran cráite atáimid aici. Nach deas an focal é 'cosmhuintir'? Fuaireas é i bhfilíocht éigin a cumadh san ochtú haois déag.

(27. 3. 1956)

27 BEALTAINE

Táim tagtha thar n-ais ó Thír na nÓg nó dúthaigh éigin draíochta dá samhail agus táim suite anseo in Éirinn i mo lándhúiseacht agus gan aon phioc dá mhearbhall orm ná go bhfuil an saol ar easpa draíochta. A Chríost, is fada ag fáil bháis mé. Tá na céadta bás fachta agam agus dealraíonn sé go bhfuil an oiread eile romham. Ní haon chabhair a bheith ag caoineadh. Pógadh an chinniúint lofa seo ár dtóin. Deineadh sí a rogha rud.

Focail! Focail! Focail! Agus foc *all* iontu. Meatacht agus sceon na hoíche do mo chur ag scríobh cainteanna gan dealramh. Cad is fiú an rag-scríbhneoireacht seo? Faic – *fuck all*! 'Ní bheidh i do dhiaidh,' arsa Danny, 'ach dorn focal'. Dia linn is Muire 'Mháthair, nárbh fhearr do dhuine a bheith ina Chríostaí agus a bheith umhal do thoil Dé ná a bheith de shíor ag spriúchadh go neamhéifeachtúil mar seo.

An teanga, an teanga, an teanga! Comáinfidh an teanga as ár meabhair sinn. Táim breoite le cúpla mí anuas, níor tháinig aon fheabhas orm. Táim go hainnis agus go cráite agus go guairneánach. Ach ní hé an céasadh seo atá ag cur tinnis orm. Ní hé go deimhin. Is í an teanga atá ag dó na geirbe agam. An teanga, an teanga. Dúrt 'dó na geirbe'. Rugas ar urla ar an abairt seo agus do tharraingíos isteach í chun a thaispeáint go bhfuil an teanga go maith agam. Gan amhras, a mhalairt is ea a thaispeáineas. Á, a theanga mo shinsear, is céasta an galar tú. Ach cá mbeimis gan í i lár na hoíche nuair a chaitear as tigh tábhairne nó as Tír na nÓg sinn?

(7. 3. 1956)

28 BEALTAINE

Tá scata leanaí ag béicigh – ag liúirigh thíos ar an mbóthar. Táim bodhar acu. Braithim mioscais éigin san ngleo atá acu faoi mar a bhraitheas na blianta ó shin in athair dream acu. Is fuirist dúinn cion a bheith againn ar leanaí mar a bhíodh ag Críost fad is nach leanaí na gcomharsan iad.

Cad is brí leis an arraing tinnis atá ag gabháil trí m'aigne agus do mo chloí? Cad is ceo ann? Cad is Dia?

(7. 3. 1956 ar lean)

29 BEALTAINE

Cad chuige na miontuairiscí seo ar mo thuras trí m'ifreann beag? B'fhéidir gur ionas go gcuirfinn díom sa leabhar seo an ráiméis agus go dtiocfainn, mar sin, chomh fada leis an mblonag.

(7. 3. 1956 ar lean)

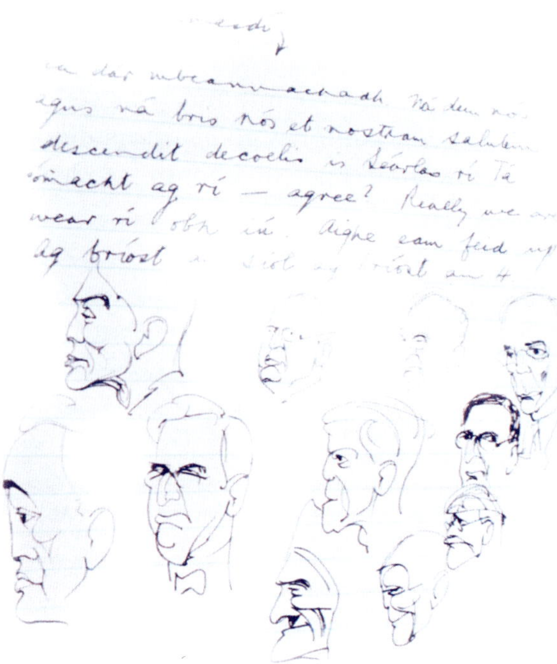

30 BEALTAINE

Nach cuimhin leat na ráiseanna trá i mBéal Bán? Nach cuimhin leat na fir a rá go raibh dhá chapall éigin an-mheaitseálta? Nach cuimhin leat an oíche a thugais léacht i bPort Láirge agus go dtáinig náire ort toisc gur chaithis a thabhairt le tuiscint go raibh rud le rá agat? Féach arís an rud searbh ag teacht chugat! Nach cuimhin leat aon rud suáilceach, aon rud áthasach i rith do shaoil? A Thiarna, ní cuimhin! A leithéid de dhuine! Agus a leithéid de shaol! Bhíos i mo chuid díot ó chianaibh ach féach anois mé deighilte uait i mo dhuine eile ag labhairt leat, taoi chomh gruama sin! Ach, mar sin féin, mothaím do phian agus ní hionadh mé ag osnaíl. Ach cuimhnigh arís! An gcloiseann tú leat mé? Téir siar chomh fada agus is féidir leat féachaint an bhfaighfeá aon tsólás, aon rud a tharla gur mhaith leat cuimhneamh air. Ní cuimhin liom d'áthas ach seo: muintir na Gaeltachta a bheith ag labhairt liom ina dteanga aoibhinn féin ach ansin bhí dealg ansin, leis, mar bhí a fhios agam nach mbeadh sí go bráth agamsa mar a bhí sí acu sin. Is cuimhin liom lá aoibhinn anuraidh agus sinn ar an bhfarraige i naomhóg. B'shin áthas is dócha. Ach níor splanc chomh lonrach sin é go ndearmhadfá an rud eile. Sea, is mór an ní é sin féin. Ach an cuimhin leat riamh gur rugadh ort agus gur tugadh go dtí an seachtú Flaitheas tú le corp áthais?

(7. 3. 1956 ar lean)

31 BEALTAINE

Galar faoi deara an scéal seo. Ní foláir nó tá feabhas orm nuair nár scríobhas faic go dtí anois. Má léifear é seo go bráth, deirim leat a léitheoir, pé mí-ádh atá ort go bhfuil an t-ádh ort nach é mo mhí-ádhsa atá ort. Sin píosa deas cainte! Sea, tá an t-ádh ort! Dá gcaithfeá lá amháin i m'aignese, is cuma liom cén sórt tú, thuigfí duit gurb áthasach staid d'aigne féin an uair is measa a bhíonn sí, seachas staid m'aignese an uair is fearr a bhíonn sí. Canathaobh é seo? Tá, is dócha, saol ait, achrannach, peacúil, uaibhreach, aonarach, lag, gránna, a bheith caite agam. Níl aon ní is suaraí liom ná mé féin. Mar sin féin, níl oiread agus ruainne amháin umhlaíochta ionam. Is duine mé nach ngéilleann agus nach ngéillfidh don údarás dlistineach. Agus, rud is measa fós, nílim toilteanach géilleadh don bhfírinne féin. Anois, a léitheoir, cad is dóigh leat de m'aignese? Cad eile is ea í ach ifreann súite síos?

(8. 3. 1956)

1 MEITHEAMH

Níl faic ag titim amach anocht. Dá bhrí sin braithim leamh. Tháinig Nurse Reidy sa ghluaisteán liom ó Lota go Corcaigh inniu. Thuirling sí den ghluaisteán ar Shráid an Chapaill Bhuí in aice leis na soilse tráchta. Bhí sí lán de cheol agus de chroíúlacht agus í sa ghluaisteán i mo theannta. Cuir an solas dearg stop liom díreach tar éis dom í a scaoileadh as an ngluaisteán. Bhí deis agam ansin a bheith ag féachaint i mo thimpeall agus cad a chífinn ag siúl síos Sráid an Chapaill Bhuí ach an tseanbhean seo agus cuma dhólásach uirthi faoi mar go raibh ar bhain léi curtha sa chré agus í féin ar easpa meanman, gan ceol gan croí. Nurse Reidy féin a bhí ann. Nurse Reidy an chomhluadair a bhí i mo theannta sa ghluaisteán, ach bhí an Nurse Reidy aonair ab í ag gabháil síos Sráid an Chapaill Bhuí. D'athraigh an solas agus seo liom abhaile.

(10. 3. 1956)

2 MEITHEAMH

Mé ar laethanta saoire ó inné. An Gúgán – an tOileán. Dé hAoine seo chugainn – an buaile ina mbíodh paidreacha – smaointe – Barra Naofa ag iníor.

Ba mhaith liom féachaint isteach ionat, a Bharra, ach tá sé pianmhar féachaint ionam féin. An mise gach éinne? Saoirse agus áthas aigne a gheineann filíocht. Eagla, eagla, eagla. Eagla orm dán a chumadh. Saoirse ó mhian, ó eagla, ó *ego*, ó chreideamh, ó thraidisiún, ó aineolas, ó mhilleán. Ba mhaith liom labhairt le hÍosa Críost anseo. Barra Naofa agus Turnbull an buaile agus an caladh – an duine céanna – an Críost céanna, an Wilde céanna, ach beartas eile. An t-údar céanna ach dráma eile.

(2. 6. 1948)

3 MEITHEAMH

Pictiúir ar pháipéar inniu des na *models* úd, nó na 'mainicíní' úd, mar a thugtar orthu, agus gúnaí tráthnóna Dior á gcaitheamh acu. Gan bun cleite isteach ná barr cleite amach. Gach aon ní i gceart. Ní gá dom a rá conas mar a bhíonn siad. Conas, mar sin féin, nach bhfaighimid aon bhlas orthu mar mhná? Is é rud a chuireann siad i gcuimhne dhomhsa ná urlabhraíocht na mbolscairí oifigiúla raidió. Caint gan cháim is ea í ach ar a shon sin ní caint in aon chor í. An cur i gcéill a mhilleann iad araon.

(13. 3. 1956)

4 MEITHEAMH

Moladh le Dia tá sé ag déanamh báistí. Nach aoibhinn é. Tá leamhan ar mo mhuineál. Tuigtear dom nuair a chuimhním air agus mé ag éisteacht leis an mbáisteach agus ag machnamh le cabhair na báistí nach bhfuil aon rud is neamhbhuaine ná is lú maitheasa ná cur i gcéill. Mar a deirtear sa Bhíobla, níl aon rud nach bhfoilseofar. Má thoghaim focal mar mhaithe le suaithinseacht in ionad brí agus más dóigh liom nach dtabharfar faoi deara mé, tá dearmad orm. Scéithfidh an focal féin orm: scéithfidh fuadar na habairte orm: b'fhéidir nach scéithfidh siad láithreach bonn baill orm, ach le haimsir, le séideadh gaoth na haimsire, scuabfar gach cur i gcéill chun siúil agus ní fhágfar ach an fhírinne. Ceilte ní fhágfar faic, i gcroí an duine, ná i bhfocail. Ní haon ionadh go dtabharfaimis onóir do Shakespeare agus do Sheathrún Céitinn agus do gach duine eile gur bhuaigh buaine a shaothair ar chaitheamh na haimsire. Anois cad faoi mo shaothar féin? Bhí cáineadh na léirmheastóirí do mo bhuaireamh le déanaí ach ní chuireann an cheist seo mórán imní orm anois. Tá na braonacha báistí ag síorthitim. Súil againn go mbogfaidh siad an aimsir agus ár gcrathacha. Theastódh sin. 'Go mbeannaítear duit, a Mhuire, tá lán de bháisteach, tá an díle i d'fhochair...' Sin é an saghas clisteachta nach mairfidh. Bíodh gach dá ndéanfair bunúsach.

(19. 3. 1956)

5 MEITHEAMH

Chonac scata leanaí ag súgradh an tráthnóna faoi dheireadh i Sráid Copley. Bhí buachaill leisciúil dathúil ann agus a dhrom le falla. Bhí triúr gearrchailí ann agus iad ag rince agus ag gearraighneas. Uaireanta chaitheadh an buachaill gáire fúthu bhídís chomh deisbhéalach, tarcaisneach sin. N'fheadarsa ach sin é a cheapas. Bhíos tamall uathu agus ní fhéadfainn iad a chlos ach bhí magadh scríofa trasna ar gach aghaidh. Ní rabhas ag féachaint orthu ach deich neomaití agus chuaigh a bpearsantacht i bhfeidhm orm sular imíos. Ba ghearr gur tuigeadh dom nach raibh a leithéidí eile ar an saol. Sin mar a dheintear lucht aitheantais. Ní bhíonn leithéid de lucht aitheantais féin ar an saol ach an oiread, cé go bhfuil a leithéidí le fáil i ngach sráid i ngach cathair. Aithne a chur orthu a dheineann suaithinseach iad.

Bhí rud tábhachtach ag titim amach an tráthnóna úd agus iad siúd ag súgradh. B'shin óige na ngearrchailí agus an bhuachalla á cumadh – á sníomh – os mo chomhair amach ar an tsráid. Nuair a aosóidh an dream beag seo mairfidh cuimhne na dtráthnóintí seo ina gceann – cuimhne na sráide agus na deisbhéalaí agus tabharfaidh siad a n-óige ar an iomlán. B'fhéidir nach gcuimhneoidh siad air ach uair san deichiú bliain agus beidh sí istigh iontu i gcónaí. Nuair a chuimhneoidh siad air tuigfear dóibh nach raibh draíocht ná aoibhneas in aon bhall riamh ach ar an tsráid sin agus nach raibh séasúr ba rathmhaire riamh ann ná séasúr úd a n-óige. Níl aon duine, dá aosta é, ná dá chomóntacht é, nach bhfuil an chuimhne dhraíochtúil seo na hóige ina cheann. Gach éinne agus a uaigneas féin air.

(12. 5. 1956)

6 MEITHEAMH

Is é seo an tráth den bhliain is ansa liom. Grian, solas. Tá mo léine bhán orm. Ba cheart léinte bána a chaitheamh i gcónaí sa tsamhradh. Tá boladh aoibhinn na mbláth in gach aon bhall. Is aoibhinn iad oícheanta an tsamhraidh. Is breá an rud é paidreacha a rá san uain. Ba cheart do gach éinne a bheith foirmeach na tráthnóintí seo. Bhíos ag faire ar leanaí inniu ag 3.40 p.m. nuair a stopann an bus anseo. Is ar an mbus seo a thagann beart páipéirí nuachta don siopa seo againne. Tháinig an cailín dea-mhúinte aníos ón mbóthar agus an beart ina baclainn. Bhí an bheirt cailíní drochmhúinte ina seasamh ag doras an tsiopa roimpi. Stath duine acu na páipéirí ón gcailín dea-mhúinte mar teastaíonn ó gach cailín na páipéirí a bhreith isteach í féin. Ní dúirt an cailín dea-mhúinte focal ná níor dhein sí rud ar bith ach cromadh agus an madra a chuimilt. D'fhan sí tamall ag cuimilt an mhadra. Ansin d'imigh sí abhaile. D'imigh an dignit léi. (Go raibh maith agat, a Mháirtín.) Ba mhaith liom a bheith dignitiúil mar sin. Níl de riachtanachas ann ach áilleacht.

(6. 6. 1951)

7 MEITHEAMH

Is diamhair an rud é naimhdeas daoine. Braithim a naimhdeas ag gabháil tríom. Cúbaim chugam féin rompu. D'fhéadfadh an naimhdeas seo duine a mharú. Níl de leigheas againn ar naimhdeas ár namhad agus ár gcarad ach cairdeas ár námhad agus ár gcarad. Íocshláinte is ea cairdeas. Cneasaíonn sé créachta an namhdais. Bior cruaidh go bhfuil faobhar nimhe air is ea naimhdeas. Balsam bog mar chodladh sámh is ea cairdeas.

(5. 10. 1956)

8 MEITHEAMH

Tá an miondream sciathánach i mbun ceoil. Anois díreach a dhúisíos. Tá aoibhneas, creidim, ina gceol. Ach fóiríor, tá sé cloiste rómhinic agamsa. Tá an ceol seo cloiste agus athchloiste agam chomh minic sin go bhfuil pé speach a bhí ann tráth múchta fadó. Nílim á chlos ná á mhothú a thuilleadh. Ná nílim ag feiscint na ndaoine a chím gach lá. Sin é a tharlaíonn don té a fhanann i gcónaí in aon áit amháin. Cailleann sé radharc, éisteacht agus mothú. Imíonn an nuacht agus beatha. Bás is ea an iomarca den aithne. 'Bhfuil leigheas ar bith seachas taisteal – más leigheas é sin – ar an mbodhaire, ar an ndaille seo? 'Bhfuil áit níos doimhne san aigne a athnuafadh radharc, éisteacht, mothú? Conas is féidir an áit seo a shroisint? An bhfuil an áit seo suite laistiar de liomatáiste na bodhaire, na daille, an easpa mothú? An bhfuil na rudaí sin riachtanach chun sroisint go dtí áit san aigne nach bhfuil forlámhas acu a thuilleadh?

(21. 5. 1968)

9 MEITHEAMH

Tá súil le Dia agam go bhfuilimid ag druidiúint níos cóngaraí dár n-aigne féin in aghaidh an lae. Is dócha nach bhfuil aon treo eile le dul ach treo na naofachta ach ní do gach éinne atá sé leagtha amach sin a dhéanamh. Moltar foighne dhúinn. Dá mbeadh a fhios féin againn cad tá uainn go díreach! Ach fairíor, sin rud nach bhfeadraimid dá dhochreidte é.

(15. 10. 1956)

10 MEITHEAMH

Anois a dhúisíos. Chaitheas an lá inné sa leaba ach, mar sin féin, braithim tuirseach. Cathain a thiocfaidh deireadh tuirse? Is fada sinn ag taisteal ceantar na tuirse. Ba dhóigh leat go sroisfimis dúthaigh éigin eile faoi dheoidh.

Níl an mhaidin seo rógheal. Tá pus uirthi. B'fhéidir nár dhúisigh sí i gceart fós. Tá na gluaisteáin ag imeacht soir siar cheana féin. Deir siad gur thairngir Virgil teacht ár dTiarna sa cheathrú heaclóg (rugadh Virgil 70 R.C.). Tiocfaidh an chéadghin seo anuas ó neamh agus athnuafar an saol:

Iam nova progenies caelo	[Anois tá glúin nua tar éis
Demittitur alto.	tuirlingt ó na flaithis in airde.]

Agus nuair a thiocfaidh sé:

Incipient magri procedere menses. [Tosnaíonn na míonna móra ar a dturas.]

Is fadó tagaithe é. Mar sin féin, tá an saol leamh. Tá croí an duine cruaidh. Mura bhfuil airgead i do phóca gheobhair doicheall pé áit a raghair agus is beag an tairbhe dhuit a rá le daoine gur saolaíodh ár dTiarna 1956 bliain ó shin agus gur athraigh sin an saol. Ní cuimhin liom a chlos, áfach, go raibh pingin riamh ag Íosa Críost. Ach ansin caithfear a rá gur cuireadh chun báis é. Saol aoibhinn lán d'fhilíocht agus de cheol agus de ghlanachar is ea an saol atá le mothú sna dánta seo Virgil agus ní raibh an Slánaitheoir tagaithe an uair úd. Agus níl na scoláirí cinnte ar chuala Virgil riamh trácht ar an Sean-Tiomna. Mar sin féin, tuigeadh cad ba cheart agus cad nár cheart i ré seo na págántachta. Bhí ceart agus mícheart i gcónaí ann. Chaith siad a bheith ann toisc gur cuid de *natura rerum* [nádúr rudaí] iad.

(26. 10. 1956)

11 MEITHEAMH

Ní mór an smaointiú is féidir a dhéanamh gan do smaointe a bhreacadh síos. Ní fada a raghair gan scríobh. Sin é díreach atá ag teacht le Gaeilge na Gaeltachta, dá fheabhas í faoi láthair. Tá sí le fada gan machnamh leanúnach den tsaghas a scríobhtar déanta inti. Tá poill agus pluaiseanna Gaeilge nach raibh aon duine iontu go fóill.

Maidir leis an saibhreas Gaeilge atá sa Ghaeltacht agus a bhíonn ar bhéal an uile chainteora dúchais, tránn sí agus tanaíonn sí agus bochtaítear í fiú ar bhéal an chainteora dúchais nuair a fhágann sé an Ghaeltacht. Creidim gur féidir leis an scríbhneoir, áfach, de bharr machnaimh agus síorscríbhneoireacht, a dhul níos doimhne sa teanga ná éinne lasmuigh den Ghaeltacht.

(18. 11. 1956)

12 MEITHEAMH

Seo am mhairbh na hoíche. Cloisim fuaim fhada mhall na habhann. Tá gach éinne i suan. Níl suáilceas in aon bhall. Níl aon chomharsanacht ann mar níl aon chomharsa ann. Tá na filí agus na hollúna agus na máithreacha ab go léir sínte siar, nó mura bhfuil ba cheart dóibh a bheith. Níl éinne ag gabháil timpeall ach gardaí síochána agus cuileanna. Ní mór an difear atá idir beo agus marbh an t-am seo d'oíche. Éireoidh na beo ar maidin, áfach. Nach aoibhinn do na mairbh nach gcaithfidh siad corraí. Féadfaidh siad fanúint sínte siar go bráth. Tá gach rud sa tseomra seo umhal. Tá crúsca an uisce, cathaoireacha, buidéil, mo hatasa, leabhair, táid go léir fanta ansin go humhal mar ar cuireadh iad. Ní mór ná go bhfuilid ag feitheamh. Cuirid i gcuimhne dhom an t-am go mbínn i m'othar i *sanatorium*. Othar i measc othar – troscán i measc troscán ab ea mé. D'fhanfainn pé áit a gcuirtí mé. Anois a chuimhním air, bhraithinn an-sásta ar uairibh go mbíodh dídean agam agus go mbíodh daoine eile i mo bhun. Ba chuma liom neamhspleáchas. An smaoineamh seo a ghoin mé anois beag. Tuigeadh dom nach aon fhile a mhothódh ar a shuaimhneas i bpríosún. 'Oíche mhaith,' a deir daoine le chéile am codlata. Ní haon oíche mhaith a bheith dúisithe mar seo agus do chomhdhuine i bhfad óna chorp.

(26. 11. 1956)

13 MEITHEAMH

Tóg d'aimsir. Sin abairt choitianta. Abairt shuaimhneasach í. Ní abairt leisceora í, ceapaim, mar tá údarás agus misneach ag baint léi. Tóg d'aimsir – tóg pé méid aimsire a oireann duit féin chun an gnó a dhéanamh. Ná bac an aimsir a oirfeadh do dhuine eile. Is daoine neamhspleácha sinn agus ní seirbhísigh. Dá bhíthin sin, féadaimid a rá: 'Sin í m'aimsirse chun an gnó seo a dhéanamh. B'fhéidir go bhfuil aimsirí eile ann ach is í seo m'aimsirse. Rud socair is ea í. Ní mór ná go bhfuilim mórálach aisti toisc gur liomsa í. Ní bheadh puinn measa agam ar dhuine nach mbeadh a aimsir féin aige. Is ceann dá chomharthaí í.'

(6. 12. 1956)

14 MEITHEAMH

Is dócha nach bhfuil aon duine nach bhfaigheann a chantam den ghrian ó Dhia. Tá flúirse agus milseacht Dé le brath san tigh seo anocht. Is mó ná aigne sinn. Is mó ná croí sinn. Is mó ná corp sinn. Má leag Dia lámh uirthi féin bhí sé ceannúil uirthi. Tá sciatháin uirthi anocht.

(17. 1. 1956)

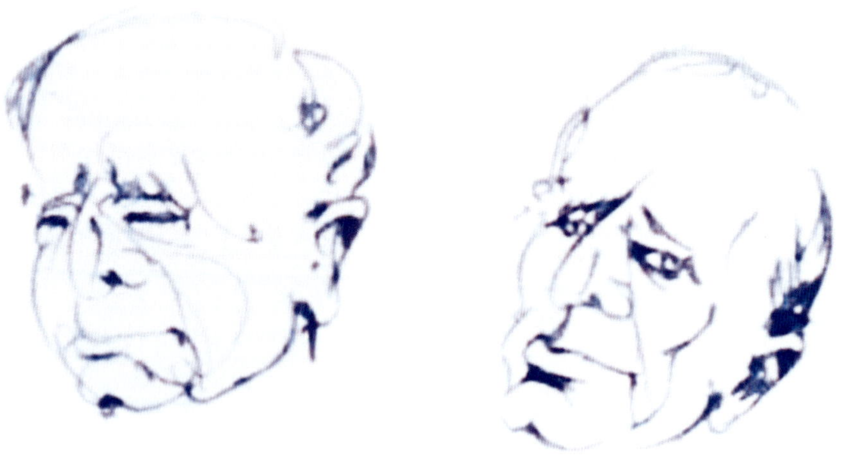

15 MEITHEAMH

Chuas thar n-ais ag obair Dé hAoine agus Dé Sathairn. Chuas chuig pictiúr sa chathair oíche Dé hAoine, rud nár dheineas le blianta. Chaitheas an tráthnóna inné ag ól i dtábhairne Uí Chathasaigh ag bun Shráid Shandon. Nuair a chuimhním anois air is deacair a chreidiúint gur tharla ar tharla nó go bhfaca a bhfaca istigh ann. Fir bhochta den aicme is ísle a chleachtann an áit seo, ach tá cúirtéis agus greann agus *savoir faire* ag baint leo nach bhfuil le fáil ach ag barr agus ag bun *society* – go mórmhór ag a bhun. Dream ait, neamhdháiríre, braiteach agus, ar shlí, truamhéileach iad. Is mó rud a fhoghlaimíos ann ach seo ceann acu cé gur deacair é a rá – in ainneoin bochtanais agus balcaisí giobalacha agus aineolais, bhí cló an duine le feiscint tríothu chomh soiléir agus tá cló nó foirm Chríost le feiscint sa tsoiscéal. Agus mhothaigh triúr nó ceathrar, acu ar a laghad, a ngradam duine agus bhí a fhios acu nár ísligh a mbochtanas an gradam sin. Ó bhíodar *urbane*, sibhialta, dea-bhéasach, uasal, deisbhéalach, cuileachtúil, ceart go leor. Tá an comhluadar ait sin, agus an tábhairne sin, istigh i m'aignese anois agus braithim go bhfanfaidh ann.

(20. 1. 1957)

16 MEITHEAMH

Is dóigh liom go bhfuil draíocht ag baint le geataí. Pé áit a mbíonn geata bíonn filíocht. Is mó geata idir an áit seo agus an Róimh. Cé a fhéadfadh gabháil tríothu go léir? Tá geallta ag Críost nach mbuafaidh geataí ifrinn ar an dteampall fírinneach ('doirse' atá ag an Ath. Peadar). Gan amhras tá gaol idir doras agus geata ach is uaigní agus is neamhspleáiche geata. Ach tá draíocht ag baint le doirse chomh maith.

(21. 1. 1957)

17 MEITHEAMH

An lá a cuireadh Máirtín Ó Cadhain bhíos suite i m'aonar sa Bhus Áras i mB.Á.C. ag fanacht le bus a thabharfadh go dtí an t-aerphort mé. Thugas cead a gcos dom smaointe – rud místuama, dar le Dónal Ó Corcora. Is gearr go bhfuaireas mé féin i gcomhthéacs Rúiseach – sa mhéid gur féidir liom a leithéid de chomhthéacs a shamhlú trí Dostoevsky, Chekov, Pasternak, *etc.* a léamh trí Bhéarla. Bhí an blas Rúiseach seo ar cheann de scéalta Mháirtín féin ('Crosaire Iarnróid'). Ansin tharla rud gur deacair dom a mhíniú. Míobhrán a bhí i mo cheann b'fhéidir tar éis an lae. Tuigeadh dom go hobann go raibh sé tarlaithe – go raibh aidhm Mháirtín bainte amach, go raibh B.Á.C. ina chathair le Gaeilge. Pé mearbhall a bhí orm tuigeadh go raibh na fógraí poiblí go léir á ndéanamh trí Ghaeilge agus go raibh an fear mór a cuireadh sa chré an lá sin i gcumhacht.

(10. 2. 1974)

18 MEITHEAMH

Nuair a iompaíonn an saol go léir i do choinne éiríonn d'aigne seascair. Is geall le bheith i dtigh teolaí é agus an stoirm ag caoinedh lasmuigh agus an bháisteach ag greadadh na fuinneoige. Níl aon tinteán mar do thinteán féin ná níl aon aigne mar d'aigne féin. Ní d'aigne féin d'aigne go dtí go mbíonn tú in earraid leis an saol. Braithim go bhféadfainn a bheith i mo dhuine níos airde, níos láidre, dá mbéarfadh an scríb a thuilleadh orm. Ach is bocht an scéal mura bhféadainn dreapadh gan mífhoirtiún do mo shá.

(31. 1. 1957)

19 MEITHEAMH

Deirim nach ceart do scríbhneoir a bheith ag tarrac nathanna agus coraí cainte isteach mar mhaithe le hiad a tharrac isteach nó chun feabhas agus saibhreas a gcuid Gaeilge a thaispeáint – *e.g.* scríbhneoir i mBaile Átha Cliath ag rá: 'ná téir chun seanabhróga leis' *etc.* Éilím go bhfuil na *clichés* seo marbh: nach mór labhairt as an nua. An té a bhreacann síos *cliché* níl faic á dhéanamh aige ach deachtóireacht. Tá sé iata istigh i spor beag den teanga gan chaidreamh aige le cuisle na teanga féin. Ach an té a smaoiníonn tríd an teanga tá neart na teanga uile ag oibriú tríd. An neart seo a chruthaigh an nath an chéad uair. Ach anois tá an nath seanchaite agus tá an scríbhneoir titithe i ngrá leis an nath agus níl aon toradh aige ar an dtobar fíoruisce, ar an dteanga bheo as a dtáinig an nath an chéad uair. Is mó aige an créatúr ná an cruthaitheoir. Pé fórsa beag atá fágtha san nath beag teascaithe úd, bíodh sé aige. Ach cad é mar fhórsa a bheadh aige dá mb'áil leis a mheabhair a scaoileadh le sruth na teanga féin.

(26. 3. 1957)

20 MEITHEAMH

Chuas-sa go dtí tigh mo dhearthár. Thugas liom abhaile mo dheartháir agus a bhean agus a chlann. Thaitin an tráthnóna leis na rudaí beaga. Iarradh ar Pheigí, atá ceithre bliana, an Pater Noster a rá. Dúirt sí é ach is ar éigin é. Thug sí rud éigin ar an urlár faoi deara leathshlí tríd. Ní ar an bpaidir a bhí a haire. Mar sin féin, thógas ceann di ag rá na paidre. Seo an chéad chéim ar bhóthar na Críostaíochta. Ní ní léi na focail seo anois. Ní thuigeann sí iad. Níl aici iontu ach neamhshuim. Ach is iad na focail seo a shuaithinseoidh í ar ball – a dhealóidh í ó dhíchreideamhaigh. Raghaidh na focail seo trína saol mar shnáithín. Beidh urraim aici do na focail seo nach mbeidh aici d'aon dorn eile focal lena saol. Gheobhaidh na focail seo, a ghlac sí isteach sula raibh tuiscint aici, greim uirthi, agus riarfaidh siad a beatha agus beidh siad ar a béal ar uair a báis, in ainneoin go bhfuil mórchuid daoine ar an saol a bhfuil tuiscint agus ardmheabhair acu ach ní thabharfaidh aon toradh go bráth ar an Pater Noster.

(6. 4. 1957)

21 MEITHEAMH

Braithim leamh, leamh, leamh. A Aogáin Uí Raithile, a Sheathrúin Céitinn, a Chonchubhair Uí Ríordáin, a Virgil, a Bhaudelaire, a Eoin na Croise, a John Clare, a fhilí go léir a chuaigh romham, tagaigí i gcabhair orm. Tionlaicigí tamall den mbóthar mé. Brisigí pé ceangal atá fáiscthe orm do mo thachtadh. Táim chomh héaganta le buachaill scoile. Tá m'aigne scaipthe. Duine ar mhórán feadhanna, duine gan ádh gan ealaín. Nílim ionraic. Nílim dírithe. Nílim macánta. Táim ciapaithe ag mianta na feola agus ní admhaím é.

(14. 4. 1957)

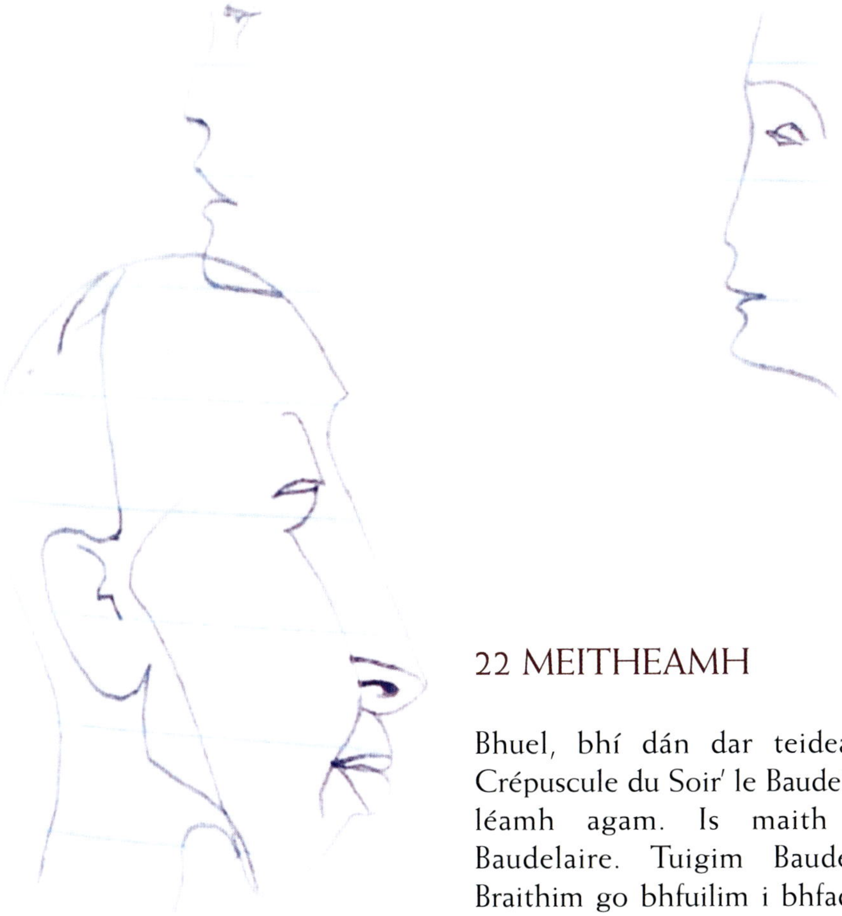

22 MEITHEAMH

Bhuel, bhí dán dar teideal 'Le Crépuscule du Soir' le Baudelaire á léamh agam. Is maith liom Baudelaire. Tuigim Baudelaire. Braithim go bhfuilim i bhfad níos cóngaraí do Bhaudelaire ná d'Eoghan Rua Ó Súilleabháin. Sin é atá ag teacht liom, a déarfadh daoine áirithe.

(26. 4. 1957)

23 MEITHEAMH

Nóta: 'Si das pacem, sí gaudium sanctum infundis, erit anima servi tui plena modulatione'. (*Imitatio Christi*, Liber III, 50: ii) ['Má thugann Tú dhom an suaimhneas san, má ligeann Tú an t-áthas naofa san isteach i mo chroí, beidh mo chroí ad mholadh go ceolmhar agus go diaga'. (Peadar Ó Laoghaire aist., *Aithris ar Chríost* (1914), 203)]

Cé scríobh an rud sin .i. *Imitatio Christi*? Á, is cuimhin liom anois. Diarmaid na Bolgaí, cé eile? Bhí an Laidin an-chruinn ag Diarmaid. Ní raibh aon rian den mBéarla ar a chuid Laidine siúd. Beag an baol!

(27. 4. 1957)

24 MEITHEAMH

'Ar maidin duit, a mhacaoimh óig...'

Beag an chabhair a thugann an Tríonóid domsa. Ní túisce dúisithe mé ná éadóchas orm. An t-éadóchas maidine seo orm leis na blianta fada. Fios mo neamhfhiúntais féin faoi deara é. *Domine non sum dignus* [A Thiarna, ní fiú mé]. Ach ní deirim riamh: *sed tantum dic verbo et sanabitur anima mea* [ach abairse an focal agus leigheasfar m'anam].

Ní chuimhním air sin. Ní thaibhreofaí go bráth dom go bhféadfadh athrú a theacht ar mhaidineacha agus ar dhaoine. Ní chuimhním in aon chor ar ghrásta Dé. Agus fiú amháin agus mé á scríobh seo, níl iontaoibh dá laghad agam as grásta Dé. Tá sé thar a bheith ait.

(28. 4. 1957)

25 MEITHEAMH

Smaoineamh:
An té a dheineann aithris ar aon chanúint bheag den teanga, nó ar aon tréimhse, tá sé iata istigh san chanúint sin nó san tréimhse sin agus ní iata ina bheatha atá sé, ach fuar marbh. An té a úsáideann teanga faoi mar is ceart .i. an té a smaoiníonn tríthi, tá siúd ina bheatha agus tá ollmhaitheas uile na teanga ar a chumas – ag oibriú tríd.

(2. 5. 1957)

26 MEITHEAMH

Istigh ón oifig arís inniu. Maidin dhorcha. Ardú meanman orm seachas mar a bhí inné de bharr feabhas a dhul ar mo shláinte. Chonac an nóta seo i bhFoclóir Uí Dhuinnín ó chianaibh:

Comhaois, e, f., *the same age; a person of the same age;* mo ch., *one of my own age; smt. applied to a persons passions (supposed to be born with one), as* tá do ch. ag imirt ort, *your passions are too strong for you...*

Bhíos i gCorcaigh ó shin ar thóir *streptomycin*. Chuas go dtí an Bhlarna le bean. An raibh mo chomhaois ag imirt orm?

(3. 5. 1957)

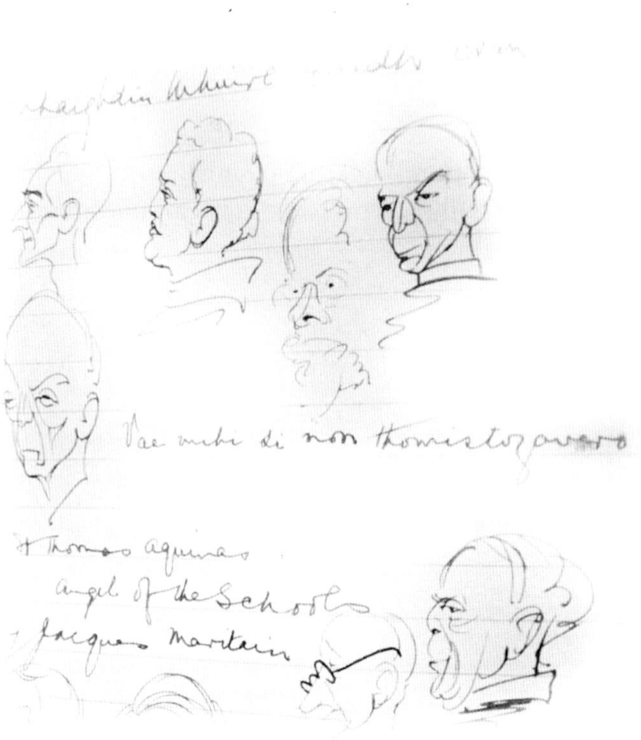

27 MEITHEAMH

Chuas go Corcaigh ag díol seanbhalcaisí éadaigh cheal airgid. Thánag abhaile uair an chloig ó shin. Táim guairneánach má bhí éinne riamh amhlaidh. Táim ite ag míshuaimhneas aigne. Ní mór ná go bhfuil deireadh liom. Tá mo chroí ag bualadh go neamhthrócaireach. Ní fios cad tá orm. B'fhéidir gur a bheith deighilte amach ó dhaoine é. Dá bhféadfainn é a thógaint bog! Tá giobail déanta de mo shuaimhneas. Cathain a thiocfaidh fuascailt? A Thiarna, fóir orm! Ghlaos ar dhaoine agus bhíodar go léir amuigh. Nach mé atá cráite! Ní haon chabhair a bheith ag éagaoineadh. Beir greim ort féin, a bhuachaill. Maidir le hobair, níl ionam a leithéid a dhéanamh. A Chríost, conas nach bhfeighleann tú níos fearr sinn! Cad is féidir a dhéanamh? D'fhéadfainn dul amach faoin dúthaigh ag liúirigh an lá go léir. An raghad as mo mheabhair? Tá mo naimhde ag sceamhaíl ar na páipéirí Gaeilge chomh maith. Cac fada orthu agus léan orthu!

(7. 5. 1957)

28 MEITHEAMH

Níl m'aigne chomh gearrtha agus a bhí aréir. Nuair a chuala ceol maidine na n-éan anois bhí ar mo chumas an focal ceol d'athnuachaint i m'aigne. Bhí ar mo chumas pléisiúr éigin a ghlacadh de bharr an cheoil. Is dócha go n-admhódh gach duine gur ceol aoibhinn an ceol neamhoilte seo. Déarfaí go náireodh na héanlaithe na ceoltóirí a fuair ceol-oideachas. Níl aon amhras faoi áilleacht gan cháim an cheoil seo ach, mar sin féin, fágann sé cuid éigin dínn gan sásamh. Focal ceolmhar is ea an focal Gaeilge 'ceol'. Tá ceolmhaireacht sa bhfocal díreach faoi mar atá ceolmhaireacht i gceol seo na n-éan. Ach ní leor san don duine. Caithfidh rud seachas ceol a bheith i gceol chun friotháilt go hiomlán ar a nádúr siúd. Cad é sin? Intinn, dar liom, cheal intinne fágann ceol na n-éan, dá fhoirfe é, míshásta sinn.

Báisteach. Ceathanna meala ag titim. Tráthnóna pléisiúrtha. Ár n-aigne ar mire. Táimid ag dul i gcoinne an aird. Tá na héanlaithe ag cantain fós go neafaiseach agus strus intinne orainne. Easpa solais orainn. Cathain a thiocfaidh gealadh? Nach gcaithfidh sé teacht luath nó mall? Nó an gcaithfear dul á lorg?

(8. 5. 1957)

29 MEITHEAMH

Rith sé seo chugam anois. Tá na scoláirí seo againne beag beann ar an mbaol ina bhfuil an teanga. Is beag ná go gceapfá go bhfáilteoidís roimh bhás na teanga. Ach maidir leis na nathanna beaga seanchaite atá spréite ar fud na teanga, bíd ag cur a mbundún amach le himní á bhfeighil ón mbás. Ach cogar! An ón mbás nó ón mbeatha a bhíd á gcosaint? Is eagal leo athrú: is ionann athrú agus beatha.

(24. 5. 1957)

30 MEITHEAMH

Táim díreach dúisithe gan aon éadóchas orm. Is ait liom é. Ní foláir nó tá mí-ádh éigin mór chugam. Táim cráite, áfach, ag mianta na colna. Nílim cinnte gur mianta na colna iad, fiú amháin. Tá an oiread sin gúnaí dathannacha á bhfeiscint againn na laethanta brothaill seo nach aon ionadh é má fhireannaítear sinn. Bhíos ag féachaint tamall inné ar mhná triopallacha ag gabháil ó thuaidh thar Dhroichead Pádraig. Dheineas ionadh dá dtriopallacht. Is iad a bhí néata. Bhíodar chomh glan, chomh leochaileach le peidhleacháin párlúis. Ní fheacaís fir riamh chomh piocaithe leo. Rudaí samhraidh ab ea iad, mheasfá, agus iad chomh hionann le hataí tuí.

(23. 6. 1957)

1 IÚIL

Chaitheas an tráthnóna go léir amuigh faoin aer gan faic a dhéanamh. Tráthnóna aoibhinn fionnuar gan a bheith fuar. Folt na dúthaí á chorraí ag an ngaoth, ach gaoth mhilis ab ea í, gaoth mhealltach. Mar sin féin, tráthnóna folamh ab ea é gan comhluadar. Cá bhfaighfeá comhluadar anois agus Dante agus Catullus agus Pádraigín Haicéad agus William Blake marbh? Ní mhaireann éinne acu. Le slua sí ár samhail. An bhfuil m'uaigneas-sa ar aon duine? Bhíos riamh uaigneach. Bhí an t-ualach sin riamh orm. Bhraitheas riamh tréigthe.

Nuair a bhímse ina measc i dteampall Pheadair agus Phóil Dé Domhnaigh ag éisteacht le hAifreann na Gaeilge is dócha go gceapann siad siúd a aithníonn mé gur pápaire eile agus Gael beag eile ar a gcuma féin mé. Cúis gháire chugainn.

(29. 6. 1957)

2 IÚIL

Lá eile san oifig. Tráthnóna uaigneach caite sa bhaile .i. in Inis Cara. Shiúilíos siar an bóthar chomh fada leis an reilig agus thar n-ais ar bhruach na habhann. An dúthaigh titithe chun áilleachta. An abhainn agus an droichead chun suaimhnis ar fad agus iad chomh sciamhach le cailín óg. Bhuaileas le Morgan agus dalladh le caint ansin mé. Thionlaic sé abhaile mé. Ní fhaca a thuilleadh mar chaitheas éisteacht agus freagairt. Is é dán an duine a bheith uaigneach. Ba mhaith liom scarúint leis an áit seo. Is fada mé ag tnúth le himeacht. Ní rabhas riamh chomh huaigneach agus atáim anois agus iad go léir imithe – mo mháthair agus mo dheirfiúr agus mo dhearthár – ach, mar sin féin, bhraitheas riamh, agus braithim fós, a ndraíocht féin ag baint leis na tráthnóintí leisciúla samhraidh seo in Inis Cara. Gluaisteáin agus rothair ag sciorradh tharam agus beirteanna ag gráú a chéile. Maoithneachas! Ach bhí na Muimhnigh riamh amhlaidh. Lá dithneasach agus tráthnóna leisciúil – sin mar a ceapadh dúinn é. Ach táimid ag brú isteach san aois agus tá sé in am dúinn múscailt.

(9. 7. 1957)

3 IÚIL

Sochraid Johnny Lynch i gCill Mhuire thuaidh. Na haintíní i mo theannta. Drochghiúmar orm dá dheasca. Ní duine muinteartha mé. Mar sin féin, tá rud ag baint le sochraidí agus le hócáidí eile den tsaghas sin a thaitníonn liom go mór. Téann na daoine is ciallmhaire ann – feirmeoirí saibhre, *etc.* Cuid de shaol sóisialta an duine is ea sochraidí. Tá pléisiúr ag baint leo. Bíonn suáilceas sagairt iontu agus suáilceas lucht adhlactha agus suáilceas slua agus suáilceas bóithre agus suáilceas tuamaí agus suáilceas cág. Bíonn suáilceas comharsan agus suáilceas cainte agus suáilceas dí á leanúint. Ócáid a oireann do gach éinne, óg is aosta, is ea sochraid. Ansin bíonn diamhaireacht agus eagla an bháis os a cionn agus suaithinsíonn sin gach rud dá dtarlaíonn agus an dúthaigh timpeall agus ina cóirigh. Rud sibhialta is ea sochraid.

Mo dheartháir Tadhg agus a mhac Seán Ó Ríordáin tagaithe. Buachaill beag an-dathúil is ea Seán Ó Ríordáin. Ní mór ná go bhfuil sé ar aon chomhrian lena uncail.

(24. 8. 1957)

4 IÚIL

Chuir an t-éagan Jack Farrell isteach orm anois agus mé ag éisteacht le clár i dtaobh Thomáis Chriomhthain. Bhí an fear bocht ag iarraidh a chur in iúl cad iad na boic mhóra a raibh aithne aige féin orthu. Ba mhóide a thábhacht féin an aithne a bhí aige orthu siúd. Feirmeoir atá rite síos é agus muirear naonúir air. An té nach mbíonn aon fhuaimint ag baint leis féin loirgíonn sé tacaíocht i dtábhacht daoine eile. Is bocht agus is trua an scéal é. Tá a bheag nó a mhór den ghalar seo orainn go léir, go bhfóire Dia orainn. B'fhéidir gur galar é a bhfuil gá leis. Nuair a chímid an galar seo dulta in achrann i nduine eile, ansin is ea a chímid gur baol dúinn féin. Cheap an fear bocht seo anocht nár thugas-sa a ghalar faoi deara in aon chor. Thugas agus, rud is measa, fuaireas pléisiúr ann. Dream suarach is ea an cine daonna. B'fhéidir go bhfuil na boic mhóra a luaigh sé seo anocht, ag iarraidh a thabhairt le tuiscint áit éigin eile anocht go bhfuil aithne acu féin ar bhoic níos mó ná iad féin agus ag déanamh laochais as. Cé nach bhfuil éaganta? Gligíní is ea sinn go léir. Seachain an t-éirí in airde. Bí ar d'aire de shíor. Dein leibhéal ort féin de ghnáth. Ach ní déarfar. Buailfidh an saol agus an ghlóir dhíomhaoin bob eile ort mar níl aon iontaoibh eile ag éinne asat nó as féin. Nach sinn atá teanntaithe.

(11. 9. 1957)

5 IÚIL

Is ait mar a chuirimid dúil i mbean. Braitheann sé ar a déanamh agus gan dabht ar a haois. Is iontach mar a chímid na nithe seo go léir láithreach ina haghaidh, a tón, a haois, a ceathrúna, a cosa, a hiompar, agus is iontach mar a thugaimid breith ar an iomlán láithreach. Ní mór ná gur féidir tuairim a thabhairt faoi aigne fir nó mná lán chomh tapaidh. Bíonn a fhios againn, nó b'fhéidir go mba chóra a rá go mbíonn fios againn. Rud draíochtúil is ea 'fios'. Bíonn 'fir feasa' agus 'mná feasa' ann, nó bhíodh.

(17. 9. 1957)

6 IÚIL

Tráth na gceist ó Chorcaigh ag Joe Linnane anocht. Chuir sé ceist i dtaobh stampa Thomáis Chriomhthain. Cérbh é an scríbhneoir Gaeilge as oileán in iarthar na hÉireann a bhí ar stampa le déanaí? Ní raibh a fhios ag mo dhuine – Pádraig Ó Conaire as Oileán Árann. Ní raibh tuairim ag duine eile acu cé scríobh na leabhair seo: *A Munster Twilight, Killycregs in the Twilight*. Sin iad na mic léinn atá againn i gCorcaigh faoi láthair.

(18. 11. 1957)

7 IÚIL

Táim guairneánach arís. Is ionann sin agus a rá go bhfuil m'anam ar lic na bpian arís. Chuas ag válcaeireacht ó shin. Bhí an spéir glan. Ní fhaca riamh an dúthaigh chomh soiléir sofheicse. Bhíos ag féachaint ar na crainn ar thaobh an bhóthair in aice leis an dtigh tábhairne agus ar an scáth dubh-uaithne ar an bpáirc agus ar chasadh an bhóthair, agus músclaíodh áthas i mo chroí agus tháinig fonn orm pictiúir a dhathú. Ach bhí smaointe dubha neamhdhleathacha ag gabháil trí mo cheann, chomh maith, a d'fhág ar uireasa suaimhnis é. Is ait mar mheascán é an duine. Tá idir aingeal agus ainmhí ann agus ní fuirist réiteach eatarthu ná riar orthu. Níl cead oilc againn ach tá neart againn air agus sin é a mharbhaíonn sinn. Is mairg nach mbeadh neamhurchóideach. Ní haon chabhair dúinn a bheith ag ligint a mhalairt orainn, mar bíonn meanaithí an diabhail de shíor ár bpriocadh. Is mó fear i bhfear. Má deir éinne gur fear litríochta a leithéid seo de dhuine níl ansin ach cuid den scéal. Fear de shaghas eile is ea é, chomh maith. Ná cuireadh sin éadóchas ar éinne mar is mó áit a scríobann an chearc. Thánag aniar an bóthar abhaile go mall agus ualach urchóide agus ualach amhrais agus mórchuid eagla ar mo chroí. Is chuige sin comhluadar agus oiriúintí na cathrach, chun smaointe dorcha a dhíbirt. Ní fada an peacach ina aonar go bhfaigheann na deamhain ifreanda ionad ina lár. Nach sinn atá lag! A Mhuire, a mháthair, táimid lag.

(23. 11. 1957)

8 IÚIL

Amadáin is ea sinn. Is dóigh linn nach bhfeiceann daoine cén sórt sinn, ach chíonn. Ní féidir nithe a cheilt. Aithnímid fear agus aithnímid fear beag, dea-dhuine agus drochdhuine, duine a níonn é féin agus duine nach níonn, duine a insíonn an fhírinne agus duine nach ndeineann. Ní féidir faic faoi luí na gréine a cheilt. De réir mar a chríonnaíonn duine, bíonn sé ag dul i gcríonnacht, áfach. Is beag duine a bhíonn ina ghligín ó aois go bás cé go bhfeicfeá, anois is arís, seanduine éaganta. Duine fada fánach a bhíonn amhlaidh agus ní bhíonn fiú a leithéid gan léas. An-scoil is ea na blianta.

(23. 11. 1957 ar lean)

9 IÚIL

Conas is féidir liomsa staidéar a dhéanamh nó scríbhneoireacht? Bím ag titim i mo chodladh le breoiteacht is tuirse ó mhaidin go hoíche. Ach fuaireas nithe eile nár gealladh, b'fhéidir, do dhaoine folláine. Nuair a scríobhas an focal 'tuirse' anois beag, ní fheadair éinne an t-aoibhneas a fuaireas sa bhfocal féin – i gcrot an fhocail, i bhfuaim an fhocail, i seandacht an fhocail, i seanchuimhní an fhocail, i mbrí an fhocail, i nGaeilgeacht an fhocail. Chuimhníos ar abairt Phound .i. 'Dá mbeadh mo thuirsese ort bheadh a fhios agat'. Ach ní gá breoiteacht chun an blas san d'fháil ar fhocal. B'fhéidir gur mó duine ina shláinte a gheibheann a dheich n-oiread eile de bhlas ar an bhfocal 'tuirse'. Ach, níl faic agam. Ní bhfuaireas faic. Is drochdhuine mé agus neach dearóil is ea mé. Sin é é.

(17. 12. 1957)

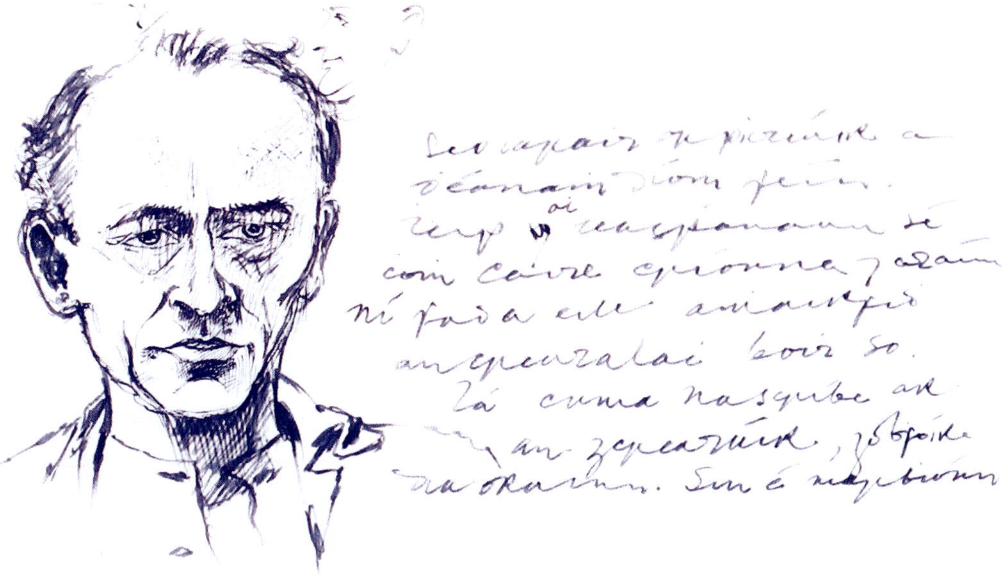

10 IÚIL

Seo iarracht ar phictiúr a dhéanamh díom féin. Theip. Ach taispeáineann sé chomh caite críonna agus atáim. Ní fada eile a mhairfidh an creatalach bocht seo. Tá cuma na scríbe ar an gcréatúir, go bhfóire Dia orainn. Sin é mar a bhíonn.

(17. 12. 1957)

11 IÚIL

Tháinig Gerry Goulding timpeall ceathrú chun a naoi. Chuas amach chun cainte leis. Táim amuigh ó shin. Caint gan aird – am amú! Baois! A Chríost, nach leamh! M'aigne bhocht istigh ag feitheamh liom. (Is ait liom go bhfágaim m'aigne istigh i gcónaí nuair a bhuailim amach – m'aigne agus foclóir Uí Dhuinnín.) Mo léan! *Mea culpa, mea culpa*! Buailim m'uith. Ródhéanach an uain do chách. A Sheáin Uí Ríordáin, taoi leamh.

(14. 1. 1958)

12 IÚIL

Tá a fhios agam gur ar éigin é má bheidh an tsláinte agam go bráth arís, agus tá a fhios agam go bhfuil an óige ag teitheadh uaim, bíodh is gur deacair sin a chreidiúint nuair nár bhlaiseas fós í, agus tá fhios agam gurbh é Horás a dúirt *'Carpe diem'*, agus tá a fhios agam gurbh é Shakespeare a dúirt:

What is love? 'tis not hereafter;
Present mirth hath present laughter;
What's to come is still unsure.
In delay there lies no plenty,
Then come kiss me, sweeet and twenty
Youth's a stuff will not endure.

(14. 2. 1940)

13 IÚIL

Tá faobhar ar mo pheann agus níl faic le rá. Bhíos chun 'le rá agam' a rá ach go tobann tuigeadh dom go mb'fhearr 'le rá' a rá. Canathaobh? Toisc nach mbeadh an milleán ormsa? B'fhéidir, ach bhí cúis eile agam leis. Is diamhaire agus is iontaí 'le rá' ná 'le rá agam'. Cuntas ar an aimsir seo is ea 'le rá' agus níl sa rud eile ach cuntas ar dhuine beag suarach .i. ormsa. Chuirfeadh 'le rá' an léitheoir ag machnamh ar mheon agus ar cháilíocht na haimsire seo – aimsir nach raibh faic le rá.

(30. 1. 1958)

14 IÚIL

Chun a bheith ag osnaíl i ngleann na ndeor a saolaíodh sinn de réir dealraimh. Más fíor, níl aon bhaol ná go bhfuilimid ag comhlíonadh na cinniúna go feillbhinn.

(26. 1. 1958)

15 IÚIL

Is ait agus is scanrúil an rud é go mbíonn a fhios agam, agus mé anseo i m'aonar, nuair a bhíonn daoine namhdach liom nó ag iarraidh pé ainm atá orm (.i. pé clú) a mhilleadh, nó nuair a bhíodh suim mhór i mbean agam, bhíodh a fhios agam sa tslí chéanna cathain a bhíodh sí soilbhir nó neamhshoilbhir umam. Bíonn a fhios agam é, mar an gcéanna, nuair [a bhíonn] foirtiún chugam. Deirim gur scanrúil an rud é. Canathaobh? Mar nuair a thagann sceon nó éadóchas orm gan chúis shofheicthe, is maith atá a fhios agam go mbíonn cúis mhaith leis agus méadaíonn an fios sin ar an éadóchas agam. Chun na fírinne a rá is é mo thuairim gur beag a tharlaíonn i ngan fhios dúinn. Ach dúradh le banmhistic i Sasana fadó (Julian ó Norwich is dóigh liom) go mbeadh gach sórt ní i gceart ar deireadh – *that all manner of things would be well.*

Sea, tá an leabhar seo ag dul chun deiridh. Mhair sé breis agus dhá mhí.

(10. 2. 1958)

16 IÚIL

Táthar (nó 'táthars') ag plé na Gaeilge sa tSeanad. Bhí litir Dé Domhnaigh ar *Scéala Éireann* ag Col. Lucey ag tabhairt faoi pholasaí na Gaeilge agus, má thuigim é, ag tabhairt faoin athbheochaint. Há! Tá sé ina throid oscailte ar deireadh. Is i lucht na Gaeilge a bhraithimse an neart agus ní san dream eile. Neosfaidh an aimsir. B'fhéidir go raghainn féin isteach sa chointinn. Go bhfóire Dia orthu má théim! Níl a fhios acu cad tá chucu, na créatúirí.

10.35. p.m. Na Cork Lyric Singers ar an aer. Ní éisteodh muc leo.

(30. 1. 1958)

17 IÚIL

Thugas sciuird ar Chathair Chorcaí inniu ag 2.15 p.m. D'itheas béile san Old Bridge. Ní fhaca an chathair le seachtain. D'fhéach na daoine, idir fhearaibh is mhnáibh, idir óg is críonna, álainn óg. D'fhéachas síos ar an gcathair ó Thobar Rí an Domhnaigh agus chonac an chathair mar nach bhfaca cheana í. Ní féidir nithe d'fheiscint i gceart .i. soiléir, gan a bheith tamall san uaigneas. Dá mba mhaith linn nithe a chlos soiléir ba chóir dúinn ciúnas fada a chleachtadh.

(28. 2. 1958)

18 IÚIL

Cé go bhfuilim luite le slaghdán ní bhraithim breoite in aon chor. Lá cuíosach suáilceach agam ag léamh leabhair atá i mo sheilbh le fada ach nár léas riamh i gceart .i. *The Wandering Scholars* le Helen Waddell. An-leabhar é seo ach tá an t-ábhar chomh fairsing agus an spás chomh beag nach mbíonn tú chun suaimhnis i gcónaí á léamh. Mar sin féin, is deacair domhsa cuimhneamh ar a chomh-mhaith de leabhar. Níl aon dabht ná go bhfuilimidne, Gaeilgeoirí, gaolmhar leis an Laidin. Bhíomar (nó bhí an Ghaeilge, ba cheart a rá) farae rófhada chun nach dtógfaimis cuid éigin dá galar.

(22. 2. 1958)

19 IÚIL

Níl aon ní is mó is fuath liom ná an slua-aigne a bhíos ag daoine áirithe – agus daoine oilte a lán acu, sagairt *etc.* Ní gá é a mhíniú is dócha, ach toisc gur mé féin a chum an téarma, b'fhéidir go mb'fhearr é a mhíniú. An té a mbíonn an slua aigne seo aige, glacann sé ró-bhog le tuairim an fhormhóir. Molfaidh sé an té a mbíonn cách á mholadh agus cáinfidh sé an fear céanna amárach má bhítear á cháineadh foirleitheadúil. Níl aon aithne phearsanta agam ar Niall Ó Dónaill ach an-sampla is ea é den slua-aigne. Is é an prionsabal nó an fhealsúnacht atá laistiar den slua-aigne ná é seo: 'mura mbím sa bhfaisean ní bheidh ionam ach ceap magaidh'. Mar mhaithe linn féin, bímis ar an dtaobh ceart i gcónaí. Drochfhealsúnacht is ea é, áfach, agus le himeacht na mblian bréagnaítear an té a mbíonn sí aige chomh minic sin nach mbíonn de theist air, ar deireadh, ach teist na gaoithe móire. Bíonn sé ina cheap magaidh ansin – an rud a bhí sé ag iarraidh a sheachaint.

(22. 5. 1958)

20 IÚIL

Chaitheas an lá sa bhaile gan dul go dtí aon oifig. Lá breá gréine. Braithim gairid do bheith os cionn mo bhuille toisc go raibh an lá go léir fúm féin agus, dá bhíthin sin, go raibh aga agam ar mhachnamh a dhéanamh. Ní fada a bhím i m'aonar mar seo nuair a chím cé chomh suarach agus atá an saol atá á chaitheamh agam agus cé chomh mírialta. Chaitheas cuid den oíche do mo fholcadh féin agus cuid di ag cur slachta ar mo sheomra agus cuid di ag léamh *Seanchas ón Oileán Tiar*. Táim titithe i ndiaidh mo chúil go mór mar fhear litríochta agus fiú mar fhear. Cé nach mbeadh, dá gcaithfeadh sé friotháilt ar Chomhairle Chathrach Chorcaí agus ar phórtar mhuintir Mhurchú? Táim go mór chun deiridh i gcúrsaí creidimh, leis. Is mithid dom mé féin a shearradh agus éirí as a bheith ag taithí tábhairní agus ag glugarnaigh ar fud na dúithí. Oíche mhaith.

(28. 4. 1958)

21 IÚIL

Cuimhnigh ar Charlie agus ná bac leat féin. Seán Ó Conchubhair is ainm do Charlie. Cónaíonn i nDún Chaoin ar an gCeathrúin. Feairín beag anamúil agus, mar a dúirt an File, cuma na feirge ar a chaint. A dhá shúil ag léimrigh as a cheann le barr feirge – nó sin é ba dhóigh leat. Baitsiléir, leathchéad bliain d'aois, cuma an aighnis de shíor air. Is minic a dtéann sé i ngiorracht soicind do bheith tachtaithe mar bíonn an iomarca le rá aige do dhuine nach bhfuil ach teanga amháin ina bhéal. Mór an trua gan é a bheith dhátheangach! Ach tá sé dhátheangach i gcéill eile. Tá roinnt Béarla aige ach is beag é, deir sé, cé go raibh sé sna Stáit. 'Is mó sórt ainmhí duine ann,' adeir sé. 'Faghaim pardún agat, a dhuine uasail, tabhair cead cainte dhom,' adeir sé, nuair a dheineann éinne eile iarracht ar labhairt. 'Tá an ceart agam, tá, tá,' adeir sé go minic. Ansin sruth eile cainte. Labhrann sé Gaeilge an-shoiléir. Ba dhóigh leat ón gcuma a labhrann sé go bhfeiceann sé na focail scríofa ina aigne. Tá léamh aige, rud nach bhfuil ag cainteoirí eile. Cuimhním go speisialta ar an tslí go ndeir sé an focal 'aingiallta' – díreach mar a litrítear é. Is minic a thagann racht gáirí air a chloisfí tamall fada ó bhaile. Duine beag croíúil é.

(16. 9. 1958)

22 IÚIL

7.10 p.m.
Cad tá le rá anois – ag an bpointe seo? Go raibh caint ar an ngramadach nua ar an raidió (tar éis na nuachta) ag Pádraig Ó Maoileoin? Ní hea! Tá rud éigin eile le rá, ní foláir, cé ná feadarsa cad é féin. An é atá le rá, ná nach bhfuil faic le rá? Is soiléir, um an dtaca seo, nach bhfuil, ach caithfear é a rá i gceart agus go healaíonta. Chun na fírinne a rá, bac mór is ea é rud a bheith agat le rá. Droch-chomhartha ar fhear litríochta is ea é smaoineamh a bheith ina cheann. An stíl an scríbhneoireacht, a dhuine. Ní mheánn an smaoineamh brobh. Caithfidh do cheann a bheith folamh nó ní fear litríochta tú. Má bhíonn sé de mhí-ádh ort go n-éalódh smaoineamh isteach i do cheann ná lig i do pheann é. Ansin cíoraídís do chuid saothair agus ní bhfaighidh siad oiread agus smaoineamh amháin. Tá leat! Sin litríocht!

(16. 9. 1958 ar lean)

23 IÚIL

Chuas chun faoistine inné agus chun comaoine inniu. Lá an-bhreá, an-bhog. Bhíos ar Aifreann na Gaeilge ar a naoi ar maidin i gCorcaigh. Chaitheas an chuid eile den lá sa bhaile. Bhí m'aigne chun suaimhnis i rith an lae. An-teacht thar thoghadh an Phápa nua ar na nuachtáin agus, mar is gnáth, tagairtí do fháistine Mhaolseachlainn. Rith an smaoineamh seo liom inniu: níl ach mórsheisear pápaí eile le bheith ann de réir Mhaolseachlainn. Petrus Romanus an duine deireanach. Má tá an ceart ag Maolseachlann ní foláir nó sin deireadh na hEaglaise. Ach gealladh dúinn go mairfidh an Eaglais go deireadh an domhain. Dá bhrí sin níl deireadh an domhain ach seacht bpápaí eile uainn .i. timpeall céad bliain. Cad a chuirfidh deireadh leis an ndomhan? An pléascán adamhach? An smaoineamh a rith liom, go bhfuil dainséar an phléascáin ag teacht le fáistine an naoimh. Mura mairfidh an domhan ach céad bliain eile ní mhairfidh clú Shakespeare ná Virgil nó Homer ná mo chlú féin ach an oiread céanna aimsire.

(19. 10. 1958)

24 IÚIL

Ní raghad thar n-ais go dtí an oifig go ceann seachtaine. Is deacair do dhuine maireachtaint ina aonar. Is deacair dó a bheith i measc daoine. Pé slí go bhféachann tú air beidh rud le fulaingt aige. Nuair a bhímse sa bhaile mar seo, bím i m'aonar ar fad. Is minic nach ndeinim faic. Ní léim ná ní scríobhaim. Ní bhíonn aon chosaint agam, mar sin, ar m'aigne féin. Is chuige sin oifigí, cruinnithe, pictiúirí reatha, páirtithe polaitiúla, eaglaisí, *etc.* chun teacht idir sinn agus faobhar ár n-aigne féin. Cuimhnigh ar an nduine bocht a thugann aghaidh ar a aigne féin! Go bhfóire Dia air! Ní fada go ndearóilítear an té a bhíonn i dtaobh lena chomhluadar féin. 'Bím i mo rí ar an uaigneas,' a deir Mícheál Ó Guithín, File. Is róbhaol go mbíonn an t-uaigneas ina rí ormsa.

(22. 9. 1958)

25 IÚIL

Toghadh Pápa nua inniu – Eoin XXIII an teideal a thogh sé. An Cairdinéal Roncalli a toghadh. Beidh sé 77 an mhí seo chugainn. Thugas faoi deara i leabhar Philip Hughes anocht (.i. *A Popular History of the Catholic Church*) go raibh pápa den dteideal sin ann cheana. B'shin é an uair go raibh triúr pápaí ann. Briseadh é sa bhliain 1415. De réir dealraimh, ní aithnítear a réim siúd in aon chor anois. Chuaigh na cairdinéil isteach sa chomhthionól (*conclave*) Dé Sathairn seo caite agus thosnaigh an vótáil Dé Domhnaigh.

(28. 10. 1958)

26 IÚIL

Inniu a coróiníodh an Pápa, Eoin XXIII. Níl puinn aithne againn air fós. Mar sin féin, is féidir cuid éigin dá phearsantacht a bhrath cheana féin. Duine aosta is ea é (77) agus fear tuaithe. Braithim go bhfuil sé lán suas de bhéaloideas agus gur duine ciallmhar é. Tuigtear dom go mbeidh téagar agus gaois shaolta ina chuid cainte. Tá sé ráite gurb é an polasaí atá aige ná, *omnia videre, multa dissimulare et pauca corrigere* [feic a bhfeicir, ná tabhair aon cheann do mhórán, ceartaigh beagán]. Déarfainn gur síofróir é agus go mba bhreá an chuideachta é oíche airneáin. Leis féin a bheidh sé ag airneán feasta, áfach. Go dtuga Dia congnamh agus neart dó. Tá a lán daoine agus is aosta leo é. Níl ann, dar leo, ach sceach i mbéal bearna. B'fhearr leo Agaganian nó Lercaro nó Montini d'fheiscint tofa. Ní maith leo rogha an Spioraid Naoimh, más rogha an Spioraid Naoimh é. B'fhéidir nárbh aon díobháil é seo a mheabhrú – gur inniu féile Shéarlais Borromeo agus go bhfuil beathaisnéis an naoimh úd scríofa ag an bPápa Roncalli .i. Eoin XXIII. Mór an trua go bhfuil an raidió briste ó arú inné.

(4. 11. 1958)

27 IÚIL

Cé acu is fearr: na laethanta lána nó na laethanta folamha? Is suáilcí na laethanta lána ach is torthúla na laethanta folamha mar ní laethanta folamha na laethanta uaigneacha ach laethanta lána – lán de mhachnamh, lán de léitheoireacht, lán d'fhulaingt, lán d'éadóchas, lán d'fheirg, lán díot féin. Ar na laethanta uaigneacha is mó a bhíonn radharc ag duine. Laethanta folamha is ea na laethanta lána, ar shlí. Dá mhéid a tharlaíonn is minic nach dtarlaíonn faic. Cad is fiú eachtraí don té nach mbíonn in íochtar a aigne féin. Is rómhinic dúinn ar barra le linn na laethanta poiblí seo .i. le rá gur ar éigin más ann dúinn in aon chor. Mura mbeadh na laethanta uaigneacha ní bheadh aon tairbhe sna laethanta poiblí dúinn. Tugann na laethanta uaigneacha doimhneas dúinn roimh ré. Sórt goile is ea iad. Cuireann siad ocras orainn agus, ina dhiaidh san, nuair a bhíonn an iomarca des na laethanta poiblí ite againn, leánn siad na laethanta poiblí. Bia mar sin is ea na laethanta poiblí? Bia gan scamhard air, de ghnáth.

(6. 11. 1958)

28 IÚIL

Dá bhféadfadh duine aoibhneas a bhaint as gach soicind – as gach mothú – nó gach soicind gach mothú a bhlaiseadh. Abair go rabhais ag cur umat de stocaí – ligint do chuimilt an stoca le do chraiceann dul i bhfeidhm ort. Rud bunúsach, rud daonna, rud idirnáisiúnta, rud seanda is ea an chuimilt seo. Mothaíonn an Pápa Eoin XXIII í. Ní foláir nó mhothaigh Alastair VI í. Mothaithe den tsaghas so a thugann le fios do dhuine nach bhfuil a mhothú ainmhí caillte aige. Beannaigh do dhuine ded lucht aitheantais agus beannaigh róchroíúil dó. Abair nach bhfaghair thar n-ais ach beannú liom leat, fuar. Mothóir goimh an mhasla láithreach. In ionad ligint don mhasla úd tú a chrá ar fad, blais an fhearg, an náire agus an crá chun nach raghadh aon phioc den daonnacht féin amú ort. Gan amhras b'fhéidir go maolófaí an fhearg agus an náire agus an crá, de bharr bheith á mblaiseadh. Ní fheadar. Ba thrua sin, ar shlí. Ar an gcuma chéanna, d'fhéadfadh duine an mothú a bhlaiseadh gach uair dá n-abradh sé paidir go dúthrachtach, nó nuair a raghadh sé chun faoistine, nó chun comaoine. Níor ghá aon ní a chur ar athló ach an uile ní, idir bhreoiteacht agus éadóchas agus lúcháir aigne agus peaca a bhlaiseadh go dtí, ar deireadh, gur chuma leat cad a thiocfaidh i do threo an fhaid is go bhféadfaí é a bhlaiseadh.

(9. 11. 1958)

29 IÚIL

Sea! Lár na hoíche! Bhfuil rud le rá (scríobh) agam? Níl! Ach dhúisíos ó chianaibh agus cé nach raibh sceon ná giorranáile orm, chuimhníos ar na hoícheanta go mbídís araon orm agus tháinig allas amach tríom. Bhí greim ag an sceon orm agus ní fada go dtáinig luas anála orm. Ba dhubh liom doircheacht na hoíche – ba dhubh agus ba throm agus ba mhúchta. Is ar éigin a fhéadfá paiste solais na fuinneoige d'fheiscint. Ag méadú a bhí ar an sceon. Ní fhéadfainn análú trí mo shrón. Ansin thosnaíos ag machnamh (go hintleachtúil) ar eagla agus ar sceon. Chuimhníos ar dhaoine meata agus ar an sceon a thagann orthu i láthair an dáinséir, aimsir chogaidh, *etc.* Chiúinigh sin mé. Níor mhaith liom a bheith ar an gcomhluadar sin. Níl aon ní is mó a thugann sinn chun céille ná ár ndrochiompar féin a shamhlú le daoine eile. Ansin is ea a chuirtear in iúl dúinn i gceart cad é mar dhrochiompar é. Ní rabhas-sa chun a bheith chomh meata leo. D'éiríos fealsúnta. Nach ait agus nach comhachtach an rud é sceon, a gcuireann a chuimhne fiú amháin sceon ar dhuine. An raibh an sceon imithe uaim? Ní dócha go raibh mar ní mór an iontaoibh a thugas leis an bhfealsúnacht. Lasas an choinneal agus thosnaíos á scríobh seo.

(16. 11. 1958)

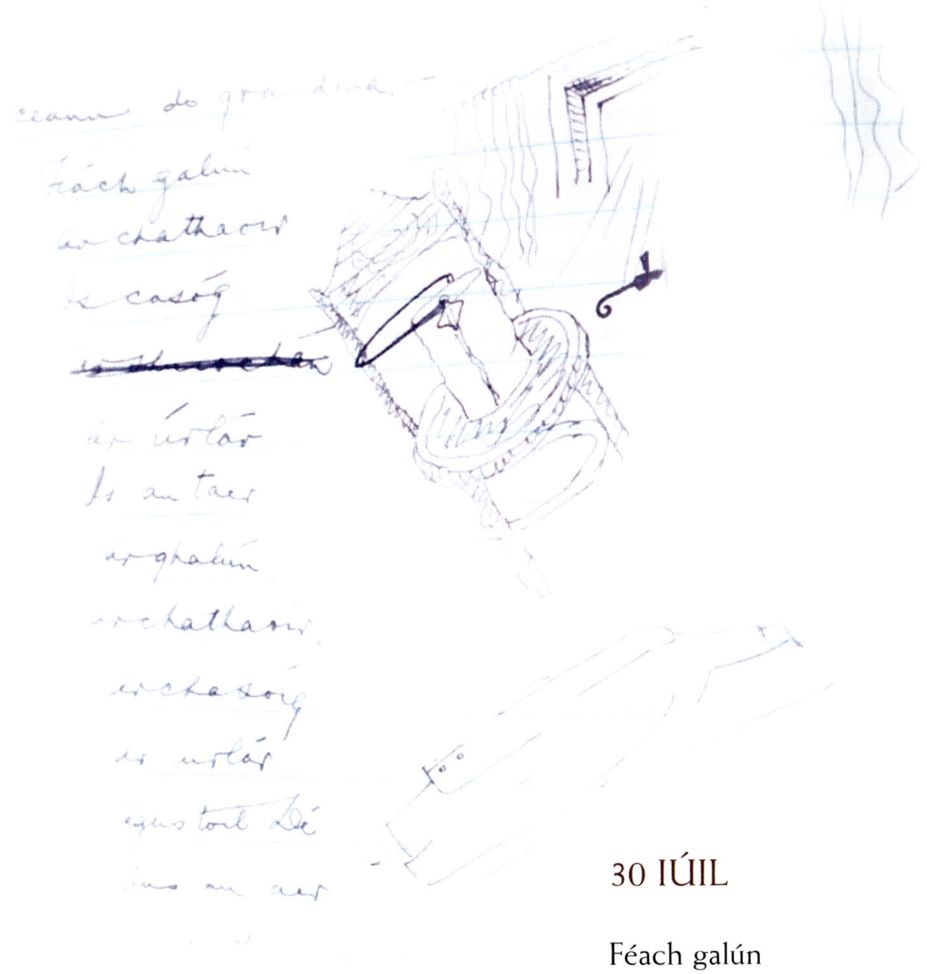

30 IÚIL

Féach galún
ar chathaoir
Is casóg
ar urlár
Is an t-aer
ar ghalún
ar chathaoir
ar chasóig
ar urlár
Agus toil Dé
Ins an aer
Go rithimeach

(15. 2. 1957)

31 IÚIL

Cúpla neomat roimh a haon inniu bhíos ag éisteacht le 'O'Donnell Abú' ar Raidió Éireann. Tá a fhios ag gach éinne an fonn. Chuimhníos go tobann ar an bhfilíocht nach bhfuil scríofa fós agam ach, *Deo voluntate*, a scríobhfad. Tuigeadh dom go tobann go gcaithfead an fonn seo agus foinn eile dá shamhail, a bhíonn le clos foirleitheadúil sa tsaol atá anois ann, d'fhí isteach i mo chuid filíochta faoi mar a oirfidh.

(27. 1. 1959)

1 LÚNASA

Sa leaba fós dom! Tá a leithéid de rud agus ealaín ann nó *art* sa Bhéarla. Tá litríocht ann a thagann as an ealaín sin. Tagann ceol, péintéireacht, líníocht, snoíodóireacht, *etc.* aisti. Cad í féin? Tá tamall den oíche caite agam ag tarrac aighthe fear le *biro*. Bhí rud éigin ag baint le ceann acu ar deireadh a cheapas a bheith cóngarach don ealaín. Bhí na cinn eile ró-*literal*. Cad a bhí ag baint leis an gceann ealaíonta nó leath-ealaíonta a dhein ealaíonta é? Ní féidir liom an cheist a fhreagairt. Thugas faoi deara, áfach, nach rabhas eaglach ina bhun. Bhíos gairid do bheith imníoch i mbun na gceann eile. Rud aontaithe ab ea an ceann 'ealaíonta'. Rud amháin ab ea é. Bhí sé de réir a chéile más féidir é sin a rá. Ba dhóigh liom go rabhas os cionn mo chumais á déanamh agus rud beag neafaiseach. Rudaí neamhaontaithe ab ea na cinn eile. Bhíodar déanta de chodanna neamhtháite. Phreab an ceann 'ealaíonta' amach as an bpáipéar. Caitheadh iad sin a tharrac amach. Bhí fuadar áirithe neamhspleách fúm nuair a dheineas an aghaidh 'ealaíonta'. Bhí m'aigne leamh agus na cinn eile ar siúl agam. 'Bhfuilim ag tabhairt éithigh? Ní fios. Is fuirist dul ar fán.

(29. 1. 1959)

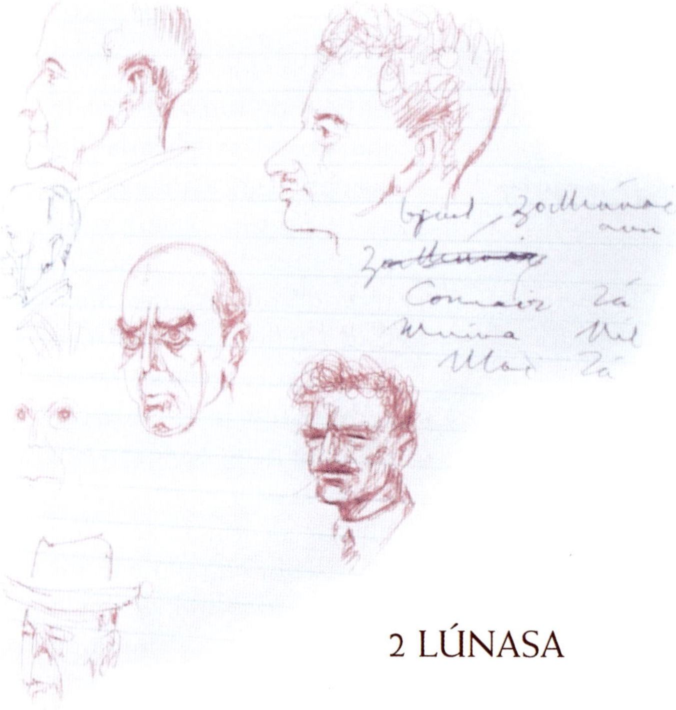

2 LÚNASA

Seo Luan Lúnasa – lá saoire bainc. Chuas isteach sa chathair ó shin agus bhí béile agam i gCorrigans. Cathair Chorcaí lá saoire bainc! Nuair a bhíonn d'aigne agus do mheanma agus do chlocha titithe agus tú in ísle brí ar fad agus geall leis de ag foghlaim an bháis, tá cathair Chorcaí lá saoire bainc istigh ionat. 'Bhfuil aon ní ar domhan níos dearóile, níos uaigní? Agus, mar bharr ar an donas, bíodh sé ceathach mar a bhí agus mar atá inniu! Lag-spiorad istigh agus lag-spiorad amuigh. Bí i d'aonar chomh maith agus ní bheidh aon ní nach raghaidh tríot. Bíonn spiorad an duine tirim lá mar an lá seo. Níor fhág an lá inniu puinn teaspaigh ar dhaoine.

(7. 8. 1961)

3 LÚNASA

Aifreann ar maidin. Faoistin inné. Na haintíní ag turasóireacht inniu. Mise i m'aonar sa bhaile. Chuas go Corcaigh um thráthnóna agus d'itheas mo shuipéar ann, mar a deir na dírbheathaisnéisithe. Thánag abhaile arís. Ní raibh éinne sa chathair cé go raibh an chathair lán. Bhí mearbhall gluaisteán ag gabháil timpeall le soilse laga nuair a bhí an oíche ag titim. Mhothaíos an chathair agus an spéir do mo dhalladh. Bhíos ag iarraidh diamhaireacht éigin a léamh ar an mearbhall go léir. Is baolach nach n-oireann domhsa ach cathracha agus spéartha na samhlaíochta. Ní gá dhomh dul thar lear. Bím i gcónaí thar lear.

(30. 8. 1959)

4 LÚNASA

Táimid anois istigh i lár na hoíche. An gaoth a airím nó abha? Is í an abha í. Cén sórt scríbhneoireachta í seo? Gan faic a bheith le rá? Is geall le maireachtaint í – gan faic a lorg ar d'aigne – gan strus dá laghad a chur uirthi ach ligint di déanamh faoi mar is maith léi – a bheith ag faire uirthi i ngan fhios di. Rud mínádúrtha is ea scríbhneoireacht seachas caint .i. scríbhneoireacht mar a thuigtear de ghnáth í. (Conas a thuigtear de ghnáth í?) Is geall le hanálú caint. B'fhéidir go mb'fhearr a rá gur geall le siúl caint agus gur geall le rith scríbhneoireacht. Ach an rud mínádúrtha rith? Aon ní a chuireann strus ar dhuine ní fada go dtraochfaidh sé é. Ach níl aon ní ach codladh, is dócha, nach gcuireann a bheag nó a mhór de strus ar dhuine. Tá sé neamhdheas a bheith ag féachaint ar dhuine a bhíonn faoi strus mór – a bhíonn i ndeireadh a anama de bharr díchill. Tá sé lán chomh gránna a bheith ag féachaint ar dhuine atá ina mheadar glóthaí ag an leisce. Ní foláir nó tá *via media* ann. Difríonn scríbhneoireacht. Difríonn análú. Conas nach scríobhaimse i mBéarla? Nach mó de Bhéarla ná de Ghaeilge a chloisimse? Nach túisce a bhí Béarla agam? *Why not continue this meditation or investigation in English?* Mar nach féidir liom é. Níl sé leagaithe amach dom scríobh i mBéarla. *Why not?* Cá bhfios domhsa?

(7. 12. 1959)

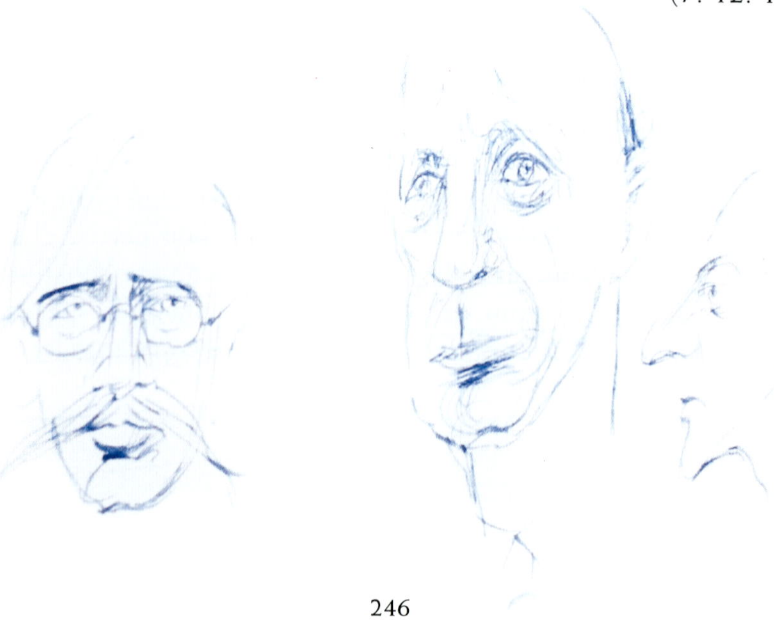

5 LÚNASA

Is é a chuir ag scríobh mé ná an smaoineamh seo a rith liom – nach táthú go scríobh .i. go mbíonn duine scaipthe, neamhtháite go dtí go dtosnaíonn sé ag scríobh. Ansin díríonn sé a acmhainn uile, a aigne, a shamhlaíocht, a mhothúcháin, a chuimhne, a chuid eolais, a aiclíocht, a chuid oiliúna ar aon phointe amháin. Bíonn an fear iomlán agat ansin. Braitheann sé seo go léir, gan dabht, ar dhéine na hiarrachta a dheineann sé. D'fhéadfadh an ní céanna a bheith fíor faoi ghníomhartha eile seachas scríbhneoireacht. Níl aon amhras ná gur chuir Michelangelo Michelangelo go hiomlán, neamhscaipthe, ina shaothar ealaíon.

(22. 1. 1960)

6 LÚNASA

Rian na fola fós ann. Táim sa leaba. Ní féidir liom téamh. Buaileadh cnag ar an ndoras ó chianaibh. Fear ó Bhaile Átha Cliath. Scoil Dhún Chaoin. An raghainn go Baile Átha Cliath chun cabhrú leo arís? Dúrt leis conas a bhí agam – go rabhas breoite. D' imigh sé. Chun na fírinne a rá, táim dóthanach díobh. Tá mo shaol caite agam sa leaba. Is inti a chaitheas m'óige. Shleamhnaigh m'óige uaim i ngan fhios dom. Tá greim fós ag an leaba orm. Lá dubh is ea an lá inniu. Ní ceart géilleadh dona leithéid de lá. Tá níos mó ná slí amháin chun gabháil trína leithéid de lá. Dá mbeadh éinne sa tigh chun friotháilt orm – chun béile d'ullmhú. Sea, níl aon tsólás againn mar teip iomlán is ea sinn. Bímis gan sólás. Bíodh sé mar sin! B'fhéidir gur fearr mar sin é ná ar a mhalairt de chuma. Ná ní ceart a bheith ag scríobh inniu. Is binn béal ina thost lá dubh. Ná bíodh a fhios acu gur thiteamar chomh híseal. Ach nach chuige sin scríbhneoireacht – chun go mbeadh a fhios acu.

(22. 1. 1973)

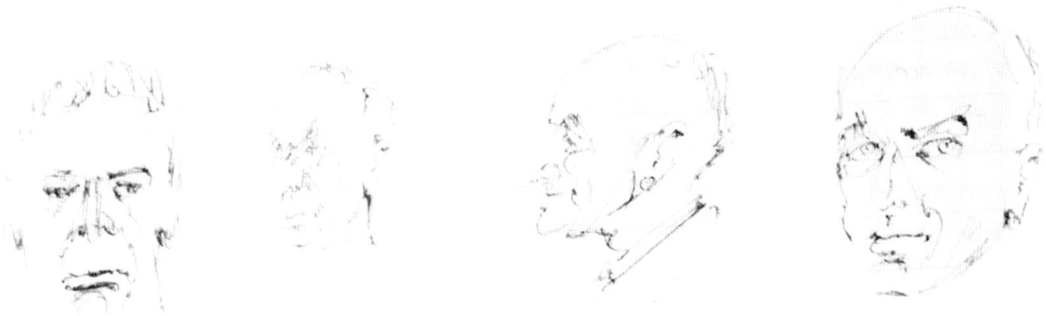

7 LÚNASA

Lá san oifig. Dinnéar san Oyster. An tAth. Tadhg, Seán Ó Tuama, Aindreas Ó Gallchobhair agus Seán Ó Súilleabháin. Na coláistí ullmhúcháin á bplé acu. Táthar á ndúnadh. Gaeilge an teanga a labhartar iontu. Deir Ó Gallchobhair go bhfuil deireadh le Gaeilge in Éirinn – go bhfuil an cúlú tosnaithe. Níor bhréagnaigh éinne é. Go tobann bhraitheas gur scata beag uaigneach sinn ar chuma lucht leanúna na Stíobhartach i Sasana agus in Albain. An Rí Séamas agus Bonnie Prince Charlie ardaithe leis ag an mbás fadó agus na Windsors chomh daingean leis an gcois san tuairgín agus an dream beag neamhréalach dílis fós ag tabhairt dúshlán an domhain mhóir go truamhéileach. Daoine aite sinn, mura dtréigfimis an athbheochaint. Go tobann bhraitheas go raibh ár gcuid focal agus ár gcuid abairtí Gaeilge go léir folamh gan bhrí – fiú amháin sár-Ghaeilge Aindreis Uí Ghallchobhair. Ba dhaoine cloíte sinn agus mhothaíos go dtáinig sé i gceann duine éigin inár measc an athbheochaint áiféiseach seo a thréigint go poiblí.

(16. 3. 1960)

8 LÚNASA

Dúisithe. Cúpla deoch a d'ólas aréir i Moxley's faoi deara é. Bhíos ar shochraid Dan Donovan, athair Joe, roimhe sin. Bhíos ar shochraid eile Dé Sathairn. Seanduine eile a bhí á chur – Maitias Ó Ceallaigh. Protastúnach ón bparóiste seo é agus tá sé ráite go raibh a mhuintir in Inis Cara leis na céadta blian. Ceathrar iníon an muirear a bhí air agus bhí aithne mhaith agamsa ar bheirt acu. San teampall Protastúnach in Inis Cara a cuireadh é ar a trí tráthnóna. Bhí an lá an-bhreá agus bhí cuma an-saibhir ar an ndúlra san reilig. Dá ghiorracht an áit dom ní rabhas riamh ann roimhe sin agus ba gheall le bheith ar an gcoigríoch é. Thaibhsigh gach rud a bhain leis an áit deoranta. Nuair a bhí deireadh leis an tseirbhís tháinig na Protastúnaigh agus an chónra ar iompar acu amach as an teampall. Bhí na Caitlicigh lasmuigh sa ghrian ag feitheamh agus iad ag éisteacht le cantaireacht na n-eiriceach laistigh. Sheas an ceathrar iníon (a bhí álainn uair amháin) le chéile cois na huaighe. Ní fhaca beirt acu le blianta fada. Cailíní sciamhacha ab ea iad go léir tráth ach, monuar, bhí eirleach déanta ag na blianta orthu. Bhíodar ansin ina gcailleacha dubha sprochallacha. Na sprochaillí is mó a sceitheann ar dhuine. Bhí a gcuid fear timpeall orthu. Choinnigh beirt de na fir greim ar a mbean féin. Léigh an ministir na paidreacha. Chuas chun cainte le beirt de na hiníonacha nuair a bhí an t-adhlacadh thart agus is iad a bhí suaite ag an ngol. Bhí imeacht na mblian agus meath ár n-óige go léir scríofa go soiléir orthu agus chuir sin a chumha féin orm. Mhothaíos rud taitneamhach an lá sin – rud ar deacair dom a chur i bhfocail. Mhothaíos i mo bhall de phobal. Mhothaíos ionadaithe. Mhothaíos an pobal agus mhothaíos mé féin. Mhothaíos an Protastúnachas agus an Caitliceachas – go mórmhór an Protastúnachas. Bhraitheas an Protastúnachas ar na mná úd – na hiníonacha – cois na huaighe. Ar chuma éigin mhothaíos é ar chaipín Chrissie. Mhothaíos gur rud tíriúil is ea an Protastúnachas seo – gur cuid dínn go léir is ea é nuair a bhímid faoin dtuaith inár bparóiste féin. Mothú faoi leith – mothú cluthair – is ea é a bheith faoin dtuaith i do pharóiste féin – agus aithne ort. Ní bhfaightear an mothú seo mórán anois ach ar ócáidí eaglasta, mar is annamh a thagann an paróiste le chéile ar aon ócáid eile. Cuid den mothú so .i. a bheith i do pharóiste féin faoin dtuaith, is ea an Protastúnachas. Is cuid de dhlúth agus d'inneach na tíre seo é.

(11. 5. 1960)

9 LÚNASA

Is fearr de Ghaeilge droch-Ghaeilge orgánach ná 'dea-Ghaeilge' neamhorgánach.

(12. 5. 1960)

10 LÚNASA

Beir ar do pheann agus breac pár – cuma an bhfuil rud le rá agat nó nach bhfuil. Is annamh a thagann taomanna troma giorra anála ort anois ó fuairis na suaimhneasóirí, ach anocht tá taom éigin dá shamhail ag bagairt.

Suaimhneasóir is ea scríbhneoireacht duitse. Is chuige scríbhneoireacht ná chun an rud a bhíonn le rá ag an scríbhneoir a chur i gcéill go buan ar pháipéar. Nó, ba chuige sin scríbhneoireacht tráth. Ach anois, agus le tamall, gléas is ea í chun na taomanna sceoin a thagann ormsa a mhaolú. Ach capaill is ea an sceon, an fhearg, an fuath, an formad, agus má cheanglaítear an scríbhneoireacht leo is iad atá go maith i ndán í d'iompar trí áiteanna nach samhlófaí léi gan iad.

(1. 7. 1960)

11 LÚNASA

Tráthnóna fliuch. Tá rud éigin pearsanta ag baint le tráthnóna fliuch seachas aon sórt eile tráthnóna. Ní mór ná go ndéanfá machnamh tráthnóna fliuch. Chuas anonn go Baile an Chollaigh ó chianaibh ag triall ar pheitreal. Thánag abhaile an bóthar theas agus Bóthar na Coille. Cúlbhóthar cúng ar bhruach theas na Laoi is ea Bóthar na Coille. Stadas an gluaisteán ar thaobh an bhóthair agus d'fhéachas uaim anonn ar Gharbhach agus ar thithe na gcomharsan. Bhí solas i dtigh Mhic Healy (sclábhaí) agus solas i dtigh Phaddy Brien (feirmeoir a cailleadh le déanaí). Ar cheantar Béarla a bhíos ag féachaint. Scríbhneoir Gaeilge mise – más scríbhneoir in aon chor mé – agus is ar cheantar Béarla a bhíos ag machnamh. Bhí an reilig thíos uaim mar a bhfuil mo mháthair curtha. Béarlóir ab ea mo mháthair. Nuair a fhéachas tríd an mbáisteach cheoch ar an solas sna tithe dheineas iarracht ar chomhrá an teaghlaigh a shamhlú. D'éiríos as an-tapaidh le leisce, agus neamhshuim. Thánag abhaile. Bhí sé ag báisteach cuíosach trom agus bhí fear meisce ag an ngeata cúil ag déanamh a mhúin. Ní raibh aon chóta mór air agus de réir dealraimh bhí sé fliuchta go croiceann. Ní raibh aon aithne agam air. In ionad trócaire a dhéanamh air mar a dhéanfadh Críostaí agus é a thiomáint abhaile, pé áit é sin, ligeas orm nach bhfaca in aon chor é agus chuireas an gluaisteán isteach. Tháinig aiféala orm ansin agus ritheas amach chun mo chóta plaistic a thabhairt dó ach bhí sé imithe tamall den mbóthar i gcoinne an aird. Bhí dhá thaobh an bhóthair leis, an fear bocht. Níor ghlaos air. Thánag isteach anseo ansin – náirithe i mo láthair féin.

(4. 7. 1960)

12 LÚNASA

Nuair a bhíos ag filleadh ar Halla na Cathrach tar éis lóin inniu, chonac beirt ar an Meal Theas – cailín is buachaill. Bhíodar, adéarfainn, ag feitheamh le bus. Bhí an ghrian ag taitneamh an uair sin. Bhí gúna samhraidh uirthi sin agus cuma chúthail maighdine. Bhí sé siúd ag féachaint uaithi i dtreo Halla na Cathrach – buachaill sna fichidí tosaigh. Bhí sé ag déanamh neamhthábhacht go poiblí den rud a bhí ar siúl aige, le súil go ndéanfaí neamhionadh dhe. Ag cuimhneamh dó ar a raibh roimhe bhí sceitimíní air, déarfainn. Á gceilt a bhí sé nuair a bhí sé ag féachaint go neafaiseach treo Halla na Cathrach. Bhí romänsúlacht agus cúthaileacht i súile na mná óige. Mar sin féin, bhí gliocas ina súil. Bhí beirthe aici ar an seilg. Bhí a cantam féin den rud sin is ábhar d'úrscéalta agus is téama do dhánta faoina láimh aici. Bhí cuid éigin den ngrá úd is pribhléid don gcuid is fearr acu bainte amach aici .i. an gráú poiblí – an chúirtéireacht. Ní fhaca an fear riamh roimhe ach is striapach nótálta an bhean.

(18. 9. 1960)

13 LÚNASA

Tá cailín i Halla na Cathrach a bhfuil suim aici i bhfilíocht – scríobhann sí féin agus a dearthair drochvéarsaíocht do na páipéirí. In ainneoin na drochvéarsaíochta creidim go bhféadfadh sí píosa filíochta a léamh le tuiscint. Creidim gurb í an bhean is solasmhaire aigne í i Halla na Cathrach de bharr na teangmhála atá aici le filíocht. Ach ní chuige sin atáim. Gheallas di le déanaí go dtabharfainn ceirnín d'fhilíocht T. S. Eliot di – é féin á léamh. Tá san cúpla mí ó shin agus dhearmadas é go dtí inné. Gach maidin dá bhfaca ag teacht í ó thugas an gheallúint, chuireas cuma chiontach ar m'aghaidh chun a thaispeáint di go raibh na ceirníní dearmhadtha agam. Dheineadh sí sin gáire. Thugas na ceirníní agus leabhar d'fhilíocht Eliot di inné. Ní fhaca sí líne dá chuid filíochta go dtí inné. Chonac maidin inniu í ag gabháil thar bráid. D'fhéachas ar a haghaidh le súil go bhfeicfinn cad a bhí le léamh uirthi. Aghaidh nach raibh aithne fachta aici ar Eliot ab ea gach aghaidh dá bhfaca aici go dtí inniu. Aghaidh go raibh Eliot nua-léite aici ab ea aghaidh an lae inniu. Ní fheadar cad a bhí le léamh ar an aghaidh úd. Nílim cinnte fiú amháin ar chuala sí nó ar léigh sí filíocht Eliot an oíche roimhe sin. Ach tuigeadh dom gur aghaidh í a raibh fios áirithe nua-fhachta aici agus scrúdaíos í faoi mar a scrúdófá aghaidh mná a bheadh tar éis luí le fear don gcéad uair an oíche roimhe sin.

(14. 9. 1960)

14 LÚNASA

Ní ghlactar le fáidh ina dhúthaigh féin. Ceann de na fáthanna é sin gur deacair do nualitríocht na Gaeilge bláthú inár measc. Tá sí timpeallaithe ag an bhformad, ag an mioscais, ag an ró-aithne. An iomarca den aithne a mhéadaíonn an tarcaisne. Ní mar sin do litríocht an Bhéarla inár measc. Tarcaisnítear an scríbhneoir Béarla inár measc chomh maith. De ghnáth, ní mór dó teitheadh thar lear chun slí a dhéanamh do lucht iománaíochta agus peile agus matamaitice .i. don gcuid eile den dtír idir chléir is tuaith. Ach má léitear thar lear é – agus de ghnáth léitear má bhíonn aon rath in aon chor air – bíonn leis. Taibhsíonn sé níos iomláine – níos imigéiniúla, níos deoranta agus, dá bhrí sin, níos tábhachtaí, don léitheoir thar lear.

Na cáilíochtaí a thaibhsíonn comónta sa bhaile taibhsíonn siad suaithinseach thar lear. Conas a thuigfí don léitheoir sa bhaile gur scríbhneoir mór é? Nach raibh aithne mhaith aige féin air agus ar a mhuintir roimhe. Ní raibh iontu riamh ach dream bocht comónta gan chríoch, ná ní raibh sé féin le moladh. Nach bhfacthas go minic ina leithéid siúd de chomhluadar é agus é ar deoch? Greadadh chuige nach air atá an t-éirí in airde! Conas a fuair sé ann féin tabhairt le fios go raibh sé ar chomhrian le scríbhneoirí cearta mar Baudelaire nó Schiller nó Pasternak – dream nach raibh aithne ag éinne orthu. Ach nuair a léitear thar lear é ní scríbhneoir áitiúil a thuilleadh é ach scríbhneoir iasachta agus adharca fada air, scríbhneoir Eorpach nó domhanda b'fhéidir. Ní raibh aithne phearsanta ag an léitheoir thar lear air. Thug sin cothrom dó agus, b'fhéidir, beagán fairis. Má mholtar nó fiú má cháintear san *Sunday Tribune* é, nó má aistrítear go dtí teanga éigin eile é, tá a chóta bán déanta. Tiocfaidh a mhacalla abhaile ataithe agus beidh sé ina Frank O'Connor, nó ina Brendan Behan, nó b'fhéidir ina James Joyce. Nuair a chuimhním ar an íde a thabharfaí orthu seo mura mbeadh go raibh pobal iasachta acu, tagann anbhá orm. Dá mbeadh an fear bocht i dtaobh le tuairim na gcomharsan, mhúchfaí le mioscais nó le neamhthor é. Agus an dream is mó a cháin é sular leathnaigh a cháil thar lear is iad is mó a mholfaidh anois é agus a umhlóidh dó, mar sin é an saghas iad – bíd teann le lag agus lag le teann. Níl aon ní is mó a adhrann siad ná an *imprimatur* ón iasacht. Conas ansin a fhéadfadh aon tseasamh a bheith ag scríbhneoir na

Gaeilge? Níl aon duine thar lear i mbun é a léamh nó a aistriú. Ní at iasachta atá i ndán dó ach crapadh áitiúil. Ní bheidh ann go bráth ach peannaire áitiúil. Ba cheart an seanfhocal sin d'iomlánú – ní ghlactar le fáidh ina dhúthaigh féin, ach de bharr ordú ón iasacht. Cé a chreidfeadh go mbeadh éinne chomh mór sin ar dímheabhrach agus go scríobhfadh sé i nGaeilge – i dteanga nach sroiseann cluas ach cluas na mioscaise?

(22. 9. 1960)

15 LÚNASA

Buaileadh an-bhreoite tar éis Aifrinn inniu mé. Mhothaíos fíor-olc. Chuas go tigh mo dhearthár (2 p.m.). Bhíos caite i mo phleist ansin i gcathaoir ar feadh cúpla uair an chloig. Bhí na leanaí ina n-aingil ag eitilt i mo thimpeall. Ach ní haon aingil iad dá áilleacht iad ach diabhail bheaga. Tá cúigear acu ann. Tá an té is sine 7 agus an té is óige $1\frac{1}{2}$. Filíocht a labhrann siad. *'You have no mother. You have only Auntie Gobnait now for a mother.' 'Tadhg fell into Kenny's.'* Ócáid d'fhilíocht is ea gach uair dá n-osclann siad a mbéal. Baineann a gcaint agus a mionmhachnamh le saol na mion – saol i bhfad siar ar a dtugaimid anois saol an linbh. Chíonn siad nithe go macánta. Tá iontas agus mionbhéaloideas ag baint le gach rud dá bhfeiceann siad. Labhrann siad ansin go fáidhiúil. Dá aite linne an rud a deir siad ní hait leo féin fós é. Ní theastaíonn uathu a bheith ait. A mhalairt! Is breá leo a bheith sa bhfaisean – a bheith mar chách. Dá mhéid é an t-iontas a chuireann siad ormsa tá cuma orthu féin nach gcuireann aon ní iontas orthu. Ní fhaca rian an iontais i súile aon duine acu ach an cruas nó cuma-liom úd a theaspáineann seaniondúirí.

(16. 10. 1960)

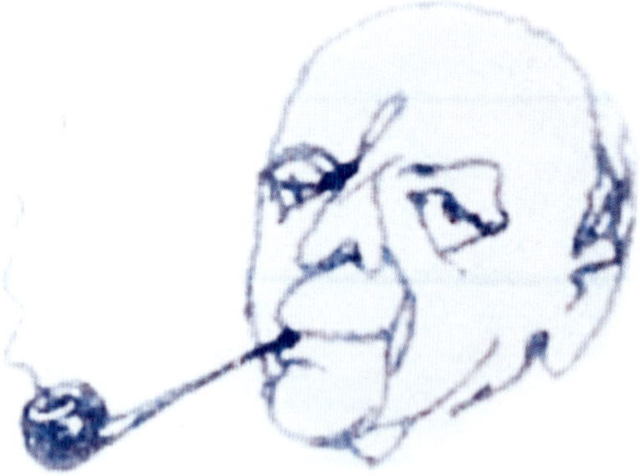

16 LÚNASA

Tá an t-uisce ag rith arís sa tigh seo. Tá an solas aibhléise ar siúl. Táimse ag foghlaim Spáinnise. Táim ag déanamh meala i mo chroí le méid m'fhaoistine. Braithim carthanúil. Níl droch-chroí agam a thuilleadh do mo chairde, agus maidir le mo naimhde, ní áirím go bhfuil a leithéid agam! Is fuirist a bheith geanúil nuair a bhíonn an saol ag éirí leat. Ach nuair nach mbíonn bímid, mar a deir an sean-rá: chomh céasta le fual seangáin.

(22. 11. 1960)

17 LÚNASA

Cad chuige an scríbhneoireacht seo go léir, seachas am a mheilt nó taom sceoin nó éadóchais a chur díot. Tá foirfeacht nó maise éigin friotail á lorg agat, measaim. Taoi ag iarraidh ionadh a chur ort féin le feabhas do chuid scríbhneoireachta. Ach conas a fhéadfadh aon ní a scríobhfá féin ionadh a chur ort nuair atá seanaithne agat ar do stór focal féin, ar do stór leaganacha, ar do stór smaointe? Ní dóigh liom go gcreideann tú go bhfuil maise friotail ar do chumas. Nuair a chuimhním air ní dóigh liom gur maise friotail atá uait ach cruinneas friotail. Ní in aon ní i do cheann cheana féin atá do spéis .i. aon ní de na nithe go bhfuil eolas agat fúthu. Is deacair dom a rá cad tá uait. B'fhéidir go dteastaíonn uait a fháil amach cad é an scéal é ag an aigne dhaonna agus é a insint i nGaeilge chruinn. Tuigtear duit, measaim, dá bhféadfá a bheith socair agus éisteacht i gceart mar nach n-éistíonn éinne, go gcloisfeá nithe nár chualathas riamh. Cad leis go n-éisteofá? Leat féin ag análú? Le daoine eile? Libh araon? Ní dóigh liom nuair a chuimhním air gur eolas atá uait ná nithe nár chualathas riamh. Cad tá uait? Cad ba mhaith leat a rá? Tuigtear duit gur scríobh T. S. Eliot filíocht mhór sna *Quartets*. Cad is brí leis sin – le filíocht mhór? Ach cad tá uait? An rud gur daonnacht ann a rá, le trua, gan trua? An rud gurb ea sinn a rá? Saolaítear sinn. Luíonn fear le bean agus préamhaítear sinn san mbean. Saolaíonn sí sinn. Tagaimid ar an saol beo. Ansin múchtar sinn agus imímid den bpláinéad seo. An obair seo go léir idir broinn is uaigh a rá, a chur i gcéill, do chúramsa, an ea?

(27. 12. 1960)

18 LÚNASA

I m'aonar sa tigh le breis is trí mhí. Ní bhraithim comhluadar uaim a thuilleadh. Ní bhuailim leis an Athair Tadhg ná le Seán Ó Tuama a thuilleadh. Ní chuireann san aon mhairg orm. 'Bhfuil cion agam ar éinne? 'Bhfuil grá agam d'éinne? Tá duine beag amháin a bhfuil cion agam uirthi .i. Marian, iníon mo dhearthár. Trí bliana d'aois atá sí. Thugas marcaíocht sa ghluaisteán do na leanaí tráthnóna – Peig, John, Eibhlín agus Marian. Bhí scrín ar an mbóthar agus stopas. Bhí gach aon *'holy'* agus *'holy God'* ag na leanaí. Ansan chuir Marian ceist: *'Is it Mass?'*

(15. 1. 1961)

19 LÚNASA

Tic-teac-tic-teac na gclog; crónán múchta na habhann. Sin a bhfuil de chomhluadar, d'aigne, d'inspioráid, de thraidisiún, anseo. Folús ar fad. Duine, ná líne, ná smaoineamh, ná paidir, ní thiocfaidh i m'aigne.

(8. 1. 1961)

20 LÚNASA

Nuair a chuimhním anois ar dhaoine a bhuail liom i rith an lae inné agus ar dhaoine eile ar m'aitheantas tugaim rud faoi deara nár thugas faoi deara cheana .i. go bhfuil dhá rud in easnamh orthu go léir agus gurb iad sin, meabhair cinn agus umhlaíocht. Is fada mé ag foighneamh leo – ag samhlú suáilcí leo nach raibh acu.

(25. 1. 1961)

21 LÚNASA

Tá gáire an-taitneamhach ag Marian, iníon (3 bl.) mo dhearthár. Aghaidh de shaghas eile agus gáire de shaghas eile atá ag a deirfiúr, Eibhlín (5) – agus mar sin de leis na leanaí go léir. Difríonn siad – ach is iad na tuismitheoirí céanna a ghin iad. Mar a chéile is ea giniúint filíochta nó giniúint pictiúirí. An file céanna agus an péintéir céanna ach véarsaí difriúla – dathanna nó línte difriúla. Mar sin féin, tá cosúlachtaí áirithe ag leanaí mo dhearthár le chéile nach bhfuil acu le leanaí na gcomharsan, a thaispeáineann cé uaidh a shíolraíodar. Tá an rud céanna le rá faoi na dánta agus faoi na pictiúirí – mórán éagsúlachtaí laistigh de chosúlacht mhór amháin, gan chosúlacht a bheith millte ag na héagsúlachtaí, ná na héagsúlachtaí a bheith múchta ag an gcosúlacht.

(23. 1. 1961)

22 LÚNASA

An fliú sa chathair agus, de réir na dtuairiscí, ar fud na tíre. Geallaimse dhuit go bhfuil eagla mo dhóthain ormsa agus gan éinne faram anseo. Duine nó beirt as gach oifig againne luite. Pianta sna cnámha agus teas fola ard na comharthaí. Go sábhála Dia sinn, tá deireadh an domhain buailte linn.

(25. 1. 1961)

23 LÚNASA

I seomra lasmuigh den dtigh a thugaim a chuid béilí don gcat. Bia cat as stáin agus bainne a thugaim dó. Maidin inné chuireas an bia cat ar phláta chuige agus chrom sé láithreach ar é a itheadh go hamplach. D'fhágas an cat sa tseomra ag itheadh agus thánag amach ag triall ar bhainne dhó. Dhúnas an doras i mo dhiaidh. Nuair a fhilleas leis an mbainne d'osclaíos an doras. D'ardaigh an cat a cheann ach nuair a chonaic sé gur mise a bhí ann d'ísligh sé a cheann arís agus lean air ag léamh faoistiní Naomh Abhaistín.

(30. 3. 1962)

24 LÚNASA

Níl d'ábhar iontais ar na páipéirí na laethanta seo ach an fear a chuir na Rúisigh amach sa spás – Major Yuri Gagarin. Dúradh go raibh an oiread san áthais ar mhuintir Moscó gur labhair stróinséirí lena chéile .i. daoine nach raibh aithne acu ar a chéile, ar na sráideanna. Thógas-sa ceann den rá sin. I dtír chomh haontaithe (.i. de bharr an chomhchumannais) leis an Rúis b'ait liom Rúisigh ag gabháil thar Rúisigh ar na sráideanna faoi mar ba stróinséirí iad. Ach is mar sin a bhíonn. Tharla réabhlóid anseo, leis, a dhein aontú éigin orainn. Is lú de thír sinn ná an Rúis. Ach stróinséirí dá chéile is ea an chuid is mó againn. Gabhann na mílte daoine thar a chéile gan beannú dá chéile ar shráideanna gach cathrach gach lá – agus daoine d'aon traidisiún, d'aon teanga, d'aon chreideamh, d'aon tuiscint, d'aon dath is ea na mílte seo. Nach ait é! Yuri Gagarin – Yuri Zhivago!

(15. 4. 1961)

25 LÚNASA

Sea, tá clú agus cáil ar T. S. Eliot – *'Tom, great Tom'*, mar a dúirt Virginia Woolf. Ach tá cáil air. Fuair sé an duais Nobel. Canathaobh? Mar gheall ar a chuid filíochta. Deirtear gur file mór é. Cad is brí leis sin? Gur chum sé filíocht a mhairfidh – filíocht mhór. Anois cad is filíocht mhór ann? Cad é féin an rud seo a dhealaíonn filíocht a bhfuil mianach inti ón saghas nach bhfuil? Ní féidir an cheist a fhreagairt go sásúil, is dócha. Ach is féidir rud a rá anois is arís a chaithfidh solas ar an scéal. Nuair a bhíonn an file os cionn a chumais le linn dó a bheith ag scríobh – nuair a mhothaíonn sé go bhfuil nuatheanga dá chuid féin á múnlú aige laistigh de fhráma na véarsaíochta, nuair is féidir leis a rogha rud a dhéanamh, tá seans maith go mbíonn sé ag scríobh filíochta den chineál buan an uair sin. Sórt srutha is ea an fhilíocht seo a phléascann go tobann as an gcarraig a bhí istigh ann go dtí sin, faoi mar a thagann sláinte chun cinn tar éis slaghdáin fhada.

(21. 4. 1961)

26 LÚNASA

Iarraim pardún ar an bpáipéar, ar aon léitheoir, a thiocfaidh i mo dhiaidh agus ar mo pheann as a mhinicí a bhreacaim síos ráiméis anseo. Ní mór do dhuine a bheith leath-thionscalach i gcónaí in ifreann – é sin nó ina chodladh. Níl focal asam ach, mar sin féin, táim ag éamh ar na flaithis mo dhaorbhroid a scaoileadh. Níl foighne Lóib agam: níl agam ach a mhí-ádh. Sórt sóláis is ea é cuimhneamh air seo, go bhfuilim le breis is fiche bliain ag fulaingt mar seo, gan aon stad. Níl ach duine amháin eile ar m'aitheantas a bhfuil seirbhís chomh fada sin tabhartha aige i bhfulaingt agus is é sin Danny Hanlon. Chun na fírinne a rá is troime go mór a ualach siúd ná m'ualachsa. Ach tá sé siúd naomhaithe fadó. Maidir liomsa, táim chomh fada ó bheith sciúrtha, fíréanaithe agus a bhíos riamh. Is ar son daoine eile atáthar ag céasadh Danny bhoicht – ar son peacaí an domhain, mar a deirtear. Ach is ar mo shonsa féin amháin atáthar do mo chéasadhsa agus táim fós chomh fada ó bheith i m'fhíréan gur léir nach leor mo chéasadhsa. A Chríost na bhFlaitheas, nach tubaisteach an mhaise dhom é nach dtéann sé chun tairbhe dhom. Níl foghlamtha agam tar éis mo chuid aimsire go léir ach an méid seo – go n-iarraim compord ar Dhia. Bhí tráth go suíodh mo mháthair cois na leapa nuair a bhínn breoite chun an t-am a chiorrú. Uaireanta ní leomhfainn í a ligint as mo radharc ionas gur cuimhin liom anois í cois na leapa ag ól cupán tae. Ach cheileabhair sí. Níl inti anois ach scáil. D'imíodar go léir – gach duine dá raibh sa tigh seo i mbun a gcúramaí saolta nó neamhshaolta féin agus fágadh an seanduine a chaill a phóca. Deineann an leabhar seo ionad máthar dom anois – ionad comhluadair – uaireanta .i. nuair a bhím ina ghátar.

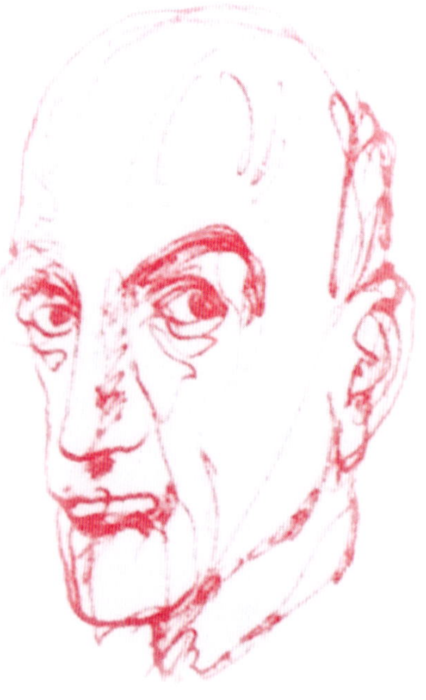

(21. 4. 1961 ar lean)

27 LÚNASA

Dúiste. É ina lá geal. Airím géim bó, mar a dúirt an tAthair Peadar. An gleann bodhar ag an mbó. Feadanna na n-éan mar a bheadh snáithíní airgid cniotáilte tríd an ngéimneach. Búirthíl abhann mar a bheadh radharc stáitse laistiar de na fuaimeanna seo. Stracadh a bheadh i gcanbhás an radharc seo – mar atá, glaoch amháin coiligh. Ní sholáthróidh mo chluas a thuilleadh dhom.

(5. 7. 1961)

28 LÚNASA

Ná bac daoine móra – scríbhneoirí móra, filí móra, dealbhadóirí móra, *etc*. Ní hé an duine atá mór in aon chor, ach beatha an duine .i. an bheatha féin agus an domhan a chruthaigh Dia. An file, abair, is lú a chuimhníonn air féin ach is mó a scaoileann a mheabhair le sruth na beatha, is é an file is mó é mar is é is mó is fearr a thugann fírinne agus *realidad* na beatha leis. Umhlaíocht a theastaíonn agus géilleadh don ní atá ann – géilleadh le fonn. Níor mhór do dhuine a bheith an-chiúin chun na nithe sin go léir d'fheiscint.

(30. 6. 1959)

29 LÚNASA

Lá eile ag baile ar saoire. Chuireas glaoch ar Bhaile an Fheirtéaraigh. Tá gach seomra sa tigh ósta in áirithe. Tá an tigh ina gcuirinn féin fúm i nDún Chaoin lán. Níor chorraíos as an áit seo. Is duine gan aird mé. Is duine ina stad mé. Tá beirthe orm. Ní féidir liom mé féin a chur in iúl. Is duine mé nár dhein riamh mar ba mhaith liom féin. Ní raibh sé de mhisneach agam. Táim chun deiridh orm féin. Ní féidir liom mo chuid leabhar ná mo chuid páipéirí a chur le chéile. Tá an oiread faillí déanta agam nach bhfuil i mo chumas anois a thuilleadh faillí. Má bhí duine leisciúil gan mhaith riamh ann is mise é. Táim ró-bhog. Géillim. Éistím le daoine nach fiú éisteacht leo.

(8. 8. 1961)

30 LÚNASA

Tá sé rud beag bioranta anocht. Tá ag maolú ar an samhradh fada seo a bhí againn i mbliana. Bhíos ag ól pórtair go meán oíche aréir. Ní raibh aon deoch agam inniu, ná anocht, ach an t-uaigneas. Sin deoch speachúil. Tar éis roinnt uaignis faighim draíocht éigin i mo mhéireanna a chuireann ar mo chumas pictiúirí a tharrac – pictiúirí d'aighthe – nach bhféadfainn a tharrac in aon chor tar éis babhta cuideachtan.

(30. 6. 1955)

31 LÚNASA

Timon na hAithne. Tuigimid a aigne siúd. Tá cuid againn a thuigeann a chás níos fearr ná a chéile. Báisteach. Fuacht. Naimhde eile amuigh leis. Naimhde ar fad is ea an saol don té a bhíonn lag. *Agnosco meas et agnoscunt me meae.* [Aithiním mo mhuintir féin agus aithníonn mo mhuintir féin mé]. Aithníonn an saol a dhuine féin. Ná bí i do Timon. Nuair a thiteann duine iompaíonn an loighic féin ina choinne. Iompaíonn an fhírinne ina choinne. Iompaíonn Dia agus an eaglais ina choinne. Bíonn séala na deoraíochta air feasta. Iompaíonn sé féin ina choinne féin. Ní gá a rá go n-iompaíonn an saol (go mórmhór an saol mór) ina choinne. Cad eile is ea an saol ach an eagraíocht a bhíonn de shíor is de ghnáth namhdach leis an té atá corr – an té atá teipthe. Éiríonn sé bocht, salach, leisciúil, drúisiúil, glic, mícharthanach, amhrasach, cancrach, droch-mhiotalach, gangaideach, mustarach, an-spianta, maíteach, tútach, feargach, meisciúil, an-srianta. Bíonn boladh na deataí uaidh. Agus fós is glaine agus is míne agus is carthanaí agus is uaisle é ná an chuid eile acu. Mar a dúirt Séamas Beag, 'An iomarca den gceart a bhí aige.'

(10. 10. 1961)

1 MEÁN FÓMHAIR

Is bocht an scéal é mura bhfuil i ndán dúinn ach a bheith in ann cur suas leis an mbeatha. Conas is féidir an leas is mó a bhaint as na neomaití? Ní chun iad a scaoileadh tharainn iad. Cad is féidir a dhéanamh leo? Tá nithe seachas pian agus cathú iontu. Tá solas iontu. Tá grá, machnamh, comhrá, eolas, filíocht, agus obair iontu – nó tá slí agus oiriúntaí iontu do na nithe sin. Ach cad a fuaireas iontu le tamall anuas? Faic na ngrást ach leaba chruaidh agus breoiteacht coirp agus éadóchas. Uaireanta bhíodar níos leimhe ná sin fós. Ní raibh iontu ach fánaíocht smaointe nó eagla. Tá rud nár luas fós le fáil iontu, an té a loirgeodh é – an rud is luachmhaire ar fad – agus is é sin, naofacht. Beir ar do phaidrín.

(10. 12. 1961)

2 MEÁN FÓMHAIR

Austin Clarke ag rámhaillí ar an raidió. Imeoidh sé mar a imíodar go léir. Is maith an glantóir an bás. Tá Dubhghlas de hÍde, Matthew Arnold, Roddy the Rover, agus na mílte eile acu curtha ar leataoibh go slachtmhar aige. Tá gach duine beo ainnis ach tá an dream marbh slachtmhar. Tá an aibíd agus an chomhra agus an uaigh agus an tost glan, slachtmhar, eagraithe. Gach ní go cuí agus go cóir. Ní bhíonn aon ní ag sileadh leis an mbás. Ón gcuma a bhfuil mo shláintese le tamall ní bheadh aon ionadh orm dá mbeinnse chomh slachtmhar, chomh deas, leis an gcuid is fearr agus is foighní acu.

(11. 12. 1961)

3 MEÁN FÓMHAIR

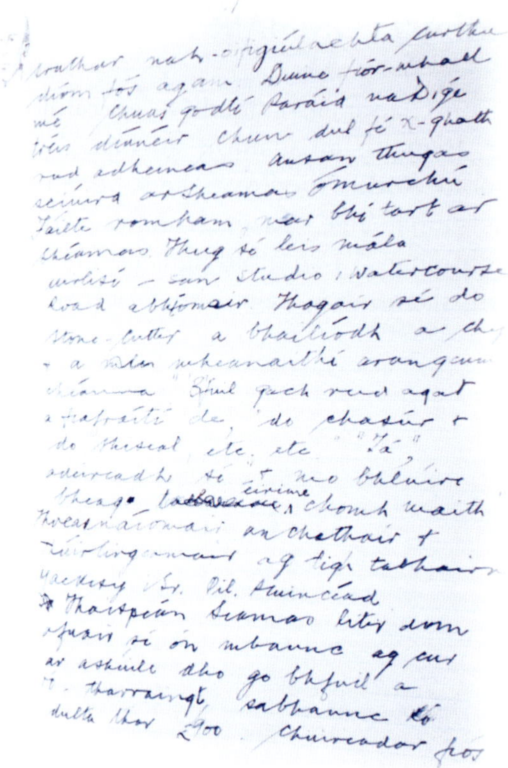

Is mór an phribhléid a bheith beo, fiú faoi dhroch-choinníollacha. Is mó fear maith a bhfuil an phribhléid ceilte air. Mar sin féin, tá an bás i ndán dúinn. Is ionadh liom ár misneach, ár gcrógacht – créatúirí bochta a bhfuil breith báis tabhartha orainn. Scaoileadh amach sinn ar feadh tamaill ach glaofar isteach orainn – ní fios go cruinn cathain – agus cuirfear an bhreith i bhfeidhm orainn. Conas a bhfuil sé de chroí againn a bheith somheanmnach? Má tá beatha i ndán dúinn thall – beatha iarmbáis a bheidh inti. Cé acu is measa? Príosún síoraí é sin. Pé aicíd a thiocfadh ort ní fhéadfá bás a fháil. Ach ní thiocfadh aon aicíd ort – ná déistean. Tar anuas ó na flaithis agus breathnaigh ar an gcoinneal. Nach ait an rud é go mbíonn créatúirí bochta daonna ag líomhadh a stíle agus ag iarraidh cur lena bhfoclóir. Cad chuige? Chun saothar a 'mhairfidh' a dhéanamh. *Non omnis moriar* [ní fhaigheann gach rud bás]. An amhlaidh nach gcreideann siad, tar éis an tsaoil, sa tsaol tar éis an tsaoil? An é gur dóigh leo nach bhfuil de shíoraíocht ionainn ach an méid a fhágaimid i bhfocail? Níl a mhalairt de dhealramh ar an scéal. Dá bhrí sin dá mba shaothar fónta an saothar seo, is é bheadh á fhágaint agam ar an leathanach seo ná an chuid bhuan díom féin – an blúire nach leáfaidh.

(13. 12. 1961)

4 MEÁN FÓMHAIR

Iarraim pardún ar pé duine a léifidh an rud seo, má léann, as a bheith ag scríobh agus gan faic a bheith le rá. Táim cráite – chomh cráite sin go bhfuilim ar tí dul glan as mo mheabhair. Ní féidir liom m'aigne a dhíriú ar léitheoireacht. Níl éinne agam le labhairt leis. Mothaím breoite. Cad tá le déanamh ansin ach a bheith ag cnáimhseáil anseo, faoi mar, mura bhfuil éinne agam le labhairt leis le mo linn féin, féin, go mbeinn ag labhairt anseo leis an dream a thiocfaidh i mo dhiaidh. Ach arbh fhiú le héinne an leabhar seo a léamh? Ón uair nach í an Ghaeilge mo theanga dhúchais, nach gcaithfidh an scríbhneoireacht seo a bheith tanaí, mí-nádúrtha, ar uireasa téagair? Nach dtuigtear don léitheoir nach rud bunúsach é agus nach fiú a bheith leis? Nach bhfuil ann ach scáil? Braithfidh sin is dócha ar an saothar a bheidh déanta agam nuair a chaillfear mé. Más aon chomhartha é an tslí a mhothaím anocht, ní fada eile é sin. Ach is minic cheana ráite agam é agus mairim i gcónaí. Ach dá mhinicí a théann an crúsca go dtí an tobar…

(14. 12. 1961)

5 MEÁN FÓMHAIR

Tráthnóna inné agus mé ag teacht abhaile tríd an gcathair bhí grian an-dearg ag dul faoi san iarthar. Ba dheirge dhorcha, sórt corcora, an deirge seo agus bhí iarthar na spéire ar fad smeartha léi.

Bhí paiste den dearg seo in gach fuinneog dá bhfaca ar mo shlí amach Bóthar an Iarthair. Bhí an dath seo gafa lastuas den tráthnóna ar fad agus bhí Bóthar an Iarthair ina phíosa filíochta aige. Mar sin féin, tuigeadh dom nár bhaineas an sásamh ba dhual d'ócáid chomh míorúilteach aisti. Bhí na scámhóga tugtha agus ní rabhas ag mothú rómhaith. Níorbh fhéidir liom dul doimhin san dath ná san taispeántas ná i m'aigne féin de dheasca tuirse agus dá bhrí sin chailleas mórchuid draíochta. Bhí dearg eile i mo cheann agus mé ag filleadh abhaile tráthnóna inniu – ag filleadh 'abhaile' agus gan romham ach cat.

(21. 2. 1962)

6 MEÁN FÓMHAIR

Trí mo shuan aréir tuigeadh dom go rabhas ag luí le bean agus bhí a rian san orm ar maidin. Uaireanta braithim gur suáilce is ea an drúis agus tugann sé sásamh aigne dhom a fhios a bheith agam go bhfuilim ag claonadh i dtreo na drúise. Ní hamháin go dtuigtear dom nach bhfuil aon aoibhneas mar aoibhneas ban ach tuigtear dom chomh maith gur aoibhneas eile is ea é an tuiscint sin a bheith agam. Ar ócáidí eile, áfach, tuigtear dom gur ní salach is ea 'borradh na fola agus fothram na feola'. Tá sé ceart go leor a rá gur cóir toradh a thabhairt ar an séú agus ar an naóú haithne. Níl an fhírinne chomh simplí sin. Ní dóigh liom gur ceart aon bhac a bheith ar mhachnamh an ealaíontóra agus é ag machnamh ar ar chruthaigh Dia. Ní haon tairbhe dó, áfach, an machnamh peacúil.

(27. 3. 1960)

7 MEÁN FÓMHAIR

Ardú pá a thabhairt do na breithiúin. Bean chéile Uachtaráin na Stát chun dinnéir le Banríon Shasana inniu. Macmillan agus Diúc Devonshire i láthair. Ordú tugtha ag arm na hAirgintíne don Uachtarán Frawdisi éirí as oifig, *etc. etc.* Cad is fiú an t-eolas seo a thagann ar an aer chugainn? Nós is ea é againn go léir éisteacht leis na nithe seo. Tuigtear dúinn ansin gur daoine eolgaiseacha sinn. Ní dóigh liom gur fiú mórán an t-eolas seo. Arís, ba dheacair gan éisteacht.

(28. 3. 1962)

8 MEÁN FÓMHAIR

Tá an cat imithe – an ball deireanach den gcomhluadar a bhí anseo faram cúig mhí ó shin. Rug Seosamh Ó Donnabháin, feirmeoir, leis aréir í. Bhí dua ag gabháil léi – bia a sholáthar di *etc.* Ansin chaití í a fhágaint amuigh i rith an lae nuair a bhínn féin sa chathair. Ba mhór an fhuascailt mar sin fáil réidh léi? Nuair a rug Joe leis í aréir tháinig taom uaignis orm. Ba mhór an chuileachta í. Dheineadh sí tigh muintire den dtigh nuair a níodh sí í féin. Ba chréatúr eile sa tigh í. Bhí aithne aici orm. Mhothaíos a pearsantacht ar fud an tí. Níor mhór dom cuimhneamh uirthi agus mé sa chathair agus a cuid bídh a sholáthar. Ceangal ab ea í. Níl aon cheangal daonna orm anois. Táim saor ar fad. Ach nuair a chuimhním ar an gcat á ní féin agus san am gcéanna ag beannú an tí lena lapa, chím nach mór is fiú saoirse. Nuair a oibríodh sé an lapa sin uirthi féin ba dhóigh leat gur tigh buan an tigh seo – go raibh an teaghlach i réim agus go mbeadh.

(3. 3. 1961)

9 MEÁN FÓMHAIR

Cad tá ar siúl agam anseo sa leabhar seo? Ball d'fhoireann is ea mé agus eadrainn táimid ag fí náisiúin. Nach mór an ní is fiú mé! Tá aiste ag Seán Tóibín ar *Feasta* an mhí seo ar chrann. An aiste lán de Ghaeilge. Potaí gliomach is ea na habairtí. Nathanna Gaeilge is ea na gliomaigh. Saothar slachtmhar, oilte, casta, sean-chríonna é seo ach gan aon chroí ann. Níl ann ar deireadh ach cuireadh na ngealbhan chun arbhair na gcomharsan. Paiste eile den náisiún é seo? Dhá dhán ag Seán Ó Tuama ar an bh*Feasta* seo. Aistriúcháin iad ón Spáinnis agus ón bhFraincis. Iad lag. Rófhileata. Paiste eile? Cad é mar náisiún! Ó, táim tuirseach. An fada eile é?

(9. 4. 1962)

10 MEÁN FÓMHAIR

Ní fiú aon ní a scríobhaimse, nó a scríobhann éinne eile, é a léamh mura leanann sé go dlúth agus go dílis líne na beatha faoi mar a leanann an péintéir líne an chuntanóis. Má tá aon easpa macántachta sa rud a scríobhaimse ní fiú é a léamh ná é a scríobh. Ní leor macántacht, áfach, chun píosa scríbhneoireachta a bheoú. Seo abairt atá macánta, fírinneach: 'Tá peann i mo láimh anois.' Cad is fiú an abairt sin mar phíosa scríbhneoireachta? Gan dabht, ní fiú faic é. Canathaobh? Ní fiú faic an t-eolas. D'fhéadfadh leanbh nó amadán teacht ar an eolas sin gan dua laistigh de neomat. Níl aon phioc den údar le fáil san abairt – ach a lámh – agus ní hí a lámh siúd í seachas lámh aon duine eile. Níl aon phioc de chumhracht ná de bhréantas an údair in aon fhocal san abairt ná le brath ar an abairt. Níl aon phioc de bhlas an tsaoil seo ná de bhlas an tsaoil eile le mothú san abairt. Níor cuireadh mil ná domblas ná faic beo isteach san abairt seo. Ná níl ord na bhfocal suaithinseach. Dá mba mar seo a scríofaí í is mó a thógfá ceann di:

'Tá, i mo láimh dheis, peann anois.' Ach ní dhéanfaidh san luachmhar í. Mar sin féin, bheadh an tarna habairt chun tosaigh beagán ar an gcéad cheann, mar thabharfadh sé radharc beag éigin duit ar an údar. B'fhéidir go ndéarfá leat féin gur duine poimpéiseach a scríobh é – nó duine nár leor leis nithe a bheith gnáthach, comónta – nó b'fhéidir duine a mbeadh beagán éirí in airde air. Pé ar domhan é, ní bheadh sé leamh ar fad, déarfá. Ach, thairis sin, ní fiú faic an tarna habairt ach an oiread. Ach féach ar na línte seo:

'Trí ní a chím tríd an ngrá,
an peaca, an bás, is an phian...'

Cad is fiú na línte seo? Ar an gcéad dul síos an bhfuil siad macánta? Braithim go bhfuil agus simplíocht na línte a leanann iad faoi deara dom é sin a chreidiúint cuid mhaith. Abraimis go bhfuilid macánta. An bhfuil aon luachmhaireacht eile iontu? Tá, tá aigne lán laistiar de na focail. Dealraíonn sé gur ghaibh an file trí anró an ghrá, gur fhulaing sé mórán agus nuair a bhí na pianta ba mheasa á bhfulaingt aige agus é tréigthe ag an mbean go bhfuair sé solas na filíochta nó solas na fealsúnachta agus gur éirigh leis a shuaimhneas a cheapadh agus go mb'fhéidir leis dorn focal a chlaochlú ionas gur iompaíodar leo boladh na tréimhse pianmhaire úd. Má tá na línte macánta, agus is dóigh liom go bhfuil, tá am agus fulaingt agus fios de shórt diamhair laistiar den ráiteas san dá líne.

(12. 4. 1962)

11 MEÁN FÓMHAIR

9.00 p.m.
Táim ag éisteacht le dráma raidió.

Meán oíche. Dúrt ar a naoi go rabhas ag éisteacht le dráma raidió. Ba dheas uaim é an t-eolas sin a ligint leis an saol. Dálta an scéil, cé hiad an saol? An iad na daoine iad a bhíonn beo nuair a deirtear an focal? An bhfuil na daoine nár rugadh fós tuigthe leis an bhfocal chomh maith? Ba dheacair dóibh a bheith sa tsaol agus gan iad saolaithe fós. Más iad na daoine atá beo nuair a scríobhtar an focal atá i gceist le 'saol' ní fada a sheasaíonn an focal, mar saolaítear agus díshaolaítear scata gach neomat. Ní hé an 'saol' céanna atá ag an neomat seo ann agus an ceann a bhí ann leathuair an chloig ó shin. Ní fhanann aon ní socair. Síorathrú is ea an saol. Agus fós ba dhóigh leat gurb é an saol céanna i gcónaí é – saol gan tosach gan deireadh, gan crot faoi mar a bhíonn ar an saol i leabhair, go dtí go gcailltear duine de do theaghlach nó go bpóstar duine nó go n-aistrítear ó áit chónaithe amháin go dtí áit eile. Ansin, chíonn tú deireadh le tréimhse amháin agus tréimhse eile ag tosnú.

(6. 5. 1962)

12 MEÁN FÓMHAIR

Conas nach féidir liom an scríbhneoireacht seo ná mé féin d'athrú? Nach sinn atá reoite. Nuair is dóigh liom gur rud úrnua a bhíonn á scríobh agam ní bhíonn á scríobh agam ach an rud a bhí scríofa agus athscríofa agus seanscríofa agam cheana. An leathanód go bráth? An athród go bráth? Cad is fiú rud nua? Cad is fiú a bheith athraithe? Nach fearr do phearsantacht a choinneáil? Ní féidir a mhalairt a dhéanamh. Ach is féidir rudaí nua a fheiscint agus a rá tríd an bpearsantacht sin. Dá scríobhfainn i mBéarla anseo, an mbeadh an phearsantacht chéanna le brath anseo? Tá níos mó ná pearsantacht amháin i gceist ar an leathanach seo. Tá pearsantacht na Gaeilge i gceist anseo – pearsantacht na glan-Ghaeilge. Tá pearsantacht na Gaeilge eile úd, a bhfuil cónaí uirthi in aontíos leis an mBéarla, i gceist chomh maith. Tá pearsantacht an Bhéarla i gceist mar tá Béarla ar an leathanach seo más i bhfolach féin é. Tá pearsantacht an chreidimh Chaitlicigh i gceist. Níor chuaigh éinne againne saor ón gcreideamh seo. Tá pearsantacht an díchreidimh anseo. Gá dtám de? Tá scata eile pearsantachtaí anseo: ach iad go léir in aon mhúnla amháin – i m'aignese. Níl fuascailt i ndán d'éinne ná domhsa.

(7. 5. 1962)

13 MEÁN FÓMHAIR

Níl cur síos ná insint scéil ar fhaid an lae seo ná ar a dhuairceas. Is fada liom go mbeidh sé thart. 'Lá des na laethanta' a deir na scéalaithe; 'lá dár saol is ea é' a deir dream eile. Is oiriúnaí *dies irae, dies illa* [lá na feirge, an lá sin] don lá inniu.

(27. 5. 1962)

14 MEÁN FÓMHAIR

Cránn duine róchainteach daoine – duine nach mbíonn sé de mheabhair aige a bheith ina thost. De ghnáth, ní bhíonn faic le rá ag a leithéid. Is é an dálta céanna agamsa é, dá laghad a bhíonn le scríobh agam is ea is mó a bhím ag scríobh abairtí san leabhar seo. Mé féin a dhíolfaidh as ar ball nuair a bhead ag ullmhú na ndialainní seo don bhfoilsitheoir. Caithfead an cac go léir a léamh. Cuir an milleán ar an slaghdán samhraidh. Ná dein – ach abair leis an té nach bhfuil faic le rá aige a bheith ina thost. Is chuige sin tost.

(9. 5. 1952)

15 MEÁN FÓMHAIR

Tá scáthán ar an leaba. D'fhéachas isteach ann. Bhí seanduine istigh ann. Duine bocht suarach, scanraithe. An seanduine gan ghníomh i gC*úirt an Mheán Oíche*. Tá sé istigh san scáthán. Tá aithne agam air.

(27. 5. 1962)

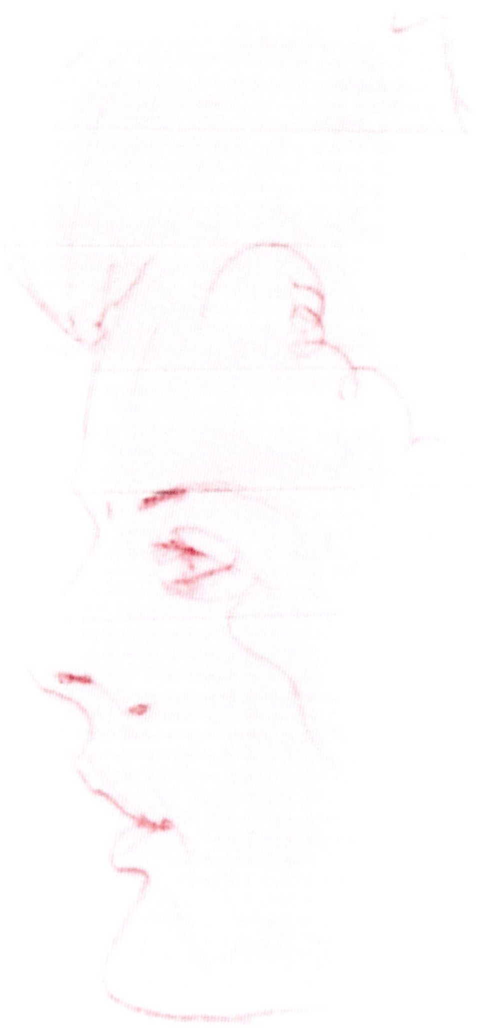

16 MEÁN FÓMHAIR

Rith smaoineamh liom inniu agus mé ag éisteacht le *The Kennedys of Castleross* – smaoineamh a bheadh oiriúnach do dhráma. Bean óg, álainn, ach í chomh fuar le leac oighir. Mar sin féin, tá spéis mhínádúrtha aici i mianta fear – go mórmhór más fir iad atá ag dul anonn san aois. Is breá léi machnamh doimhin a dhéanamh ar an ndúil mhallaithe a bheadh ag fear meánaosta i gcailín faoi bhun fiche. Sin é a pléisiúr, an machnamh sin. Titeann fir, idir óg is aosta, i ngrá léi ach tá sí gan suim iontu – sa chiall nádúrtha. Tá sí bog orthu ach ba bhreá léi dá bhféadfaidís a mianta a shásamh chun go bhféadfadh sí an sásamh san a shamhlú ina haigne féin. An sásamh a gheibheann, agus ní sásamh a thugann, an fírinneach, an sásamh a mhothaíodh sí ina haigne. Ar deireadh phós sí fear meánaosta chun go bhfeicfeadh sí di féin, chomh cóngarach agus d'fhéadfadh sí, an pléisiúr san á fháil ag fear.

(31. 5. 1962)

17 MEÁN FÓMHAIR

An lá caite agam amuigh faoin ngrian ag léamh *Feasta* agus *Comhar*. Dream feargach is ea na Gaeilgeoirí is baolach. Bíd de shíor ag tabhairt faoi dhuine nó faoi dhream éigin – faoin rialtas, faoi Bhéarlóirí, faoi scríbhneoirí, go háirithe faoi scríbhneoirí na Gaeilge, faoi Ghaeilgeoirí na Gaeltachta, faoi lucht na droch-Ghaeilge, faoi ollúna, faoi Earnán de Blaghd, *etc.* Is misniúil an fear a labharfadh nó a scríobhfadh Gaeilge.

(4. 6. 1962)

18 MEÁN FÓMHAIR

Thug leabhar Eliot (*Def. of Culture*) misneach dom. Smaoineamh ar smaoineamh bhí sé de réir mo mhachnaimh féin. Bhí smaointe ann nach raibh sroiste agamsa cheana ach cinn fhánacha ab ea iad. Bhí Eliot as an tslí ar deireadh, ach, do dhuine atá gairid do bheith ina Shasanach anois, níor dhein sé go ró-olc.

(19. 6. 1962)

19 MEÁN FÓMHAIR

Tráthnóna álainn grianmhar ab ea é. Tá an Laoi ar dheis agus tú ag dul siar. Tá sí fairsingthe ina loch anois de bharr scéim hidrileictreach na Laoi. Chuirfeadh an radharc seo draíocht ar chroí an duine tráthnóna inniu agus an ghrian ag dul faoi go bagarthach taibhseach. Bhí an tráthnóna lán de dhathanna croíúla agus beagán de mheon na farraige ar an Laoi. Mar sin féin, mhothaíos pian éigin ag breith greama ar mo chroí mar tá draíocht bhreise a bhaineas le m'óige san mbóthar seo ó Inis Cara go Carraig an Droichid. Seo dúthaigh mo mháthar. Baile Bhuirne dúthaigh m'athar agus mo dhúthaigh féin. Ach sé seo dúthaigh mo mháthar agus mo dhúthaigh saoire nuair a bhíos i mo leanbh. Sórt Tír na nÓg samhraidh i bhfad i gcéin ab ea an dúthaigh agus an bóthar seo agus sinn óg. Tá mianach dochloíte i smaointe agus i mothúcháin ár n-óige agus uaigneas thar uaigneas – éadóchas nach féidir a insint. Bóthar Béarla is ea an bóthar seo. Bóthar Gaeilge ab ea bóthar Bhaile Bhuirne agus sinn óg. Ba ghalánta an bóthar Béarla. Baineann an bóthar seo ó Inis Cara go Carraig an Droichid le William O'Brien agus amhráin Tom Moore agus leis an Mardyke agus 'The banks of my own lovely Lee'. Baineann an bóthar eile ó Mhaigh Chromtha siar go Baile Bhuirne leis an Ath. Peadar agus le *Séadna* agus le Daingean na Saileach, le Lá Bealtaine agus lucht na bpiseog, le Reilig Gobnatan agus Dámhscoil Mhúscraí, le hEibhlín Dubh Ní Chonaill agus le m'athair féin. Arraing trí mo chroí na bóithre seo agus mothaím ag comhrac iad i m'aigne. Tuigtear dom ar uairibh gur éirigh liom babhtaí iad a bhá i mbóthar eile – bóthar Cinn Sléibhe siar go Dún Chaoin.

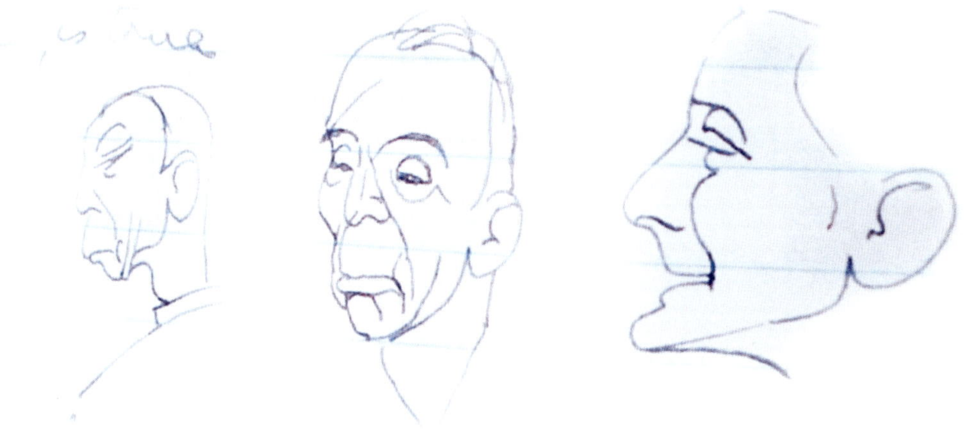

(5. 6. 1962)

20 MEÁN FÓMHAIR

Ar mo shlí abhaile ó Dhún Chaoin Dé Máirt stop fear mór mé ag Ceann Trá. D'fhiafraíos de láithreach i nGaeilge an go dtí an Daingean a bhí sé ag dul. Dúirt sé gurb ea, i nGaeilge. Ansin chuaigh sé láithreach ar an mBéarla. Dúrt leis nár thuigeas Béarla agus chasas ar an nGaeilge é. Labhair sé Gaeilge go ceann tamaill agus chuaigh ar an mBéarla arís. Chasas thar n-ais arís é agus labhair sé Gaeilge as sin amach. Fear tuaithe, timpeall trí fichid a bhí ann. Gaeilge Chorca Dhuibhne a bhí aige go líofa nádúrtha. Mar sin féin, anois is arís, mhothófá ceal beag, an-bheag, taithí air. Droch-Bhéarla a bhí aige.

(20. 6. 1962)

21 MEÁN FÓMHAIR

Lá breá eile. Braithim guairneánach. Ní fios cad tá orm. Siolla gaoithe ón mbás, b'fhéidir. Tá an bás cosúil le farraige tamall uait. Chíonn tú uait é ag casadh amháin den mbóthar ach imíonn sé ó radharc ag an gcéad chasadh eile. Bíonn sé ag teacht is ag imeacht ar feadh do thurais. B'fhéidir go bhfuaireas amharc ar fharraige mo bháis inniu. Tagann an guairneán dothuigthe seo orm go minic. Dá gcuardófaí i gceart b'fhéidir go bhféadfaí é a mhíniú. Focal searbh a ghortódh duine i rith an lae nó airgead a bheith ag fáil gearra. Is suarach an rud a raghadh go beo i nduine.

(16. 8. 1962)

22 MEÁN FÓMHAIR

Níl an scríbhneoireacht seo i gceart. Ní leor í. Ní shaolaítear píosa scríbhneoireachta murar féidir a rá go bhfuil sé suaithinseach. Caithfidh an scríbhneoir é féin a réiteach ón gceangal a chuireann teanga air sula dtiocfaidh sé i dtír. In ionad don dteanga gabháil lastuas de, caithfidh sé siúd gabháil lastuas den dteanga. Ní hionann sin is a rá go mbrisfidh sé rialacha na teanga. Ní mór dó a lorg so-aitheanta féin d'fhágaint ar an dteanga a scríobhfaidh sé. Cré is ea cré. Múnlaíonn an dealbhóir an chré i gcosúlacht chloigeann Thomáis. Tá cló Thomáis ar an gcré anois ach cré is ea í i gcónaí. Dá ngéillfeadh an dealbhóir don gcré is fada go sroisfeadh sé go dtí Tomás. Ní mór an chabhair an míniú seo don scríbhneoir. Cad a chaithfidh an scríbhneoir a dhéanamh, go díreach? Caithfidh sé bualadh isteach i seomra na Gaeilge agus a chuid féin a dhéanamh de. Ní mór dó a bheith sa bhaile. Is féidir le fear an tí cac a dhéanamh i dtóin an tí. Ní mór dó a chac a dhéanamh más é a theastaíonn uaidh. Tá saoirse na cathrach aige. Tá cead searradh is síneadh aige.

(16. 8. 1962 ar lean)

23 MEÁN FÓMHAIR

Tá aer na hÉireann ar tinneall agus ar bior le hinspioráid. Tá daoine fuadrach i ngach treo baill – daoine de gach saghas – scríbhneoirí Gaeilge agus Béarla, polaiteoirí, lucht raidió agus telefíse, tionscalóirí, ceoltóirí, drámadóirí, lucht na hathbheochana agus iad siúd atá ag ionsaí na hathbheochana, dealbhóirí, péintéirí, lucht múinte teangacha, *etc.* Ní bhraithim, áfach, aon chorraíl i measc lucht Eaglaise. Ní mhothaím gur chorraigh an Chomhairle Uile-Choiteann aigne na hEaglaise in Éirinn ('fuar, gruama' a deir an raidió). Maidir liomsa ba dhóigh leat go n-oirfeadh an suathadh foirleitheadúil seo dhom má théim i mbun pinn – arís.

(11. 2. 1963)

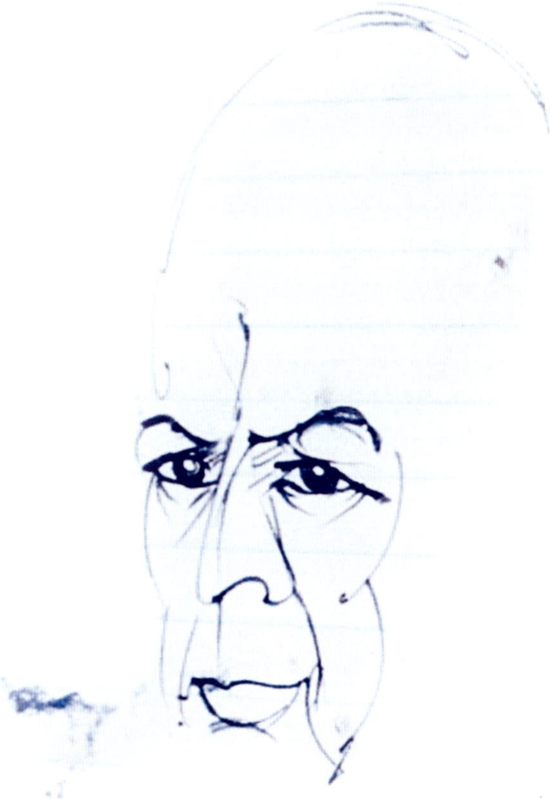

24 MEÁN FÓMHAIR

Thugas sciuird ar thigh mo dhearthár i Mayfield. Thugas na leanaí sa ghluaisteán liom anuas go St Lukes chun péire bróg a thabhairt go dtí an gréasaí. Thiomáineas thar n-ais arís iad. Bhíodar go léir faram, ach amháin John. Iad so a bhí faram: Peig (11), Eibhlín (7), Marian (5), Tadhg (3), Barra ($1^1/_2$). Scaoileas amach iad ach níor chuas isteach sa tigh leo. D'fhaireas iad ag gabháil trí dhoras an chlóis a bhí ar oscailt agus ag imeacht ó radharc. Buíon bheag neamhurchóideach lán de mhacántacht a bhí ag dul ó radharc. Is dócha gurb iad seo an pobal beag daoine is ansa liomsa ar domhan. Ní bhíonn éinne chomh macánta seo ach daoine an-chríonna nó daoine an-óg. Mhothaíos greim ar mo chroí. Níor mhór dom iad a chur as m'aigne. N'fheadar an mothaíonn Dia an grá dofhulangtha seo dúinn go léir?

(30. 1. 1963)

25 MEÁN FÓMHAIR

Nuair a fhéachas an fhuinneog amach anois chonac an t-éan suite ar na sreanganna telegrafa díreach mar tá san sceits. Tá sí imithe.

(26. 3. 1963)

26 MEÁN FÓMHAIR

Bhíos ag féachaint ar phictiúr Dev ar pháipéar an lae inné nuair a rith na smaointe seo a leanas liom: ní hionann an Dev atá anois ann agus an Dev óg glórmhar a bhí ann aimsir Chogadh na Saoirse. Duine eile ar fad seachas de Valéra na bliana 1921 is ea an seanduine bocht dearóil gurb ea Dev inniu. Níl ann ach go bhfuil an ainm nó an lipéad céanna orthu. Ach, cá bhfuil an Dev eile úd, an Dev óg, más maith leat? Nach bhfuil sé fós ann ach é a bheith críonnaithe? Ní críonnaithe atá sé ach básaithe. Ach cathain a cailleadh é? Ar cailleadh é sa bhliain 1932? Nó, ar cailleadh é sa bhliain 1948? Nó, nuair a deineadh Uachtarán de? Is dóigh liom gur cailleadh an fíor-Dev nuair a d'éirigh sé as a bheith gníomhach. Bhí sé maolaithe go maith roimhe sin ach bhí an dé ann. Tá a fhios ag an Dev atá inniu ann go bhfuil an Dev eile éagaithe istigh ann agus go bhfuil sé curtha faoi ualach mór de chairdinéil agus d'ambasadóirí agus de dhinnéirí stáit agus de pharáideanna poiblí. Ní cás Dev amháin é. Tá an té is fearr agus is fírinní a bhí i gcuid eile againn leis adhlactha ionainn agus níl ionainn ach Oisín i ndiaidh Oisín.

(31. 3. 1963)

27 MEÁN FÓMHAIR

Dá olcas é an samhradh a bhí againn i mbliana, samhradh ab ea é. Ach inniu bhraitheas nár shamhradh a thuilleadh é ach geimhreadh. Pé grá a bhí fágtha i mo chroí go dtí inniu agus ní mórán a bhí, d'imigh sé inniu. Agus ná measfá go mbeinn féin gruama lá tubaisteach uaigneach mar é seo? Bheadh dearmad ort agus ormsa, mar nílim. Táim chun suaimhnis ar chuma éigin agus níl aon mhairg orm. Ná níl aon deabhadh ná saint orm. Ná nílim fiabhrasach. Ní fheadar ná go bhfuilim sa tsolas, rud ná rabhas le ní fheadar cathain. Táim suite anseo sa chathaoir faoi shíocháin agus an geimhreadh romham amach, agus ní dóigh liom go bhfuil aon eagla orm. Oíche mar seo d'fhéadfainn Eliot nó Shakespeare nó Eoghan Rua a léamh agus raghaidís ionam – shúfadh m'aigne isteach iad. Oícheanta eile bím chomh guairneánach sin nach bhféadfainn an focal is lú a shú isteach. Ní fhéadfainn focal amháin a léamh. Chífinn an focal 'cathaoir', abair, romham amach agus ní bheadh a fhios agam cad ba bhrí leis. Bheadh m'aire áit éigin eile, ní fios cén áit.

(27. 9. 1954)

28 MEÁN FÓMHAIR

Lá san oifig – gruama go maith. An aimsir gruama. Mé féin gruama. Nílim in éadóchas ach ba chóir go mbeinn. Tá am an dóchais agus an éadóchais thart. Ní heol dúinn áthas ná brón a thuilleadh. Dá bhrí sin ní heol dúinn filíocht. Cé go ndeirim na nithe seo ní fheadar an gcreidim ar fad iad. Tá a fhios agam go bhfuil an solas íslithe agus nach bhfuil an teas céanna ón dtine ach bíonn an dóchas ann i gcónaí – an dóchas beag fealltach úd nach mbeidh na blianta chomh trom ormsa agus a bhíd ar chách eile. Níl de dhraíocht ar an saol ach an óige. Mná óga, agus ní mná críonna, a mheallann sinn. Is leis an óige cóipcheart na háilleachta agus na rómánsaíochta. Níl d'inspioráid ar an saol ach cailín óg. Is le mná óga a bhí báíocht gach file agus gach úrscéalaí riamh ó Homer go Cervantes agus ó Cervantes go dtí Seán Ó Ríordáin. Ach cé hiad na mná críonna mísciamhacha seo nach dtugann inspioráid dúinn? Is maith atá a fhios againn cé hiad! Is iad mná óga draíochtúla an lae inné iad. Cad d'imigh orthu? An óige d'imeacht uathu a tharla dóibh. Is san óige atá an draíocht agus an chumhacht agus ní san duine. Fad is a lonnaíonn an óige i nduine bíonn an chumhacht aige. Bíonn an dream seo i gcumhacht inniu, dream eile amárach. Na blianta a chaitheann gach rialtas amach agus caithfear an óige a ghéilleadh don gcéad dream eile. An rud is céasta ar fad is ea gur ar an óige a bhíonn ár n-éileamh fós agus sinn scartha léi. Mar, ar chuma éigin, is í an óige a bhíonn i gcónaí i lár an aonaigh – ar taispeáint. Fiú amháin nuair a bhímid ag dul isteach sna blianta is le torthaí agus le scéimh agus le leabhaireacht na hóige a bhíonn ár dtnúth.

(4. 5. 1964)

29 MEÁN FÓMHAIR

Tagaithe abhaile ó Chorcaigh. Oíche nach miste oíche a thabhairt uirthi caite agam. Oíche lán de dhaoine agus de dhaonnacht. Plé agam le triúr ban. Dream calma na mná. Níl ionainne i gcomórtas leo ach miondaoine chomh fada le crógacht. Cníopaire neamhchróga is ea mise a bhfuil rúin na beatha ceilte air. Braithim gur nithe simplí neamhrúnda is ea na rúin seo a bhfuil cur amach ag gach bean agus ag mórchuid fear orthu. Bímse ag cuardach eolais ó mhaidin go hoíche sna leabhair agus táim chomh dall ar an saol anois agus a bhíos an chéad lá, ach labhrann na mná seo, ná léann faic, go húdarásach, as doimhneas a gcuid eolais. Cá bhfuaireadar an t-eolas? Braithim go bhfuil níos mó eolais ag an gcat féin ná atá agamsa. B'fhéidir go bhfuilimse chomh dallta ag na leabhair agus ag m'fhealsúnú féin nach féidir liom sroisint go dtí an fhírinne.

(13. 2. 1964)

30 MEÁN FÓMHAIR

Nach leamh, nach suarach na rudaí a scríobhaimid i gcomórtas leis an saibhreas ilghnéitheach a bhíonn de shíor inár n-aigne! Saibhreas gan teora is ea aigne an duine aon neomat den lá, aon lá den bhliain, cé gur den éadóchas nó, ar a laghad, den mbuairt, a bhíonn an saibhreas sin déanta, de ghnáth. Ní mór an aigne a bheith suaite, corraithe sular féidir aon chuid de dhraíocht an tsaibhris seo d'aistriú. Ní leor a bheith suaite ach an oiread. Mar sin féin, i gcaitheamh na n-aoiseanna ní foláir nó aistríodh cuid éigin den draíocht seo. Sin é an fáth is dócha go bhfuil scéimh na háilleachta ar theangacha, cuirim i gcás. Ní gá dul thar theangacha cé go bhféadfaí nithe eile a lua, mar cheol nó pictiúirí. Ní haon ionadh nár mhaith linn go n-éagfadh an Ghaeilge. Cuimhnigh ar an únfairt anama atá ráite inti – ní hamháin inste ag údair dhifriúla ach le tuiscint as déanamh na teanga féin. Tá na nithe seo thar mo chumas – rófhada in airde sna scamaill. Éirimis astu.

Ach ba mhaith liom é seo a rá: d'ainneoin an tsaibhris go léir a bhíonn de shíor ar chúl ár smaointe is minic a deirimid nach bhfuil faic le rá againn. Agus, is aite ná sin, go mbímid ag insint na fírinne.

(1. 6. 1964)

1 DEIREADH FÓMHAIR

Tá an bhliain bailithe léi beagnach. A leithéid de shamhradh ní raibh againn le cuimhne na bhfear. Táimse báite san leisce. Ní duine mé ach ainmhí aingiallta. Caithim an lá san oifig ach tagann an guairneán istoíche: fiach is foghlaeireacht a bhíonn ag dó na geirbe agam an túisce is a thiteann an doircheacht. Is annamh a bhreacaim focal anseo. Bíonn leisce orm scarúint leis an saol i measc daoine agus aghaidh a thabhairt ar an saol i measc focal. Scáthán is ea saol na bhfocal ina bhfeictear saol daoine, is dócha. Scáil den saol beo is ea an scríbhneoireacht, mar sin? Sea, is dócha. Is aoirde an saol beo? B'fhéidir gur aoirde ach is aoirde an ghairm a bheith ag scríobh ná a bheith i measc daoine.

Tá difríocht mhór idir a bheith ag scríobh agus a bheith ag labhairt. Is iomláine agus is suaimhneasaí aigne an scríbhneora ná aigne an chainteora. Ach ní hé sin an pointe. Ní hionann iad. Is annamh a ritheann sé linn chomh neamhionann agus atáid. Rith sé liomsa anocht, áfach.

(2. 10. 1959)

2 DEIREADH FÓMHAIR

Táim chun dul go Dún Chaoin amárach, más fíor. Beidh rud nó dhó le rá agam ansin. Bíonn suathadh éigin ansin, ní hionann is an áit seo. Tá oiread cúramaí beaga orm anocht nach bhfuilim i ndán féachaint isteach i m'aigne ná aon ní lasmuigh a thabhairt faoi deara. An dtiocfaidh sé sa tsaol go bráth go dtiocfad suas liom féin agus go mbeidh ar mo chumas dul chun cinn i mo chomhluadar féin? An dtiocfaidh an lá go bráth go mbeidh ar mo chumas suí nó luí síos agus píosa filíochta a chumadh. Cad chuige an mhoill seo? Cad leis a bhfuilim ag feitheamh? Tá súil agam go scaoilfidh Dún Chaoin mé as pé líonta díomhaointis ina bhfuilim teanntaithe. Is é Dún Chaoin mo Ghréig agus mo Róimh agus mo Mhecca. Is é Dún Chaoin mo Pháras agus mo Londain. Is é Dún Chaoin príomhchathair m'intleachta agus tobar m'inspioráide. Má tá sé i ndán dom aon anamú dá laghad a dhéanamh ar aigne nó litríocht na hÉireann, is i nDún Chaoin a gheobhad an chumhacht.

(21. 6. 1964)

3 DEIREADH FÓMHAIR

Lá brothallach eile.

Chonac Pound inné ar bhóthar na Ceathrún agus asal agus cairt agus ualach móna aige. Bhí an t-asal beag, bhí an chairt beag agus bhí an t-ualach beag. Níl Pound féin mór. Tuigeadh dom láithreach go raibh Pound ag filleadh ar a dhúchas. Fear mór dí agus tithe tábhairne is ea Pound. Fear mór scoláirí agus lucht léinn de gach saghas. Fear mór cuairteoirí. Tagann na scoláirí 'móra' chuige ag lorg Gaeilge, leithéidí Delargy agus Dhaithí Uí Uaithne. Tagann lucht raidió chuige. Tagann foghlaimeoirí na teanga agus cuairteoirí de gach saghas. Bíonn 'oícheanta móra' acu fairis ar an mBuailtín nó i dtigh Kruger. Is féidir le Pound ól agus labhairt leis an gcuid is fearr acu. Tá cáil anois air agus tá sé ina údar acu. Ach uair umá seach nuair nach mbíonn aon obair sheasamhach aige, ná aon iascach ann, nuair a bhíonn an áit gann faoi ghliomaigh agus faoi Ghaeilgeoirí, téann Pound ar an gcnoc ag triall ar mhóin le hasal agus é ina Shancho Panza nó ina *billbilly*. Filleann sé ar a dhúchas. Tá baint mhór ag an mbun-Phound le hasail. Is mó d'fhear asal é ó phréamh ná d'fhear scoláirí. Níl san réim a bhíonn aige i measc cuairteoirí ach rud a ghreamaigh de. Cuid de is ea na hasail. Baineann sé leis an aicme úd a chónaíonn i measc na gcnoc agus nach mbíonn de mhaoin shaolta acu ach asal, gabhar, madra agus bothán ceann tuí.

(28. 6. 1964)

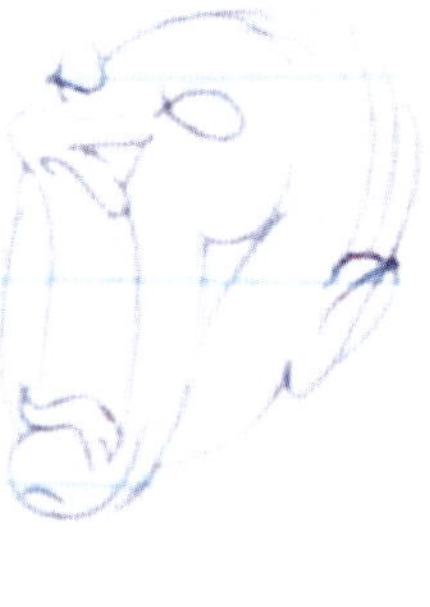
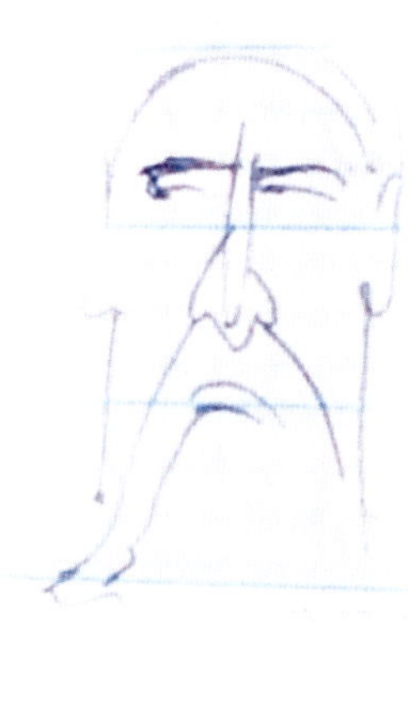

4 DEIREADH FÓMHAIR

Aon ní a gcuireann tú mórchuid eolais air cailleann tú é sa mhéid nach bhfeiceann tú a thuilleadh é. Bhuaileas le Seán Ó Súilleabháin (*ex* R.É.) i nDún Chaoin. B'é an chéad uair aige é i nDún Chaoin. Níl mórán Gaeilge aige ach an oiread. Ní fhéadfaí a rá go bhfuil canúint Dhún Chaoin aige olc ná maith. Ach thug sé faoi deara 'an ceol' i nGaeilge Dhún Chaoin.

Thuigeas cad a bhí i gceist aige láithreach agus as sin amach bhí an 'ceol' úd á chlos agam ar fuaid na háite, cé nár chuala in aon chor é gur luaigh sé é. Is fear mar é a chloisfeadh – fear a bhí tagtha ón dtaobh amuigh agus a bhí ag tabhairt aghaidh ar Ghaeilge Dhún Chaoin don gcéad uair. Is dócha go bhfuilimse laistigh de chanúint Dhún Chaoin um an dtaca seo agus sin é an fáth gur deacair dom í a thabhairt faoi deara.

(30. 6. 1964)

Ceol Ceantair

Chuala sé an ceol i gcainteanna Dhún Chaoin,
Ní hiad na focail ach an fonn
A ghabhann trí bhlas is fuaimeanna na Mumhan,
An ceol a chloiseann an strainséir;
Ceol ceantair
Ná cloiseann lucht a labhartha,
Ceol nár chualasa riamh,
Toisc a ghiorracht dom is bhí,
Is mé bheith ar adhastar ag an mbrí.

Ceol a cloistear fós sa Mhumhain,
Fiú in áiteanna 'nar tréigeadh an chanúint.

(*Línte Liombó*, 14)

5 DEIREADH FÓMHAIR

Ag cur síos ar Éirinn a bhíonn Béarla na hÉireann. Éire féin ag labhairt is ea an Ghaeilge. Ag faire ar Éirinn ón dtaobh amuigh a bhíonn an Béarla. Éire ag féachaint amach ar an saol is ea an Ghaeilge. Iriseoireacht is ea an Béarla – filíocht an Ghaeilge. Ag labhairt le Sasana agus leis na Stáit Aontaithe a bhíonn Béarla na hÉireann, á rá leo: féachaigí cad tá aimsithe agam – tá sé dochreidte – an rud is aite agus is ciotarúnta agus is rómánsaí dá bhfaca éinne riamh – *Ireland*. Tugann san sórt seasaimh di i measc na mBéarlaí eile. Ansin tosnaíonn sí ag cur gothaí uirthi féin – ní gnáth-Bhéarla leamh í ach Béarla ceilteach na hÉireann – sórt teanga náisiúnta. Deineann sin áitiúil, cúng í. Níl inti ach canúint den mBéarla, ceann mínádúrtha. Lena linn sin bíonn an Ghaeilge ag labhairt ar fhadhbanna an duine agus is cuma léi cén blas náisiúnta atá uirthi agus ní cás léi cé thar lear atá ag éisteacht. Deineann sin Eorpach domhanda, daonna í agus fós bíonn blas ceart na hÉireann uirthi toisc gurb í a bhíonn ag labhairt, nuair nach mbíonn i mBéarla na hÉireann ach feic áiféiseach. Nuair a thagrann an Béarla don arm seo againne deir sí, *'the Irish Army'*, rud áitiúil. Deir an Ghaeilge, 'an tArm' – rud daonna. Má phléann an Ghaeilge an tSín, beidh an plé Éireannach. Mura bpléann an Béarla (.i. Béarla na hÉireann) cúrsaí na hÉireann, ní bheidh inti ach rud Sasanach.

(13. 7. 1964)

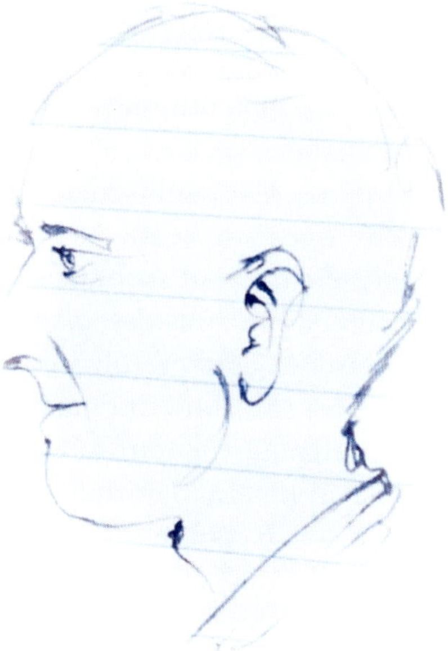

6 DEIREADH FÓMHAIR

Ní maith an t-earra é fearg ná ní maith é fuath. Ídíonn siad seo an té ar a mbíonn siad agus ní an té ar a mbíonn siad dírithe. Cuireadh fearg ormsa inniu. Bhí fuath i mo chroí. Is ait an rud é go rabhas feargach ar maidin gan aon chúis – sular chuir éinne fearg orm. Lá dubh cinniúnach ab ea an lá inniu agus fuaireas an boladh ar maidin, de réir dealraimh. An té a mbíonn fearg air, téann sé ó bhotún go botún. Chuas isteach san Buffet agus nuair a chonac an slua mór tháinig olc orm agus amach liom arís. Seo liom go dtí Desmond's. Níor fhanas le caifí ná le milseán – le fearg agus mífhoighne. Cad deirir ná go raibh mo chóta báistí nua goidte nó tógtha ag duine eile romham. Fágadh seanchóta salach – iarlais. An fhearg a sheol isteach san anachain mé. Rud eile a thugaim faoi deara ar an bhfearg gur fuirist do dhaoine eile í a thabhairt faoi deara ort. Rugas orthu ag faire orm agus dúirt duine amháin liom é. Duine scartha ó dhaoine agus ón gcarthanacht is ea duine feargach. Seachnaítear é agus ní maith le daoine labhairt leis – abair go bhfuil bonn cóir leis an bhfearg féin.

(21. 7. 1964)

7 DEIREADH FÓMHAIR

Thugas mo dheartháir anseo tráthnóna agus chuir sé bosca litreacha sa doras dom. Chuireas abhaile é agus chaitheas an chuid eile den tráthnóna anseo ag piocadh úll in éineacht le scata bruinneall óg nó gur thit an oíche. Cuireann imeachtaí a bhaineas le húlla Robert Frost i gcuimhne dhom. Ach arís, níl sé ceart Robert Frost ná aon duine eile a chur idir tú féin agus an solas, pé acu an solas tráthnóna é, nó solas mná, nó solas eachtra nó solas na doircheachta. Bhí scata cailíní ansin faram ag piocadh úll – cailíní atá ó 16 go dtína 18 bliana d'aois. Chomh fada le húlla nó obair tí nó fiú amháin meon daoine, braithim go bhfuil na cailíní seo níos ciallmhaire agus níos eolgaisí ná mise. Cá bhfaigheann siad an chiall agus an tuiscint seo? Conas gur tugadh an bua céille agus tuisceana seo do gach duine dá óige nó dá aineolaí nó dá bhodhaire agus gur fágadh mise dá uireasa? 'An dóigh libh go bhfuil na húlla seo aibidh?' a déarfainn leo faoi mar ba shine ná mé iad. Bíonn a fhios acu cad is dóigh le daoine, cad a deir daoine, cad a dhéanfadh daoine ar a leithéid seo nó siúd d'ócáid. Cuid de phobal is ea iad agus machnaíonn siad mar chuid de phobal – rud nár dheineas-sa riamh. Níor phréamhaíos i gceart riamh aon áit. Duine gan rútaí á stracadh idir dhá theanga ab ea mise riamh.

(8. 9. 1964)

8 DEIREADH FÓMHAIR

Caithfear an focal a thabhairt don nglúin óg le rá. Is mar sin a deintear an focal agus an náisiún agus an creideamh a athnuachaint. Is dóigh leis an nglúin aosta nach dtuigeann an ghlúin óg – nach dtuigeann éinne ach iad féin. Ach is iad an ghlúin óg a thuigeann agus is iad a déarfaidh i gceart a mbeidh le rá. Is ait linne gur féidir leis an dream óg saonta nithe a rá go héasca gur thóg sé na blianta allais orainne a chur i bhfocail. Ba dhóigh leat orthu go rabhadar riamh ann agus gan iad ach saolaithe anuraidh. An amhlaidh a rugadh sinne in am míthráthúil, nó an mar sin a bhí riamh?

(16. 10. 1964)

9 DEIREADH FÓMHAIR

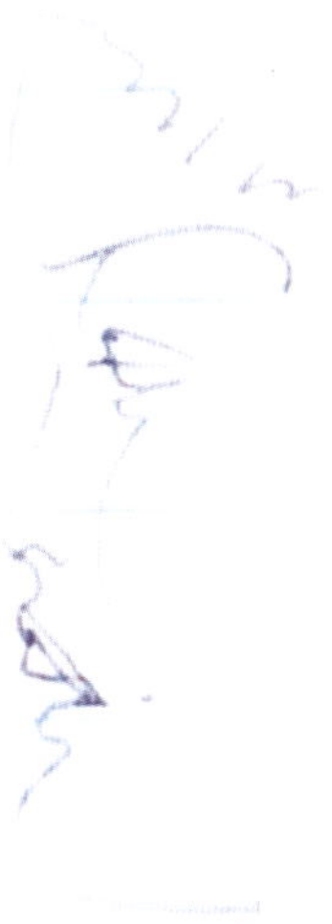

Ag filleadh dhom ón Bons Secours ar an gcathair tráthnóna inné ghabhas thar bhean rialta óg dathúil ar an tsráid. D'fhéachas uirthi agus d'fhéach sí go neamheaglach thar n-ais orm idir an dá shúil. Bhíos-sa ag tiomáint. Bhí sí sin ag siúl. Aghaidh óg álainn ach aghaidh láidir, éifeachtach. Bhí sí banúil agus ba dheas liom í. Thuig sí conas féachaint ar an saol agus ar fhearaibh gan dochar di féin. Chuimhníos ar na tráthnóintí Domhnaigh go léir a chuaigh amú ormsa nuair a bhí sí sin ag baint cumhrachta astu, ní foláir. Bhí siúl mear fúithi. Déarfainn go mbeadh a cuid leabhar glan, slachtmhar. Mhúscail an ógbhean phointeáilte seo Domhantaí dea-chaite i mo shamhlaíocht agus seomraí galánta – Domhantaí nár chaith sí mar sin riamh b'fhéidir agus seomraí nach bhfaca sí. Nó, an féidir go bhfaca lasta i mo shamhlaíocht ar feadh neomait na nithe a tharla di agus na seomraí ina raibh sí. Ní móide go bhfaca. Ní raibh ann ach go bhfaca ar feadh neomait cén saghas cumhra, grástúil í.

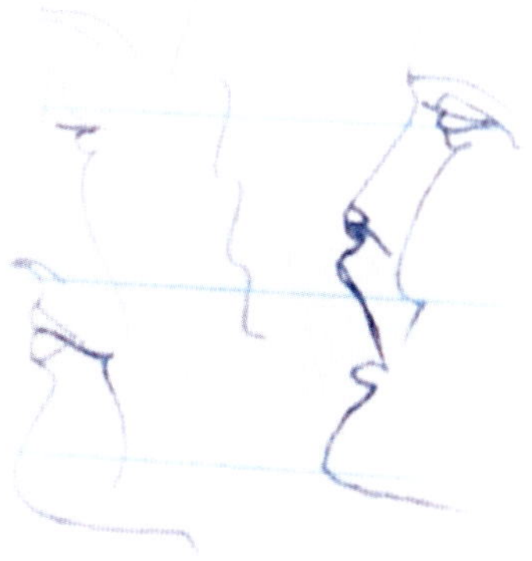

(20. 11. 1964)

10 DEIREADH FÓMHAIR

Tá an ceart ar fad agam fanúint anseo i m'aonar agus comhluadar daoine a sheachaint. Dream aineolach agus, dá bhrí sin, dainséarach is ea daoine. Siad atá ag rialú an domhain. Daoine is ea iad nach dtuigeann. Is beag duine a thuigeann – duine nó beirt gach trí chéadú bliain. Tá an Eaglais féin á rialú ag dream aineolach – uaireanta faoi inspioráid. Gan dabht, táim féin aineolach – ach chím an dainséar. Rith na smaointe seo liom anocht agus mé ag léamh aiste ar Eoin Scotus Eriugena le Jean-Marie Déchanet, O.S.B. Ar mhair aon duine riamh de chine Gael ba threise aigne ná Eriugena? Ní móide gur mhair.

(7. 12. 1964)

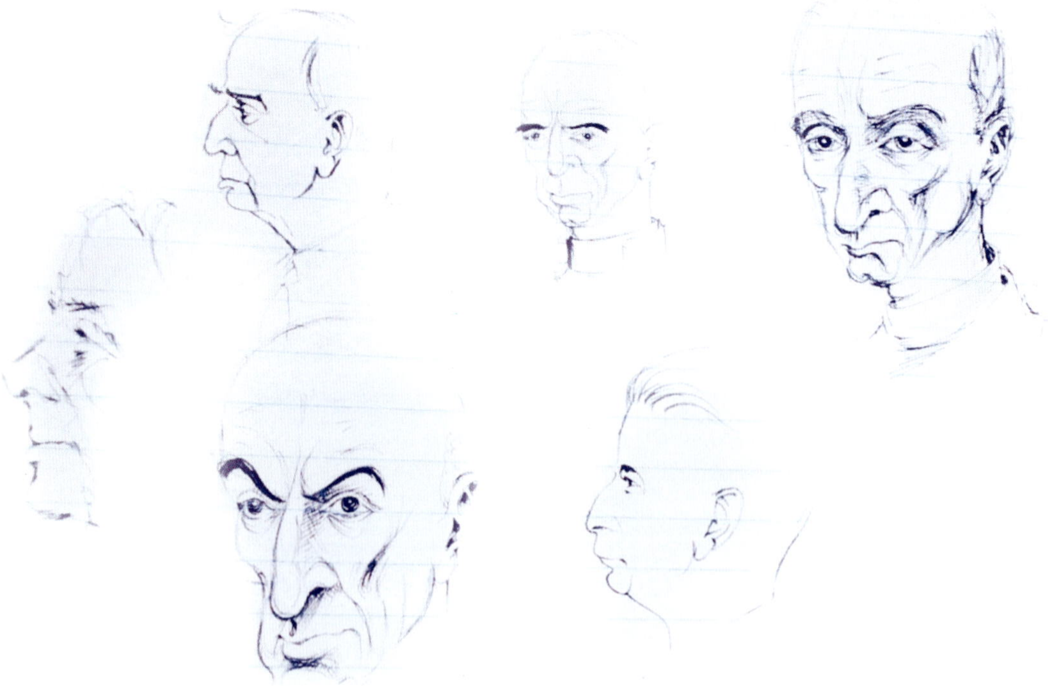

11 DEIREADH FÓMHAIR

Tá an méid seo de leithscéal agam nach bhféadaim cuntas mo shaoil a bhreacadh anseo, mar níl saol ar bith agam. Nílim ach ag féachaint ar an saol trí chaolfhuinneog mo phríosúin sa bhfásach. Agus nuair is amhlaidh atá an scéal agam tá sé chomh maith agam féachaint siar ar an saol a bhí ann fadó anois agus arís leis. Ach ní cóir a dhearmhad go bhfuil 'Eanáir 1940' scríofa ar bharr an leathanaigh seo.

Thaitin an leabhar so (*Characters of the Reformation*, Belloc) go seoigh liom agus is mór an t-eolas a bhaineas as. Chuireas suim thar meán sna pictiúirí a dhein Jean Charlot. Is minic a dheinim féin iarracht ar cheannaithe duine a tharrac le mo pheann luaidhe agus dá bhíthin sin ba mhóide mo shuim sna pictiúirí.

(30. 1. 1940)

12 DEIREADH FÓMHAIR

Nuair a théann duine san aois imíonn an paisiún agus an imní de réir a chéile as a chuid filíochta – as a chuid scéalta, as a chuid oibre – ní mór ná go n-imíonn an t-ábhar féin – go dtí nach mbíonn fanta ina shaothar ach an cheardaíocht – an teicníc. Is é tá ag déanamh buartha dhó anois ná conas rud nach bhfuil le rá aige a thuilleadh a rá i gceart. Cén rud é sin? Is é rud é ná an rud a bhíodh le rá aige tráth. Cuimhne an ruda sin – cuimhne na laethanta móra – sin a bhfuil de phaisiún ann anois. Ní duine a thuilleadh é, ach scríbhneoir.

(18. 2. 1965)

13 DEIREADH FÓMHAIR

Thugas sciuird ar thigh mo dhearthár inniu. Dúirt Marian (8) go raibh cuireadh chun páirtí faighte aici. Bhí an cailín (7) a thug an cuireadh le teacht ar thuairisc Mharian ar a 4.30 p.m. Bhí sé 5 p.m. an uair seo. Páirtí lá beireatais a bhí ann. Bhí sé 5.15 p.m. sular fhágas agus ní raibh an cailín tagtha ná aon tsúil léi anois. 'Tá mo chuid éadaigh nua orm,' a dúirt Marian liom. Dúirt sí leis go raibh bosca seacláide ceannaithe aici i gcomhair na hócáide. Ligeadh síos í nó, mar a deirtear, fuair sí *fifty*. Mar sin féin, ní raibh fearg uirthi leis an té a dhein é. B'fhearr léi dul, ceart go leor, ach níor chuimhnigh sí in aon chor ar mhilleán a chur ar aon duine. Chuaigh na cúrsaí seo trí mo chroí. Níl inti ach leanbh ach b'fhearra dhúinn go léir a bheith mar í – gan ghangaid. Bhí an ceart ag an Té a d'ordaigh dúinn a bheith mar leanaí. Nuair a deirim nach bhfuil inti ach leanbh, is é táim ag rá ná nár chuaigh sí amú fós ina cuid machnaimh.

(21. 3. 1965)

14 DEIREADH FÓMHAIR

Dán Béarla ar an *Times* Dé Sathairn ag díspeagadh T. S. Eliot. Nach éachtach mar a mhúsclaíonn filí cáiliúla – daoine cáiliúla de gach saghas – naimhdeas i ndaoine. Ba dhóigh leat gur dhein Eliot éagóir ar an bhfear seo bhí an oiread san binbe sa dán seo. Rud suaithinseach eile is ea an drochmheas gan teora a bhíonn ag mionléirmheastóirí ar shaothar daoine móra. Is léir go mbíonn blianta caite acu ag cur suas le clú agus cáil an fhir mhóir agus a gclú féin ag dul i laghad faoi mar a bhí clú an fhir eile ag dul i méid, agus ansin, go tobann, go bpléascann rud éigin áit éigin agus go bhfaigeann siad de mhisneach iontu féin an fear mór a ionsaí. Cad é mar mhúscailt é!

(3. 5. 1965)

15 DEIREADH FÓMHAIR

Is minic a scríobhaim rud san leabhar seo gan rud a bheith le rá agam. Deirim liom féin de ghnáth: 'Níl faic le rá agam ach, mar sin féin, scríobhfad rud éigin mar mhaithe le ham a mheilt nó le súil go rithfidh smaoineamh éigin liom nuair a bheidh an peann i mo láimh.' Aigne den sórt sin a bhí agam anois díreach nuair a thosnaíos á scríobh seo. Rith sé liom nach raibh faic le rá ná le scríobh agam nuair, go tobann, tuigeadh dom gur deargéitheach ab ea a leithéid a rá – gur geall le Diamhasla é do dhuine ar bith a rá ag am ar bith nach bhfuil faic le rá agamsa anois ag an neomat seo agus ag gach duine eile nach bhféadfaí an méid atá le rá agamsa, nó ag éinne eile, a scríobh go bráth. Tá toradh m'aignese agus gach aigne eile, ag an neomat seo agus ag gach neomat, chomh flúirseach, iomadúil, saibhir sin nach mbeadh a dheireadh staite go bráth. Canathaobh mar sin go gcaitheann daoine a saol ina dtost? Canathaobh go mbíonn an beagán a scríobhtar chomh leamh, bocht sin de ghnáth, más fíor go bhfuil an saibhreas seo go léir ar chúl a gcinn? Mar, uimhir a haon, nach mbíonn sé de mhisneach ná de mheabhair ná de shamhlaíocht ag daoine, de ghnáth, aghaidh a thabhairt ar shaibhreas dochreidte a n-aigne féin. Uimhir a dó, dá mbeadh sé ina gcumas féin aghaidh a thabhairt ar an saibhreas seo agus é a aithint, ní bheidís oilte a dhóthain chun focail a d'iomparódh an saibhreas san a sholáthar. Uimhir a trí, ní fhaigheann daoine aga air mar bíonn siad róbhroidiúil ag iarraidh a bheith beo. Maireann a gcorp ach múchtar a n-aigne. Uimhir a ceathair, bíonn a n-aigne múchta le focail gan mhaith, focail fholamha a chum daoine dalla, balbha ar a gcuma féin, ionas nach mbíonn sé ar a gcumas rud ar bith d'fheiscint i gceart feasta. Tá tamall fada caite agamsa ar an bpeann ach is annamh a bhreacas síos an rud a bhí ar siúl i m'aigne, má dheineas riamh – na rúndiamhara go léir atá préamhaithe inti – an t-eolas go léir atá á sheinm ar cheirníní inti. Níl sé de mhisneach ná d'fhoighne agam a leithéid a dhéanamh. Is deise liom an éascaíocht, an gliocas agus an t-éitheach. Mallacht ormsa agus ar gach drochscríbhneoir.

Tá go breá. Éitheach eile. Éitheach is ea do chuid fírinní go léir, a bhuachaill. Ná bí ag iarraidh rud snasta ná rud taibhseach ná rud glic a rá. Chuala ar an raidió anocht go ndúirt Chesterton gurb é an difríocht atá idir an duine casta agus an duine simplí ná nach mbeadh a fhios agat go bráth cad déarfaidh an duine simplí.

(31. 5. 1965)

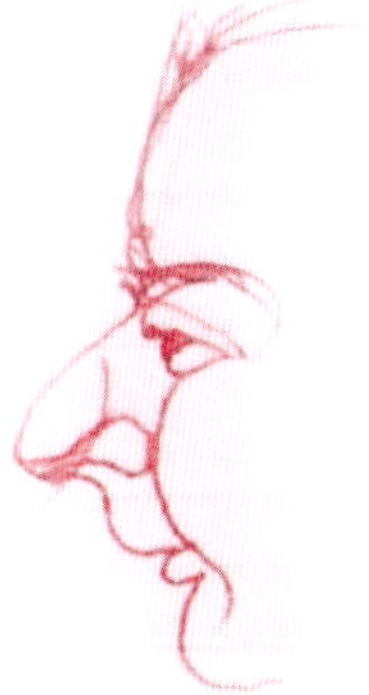

16 DEIREADH FÓMHAIR

Thugas sciuird anocht, 9 p.m., ar Mhainistir Chill Cré mar a bhfuil Art Ó Laoire, *generous, handsome, brave,* curtha agus Aonghas Fionn Ó Dálaigh. Tráthnóna aoibhinn samhraidh ab ea é. Cé go raibh solas an lae ann agus grian láidir ag taitneamh aniar, bhí gealach bhán le feiscint díreach ó dheas. Chuaigh scairdeitleán trasna na spéire agus eireaball fada bán ina dhiaidh. Bhí ba ag iníor go rithimiúil taobh leis an mainistir. Mar sin féin, chuir an áit sórt éadóchais orm. Braithim teanntaithe i bhfolús na tuaithe agus i measc mhuintir dhocht, shimplí na tuaithe. Bíd ag faire ort agus murar féidir leo léamh ort .i. tú a chur isteach san aicme cheart – *e.g.* cuairteoir deoranta, ollamh le seandálaíocht, nó bacach bóthair, tá deireadh leat. Bhí coinne agam le duine ann nár tháinig. Ní mór an mhairg a chuir sé orm. Is dóigh liom gur faoiseamh ab ea é nár tháinig éinne.

Mar sin féin, bíonn an t-uaigneas róthrom ar uairibh.

(9. 6. 1965)

17 DEIREADH FÓMHAIR

Chíonn tú na sceitseanna dearga, a bhíonn ar imeall an leathanaigh agam! As mo cheann a dheinim iad .i. ní fhéachaim ar chloigeann duine chun iad a dhéanamh. Bhí tráth go ndeininn sceitseanna de dhaoine. Shuíodh an duine os mo chomhair agus tharrraingínn a phictiúr trí staidéar a dhéanamh ar a aghaidh agus iarracht a dhéanamh ar an rud a bhí le feiscint agam a bhreacadh síos i bhfoirm línte. Bhíodh an toradh níos daonna ná na sceitseanna a bhíonn ar imeall an leathanaigh. Dá raghainn thar n-ais ar an bportráidíocht arís, shaibhreodh an taithí na sceitseanna imeall leathanaigh a dhéanfainn ina dhiaidh, d'ainneoin gur as mo cheann a bheinn á ndéanamh, díreach faoi mar a shaibhríonn turas ar an nGaeltacht mo chuid Gaeilge. Tá na sceitseanna imeall leathanaigh seo bocht toisc nach bhfuil iontu ach samhlaíocht gan puinn ithreach daonna fúthu. Ag dul i mboichte agus i mboichte a bhíonn siad toisc gan aon teangmháil a bheith acu leis an gcine daonna – gan aon chothú a bheith á fháil acu puinn. Maireann siad orthu féin agus ar an iarmhar beag den daonnacht a thugaimse dóibh agus den méid a bhíonn fanta i mo chuimhne. Is é an scéal céanna é ag mo chuid Gaeilge. Uirthi féin a mhaireann sí an chuid is mó den mbliain – á cumadh féin a bhíonn sí. Anois, an bhfuil aon bhuntáiste in aon chor sna sceitseanna cuimhne agus i nGaeilge an duine aonair? Is dóigh liom go bhfuil. Is iontu atá toil agus mianach an duine le fáil má bhíonn siad lag ocrach féin. Ach ní mhaireann duine, ná sceits, ná Gaeilge gan bia.

Ná bac le Gaeilge ná le litríocht in aon chor. Faigheann d'aigne agus do chroí namhdach,

teoiriciúil, scanraithe, gan teangmháil le daoine. Sin é a imigh ar Churia na Róimhe – ceartchreideamh neamhstairiúil. Mar sin féin, ní mór do dhuine a bheith ina aonar. Ní féidir dul rófhada in aon treo – gan chabhair. Conas a mhair na díthreabhaigh riamh? Is é Críost an freagra, is dócha. Ach tá an chaint seo róghinearálta.

(18. 6. 1965)

18 DEIREADH FÓMHAIR

Braithim gur sórt codladh is ea an óige agus de réir mar a aosaíonn duine, dúisíonn sé. Rud sámh suanmhar is ea aghaidh an linbh agus scáthán den aigne is ea an aghaidh. Ní bhíonn eolas ná tuiscint iomlán ag an leanbh ar an saol ná ar an riocht ina bhfuil sé féin, ach de réir mar a aosaíonn sé, chíonn sé, diaidh ar ndiaidh, conas mar tá agus roctar agus stuactar agus ciaptar a aghaidh agus a anam. Nuair a bhíonn sé céasta ar fad deirtear go mbíonn sé fásta suas.

(24. 6. 1965)

19 DEIREADH FÓMHAIR

Rud mealltach, faiseanta, nua-aimsearthach, álainn, uaibhreach, gránna, peacúil, óg is ea an chathair, gach cathair. Rud óg láidir is ea í – de réir mar a fhéachann tú uirthi. Bíonn mná breátha le feiscint i gcónaí sa chathair. Bíd breá i gcónaí – bhíodar breá fiche bliain ó shin – táid breá anocht agus beid breá i gceann fiche bliain eile. Ach cé hiad féin na mná breátha seo? Dá gcuirfeá aithne orthu ina nduine is ina nduine ní bheadh in aon duine acu ach créatúr bocht daonna agus a cuid máchaillí féin scríofa go soiléir ar gach bean acu. Is gearr go gcríonnódh gach bean acu agus go dtitfeadh sí chun mísciamhachta. Ach ní chríonnaíonn mná breátha na cathrach go bráth, ná ní chailleann a mbreáthacht. Cé hiad féin, mar sin? Is iad an chathair iad, a Mharcuis Aurelius.

(5. 8. 1965)

20 DEIREADH FÓMHAIR

Tá an tOireachtas á oscailt i mBaile Átha Cliath anocht. Seán Ó Tuama (.i. Seán Fear) an tUachtarán. Tá mo dheartháir Tadhg san ospidéal ó aréir – *appendicitis*. Chuas féin go Corcaigh ar maidin le Joe Donovan agus ní thánag abhaile go tráthnóna. Chonac fear láidir ag déanamh gleacaíochta i gCé an Ghuail tráthnóna. Bhíos ag caint le Michael Sheehy agus mhínigh sé dom conas nach de réir na Críostaíochta atá daoine ag maireachtaint in Éirinn. Bhuaileas le Síle Ní Cheallaigh ar Shráid Phádraig. D'fhéach sí an-ard. Chonac seanbheainín bheag ag bun Sráid Shandon agus chuala í á fhógairt go raibh deireadh léi. Chuala na focail 'Carraig an Ime' á rá ag cailín óg ar an mbus agus chuimhníos ar an Athair Peadar Ó Laoire. Is soiléir gur amuigh a bhíos inniu agus nach istigh .i. gur ag féachaint ar an saol mór a bhíos in ionad a bheith fillte istigh i m'aigne féin do mo thabhairt féin faoi deara. Dealraíonn sé go raibh an saol mór tur go maith. Na focail a thagann chun cuimhne do dhuine ar uairibh, bíd sámh, sochma – bíonn an fharraige ina léinsigh. Ach is maith a bhíonn a fhios ag an duine sin, dá sháimhe agus dá shochmaíocht iad na focail nach fada ó bhaile toirneach. Ní féidir toirneach a chur ó dhoras. Cad ab áil linn í a chur ó dhoras nuair is í is fearr linn? Nach fadó riamh a thréigeamar soineann ar son na doininne? Ní fada eile Oíche Shamhna. Ní thuigeann éinne an focal 'soineann' i nDún Chaoin.

(20. 10. 1956)

21 DEIREADH FÓMHAIR

Oíche mheirbh mhúchta. Mise atá múchta agus ní an oíche. Is annamh dom a bheith múchta ag an am seo den bhliain.

Conas go raibh sé de mhisneach ag Rabelais leabhar chomh salach le *Gargantua agus Pantagruel* a scríobh? Toisc gur sagart ab ea é? Is ait liom é, anois nuair a chuimhním air, chomh hionann agus a bhíonn an guth seo i gcónaí pé áit pé am ina gcloistear é .i. guth na haoire, guth an mhagaidh – Rabelais, Joyce, Beckett, Myles na gCopaleen, údar *Pháirlimint Chloinne Thomáis*, Cervantes. Aoibhinn leis an nguth seo bréantas agus ainnise an riocht daonna a chur i gcuimhne agus go speisialta i gcomhthéacs le galántacht agus mór is fiú agus ard-aigeantacht. I gcomórtas leis an saghas seo scríbhneoireachta taibhsíonn gach saghas eile leamh. Dealraíonn sé nach gcaitheann an aimsir salachar ná magadh.

(17. 8. 1965)

22 DEIREADH FÓMHAIR

Oíche mheirbh. Fuaim na habhann i mo chluais. Mórchuid glóir aici anocht. É fiáin ar fad. Ní cuimhin liom riamh chomh fothromúil í. Ní dóigh liom gur abhainn róstairiúil í. Thagair Aogán di, áfach, agus ní foláir nó thagair filí eile Gaeilge di agus, ina measc, Seán Ó Ríordáin. Agus tá a fhios ag gach éinne an t-amhrán úd, 'The banks of my own lovely Lee'.

(18. 8. 1965)

23 DEIREADH FÓMHAIR

Chonac anois bus ag gabháil bóthar Bhaile an Chollaigh soir – faoi mar a bheifeá ag scríobh le do chiotóig. Tháinig uaigneas orm go tobann. Is annamh liom é. Le blianta anois – trí nó ceathair ar a laghad – ní thagann uaigneas orm. Cén fáth? Ní dóigh liom go mbíonn trua agam dom féin a thuilleadh, ach an oiread. An é nach mbaineann mo chás féin liomsa go pearsanta a thuilleadh – faoi mar nach mbeadh ann ach cás eile, mar a déarfá. Tá mórchuid samhlaoidí nach gcreidim iontu a thuilleadh faoi mar a aosaím. Ní dóigh liom go gcreidim i muintearas, i gcompord, i m'easpa cumais féin. Ní dóigh liom go gcreidim go bhfuil comhluadar nó caitheamh aimsire riachtanach, ná gur díol trua duine ar bith a bhfuil na nithe sin ceilte air. Ach lasmuigh de sin ar fad faighim gur lú a bhaineann mo chás féin, mo chinniúint féin, liom in aghaidh an lae – go bhfuil mo chinniúint féin ar deighilt uaim.

(22. 9. 1965)

24 DEIREADH FÓMHAIR

Quamdiu, Domine, quamdiu? [Cén fhad, a Thiarna, cén fhad?] Go bráth, bráth ní réiteofar na crua-cheisteanna. Bíonn máchail mhór ar gach duine, dá fheabhas é. Tabhair duine fíréanta faoi deara. I méid a bheidh d'ómós dó ag dul ar mhéid a shuáilcí agus ar chrógacht agus ar Chríostúlacht a shaoil. Ach má bhreathnaíonn tú é níos grinne, chífidh tú go bhfuil éasc mór lofa ina lár. Diúltaíonn sé beannú dá namhaid (*e.g.* Cosgrave, fíréan ar shlite eile), nó tá dúil mhallaithe san deoch aige, nó san ngalántacht, nó i gcomhluadar boic mhóra, nó i gcailíní óga, nó in airgead. Bailíonn sé mórchuid onóracha i gcaitheamh a shaoil, ach mura gcloíonn sé (agus ní chloíonn) an mháchail mhór atá neadaithe ina chroí, is baol dó, mar níl ann ach rud lofa ag tabhairt aghaidh ar an mbás. Tá rud amháin, áfach, a ghlanann daoine, a mhíníonn iad, a fhíréanann iad agus sin obair. Níl rud is beannaithe ar an dtalamh. Cad ab áil liom an rud úd a shéanadh, é a chur uaim go bráth?

(24. 11. 1965)

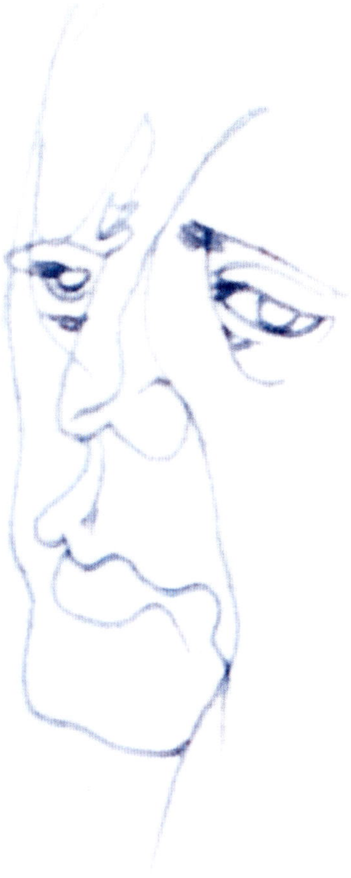

25 DEIREADH FÓMHAIR

An mairfidh na dialainní seo a scríobhaim? Braithfidh sin, ní orthu féin, ach ar mo chlú. Má mhaireann mo chlú beidh gach ar bhain liom luachmhar. Bhí sé ar an raidió aréir gur goideadh lámhscríbhinn le Petrarch ina raibh seachtó leathanach dá chuid filíochta as Leabharlann na Vatacáine. Is dóigh liom go ndúradh gurbh fhiú £170,000 an cháipéis seo. Conas is féidir praghas a chur ar a leithéid? Táimse ag brú isteach sna blianta agus gan aon ní rófhónta déanta agam fós a dhéanfadh na cuntaisí seo luachmhar tar éis mo bháis. Tharlódh sé go mbeidís luachmhar ar a son féin? Is ar éigin é. Braitheann cuid mhaith, leis, ar chinniúint na Gaeilge.

(27. 11. 1965)

26 DEIREADH FÓMHAIR

Chonac sagart Éireannach san Ancaire inniu. Ba é an sagart ba 'Éireannaí' é dá bhfaca le fada, riamh b'fhéidir. Ní fheadar an i ngan fhios dó féin nó d'aon ghnó a bhí sé chomh hÉireannach seo. Tá tuairim agam gur i ngan fhios dó é. Fear ard, dubh, dathúil, idir 55 is 60. An sórt teanga a labhair sé a dhein níos Éireannaí ná na hÉireannaigh féin é. Droch-Bhéarla Éireannach na tuaithe, chomh háitiúil, chomh martraithe, chomh neamhspleách ar cheart-Bhéarla na gcoláistí, chomh dochreidte, chomh dílis dá heiriceachtaí foghraíochta agus comhréire féin, chomh greannmhar, chomh daonlathach, chomh beag beann ar éirí in airde, chomh gránna, comónta, chomh cros-shíolraithe, chomh seanbhunaithe le Béarla Éamoinn Uí Cheallaigh (an seanchaí) féin. *'He marréd* (ní *married) Sissy and they are doing fierce bishness* (ní *business)....he got fierce excited after the match...'* B'fhéidir nuair a chuimhním arís air gur d'aon ghnó a bhí sé ag labhairt mar seo – ag labhairt canúint na treibhe, mar a déarfá, ag tabhairt aitheantais don bhriolla-bhrealla seo faoi mar ba chanúint dhlistineach í. Tá an nós seo ag scata sagart, cé nár chuala éinne acu ag dul chomh fada seo leis. Tuigtear dóibh gur mar seo is fusa caidreamh a dhéanamh le gnáthdhaoine agus iad a chur chun suaimhnis i láthair an tsagairt – gur gníomh umhlaíochta é ar féidir a dhéanamh gan dochar dá ngradam féin. Tá gradam sagairt chomh hard in Éirinn agus teist an léinn chomh fairsing air nach miste dhó umhlú. De ghnáth, caitheann siad uathu an 'teanga' seo ar an altóir.

(22. 12. 1965)

27 DEIREADH FÓMHAIR

Lá an-bhreá. Cuma an tsamhraidh air. Thugas cuairt ar Spangle Hill tráthnóna (4 p.m.) fad is a bhí an gluaisteán sa gharáiste. Tá an áit seo in ainm is a bheith ina cheantar bocht. Tithe an Bhardais ar fad atá ann agus *aerial* telefíse ar gach tigh nach mór. Béarla teanga an cheant-air, dar ndóigh, ach más é féin, tá ainmneacha na mbóithre curtha in airde i nGaeilge chomh maith le Béarla. Ar shlí, is dána an mhaise é ag an náisiún Gaelach é féin a nochtadh i gceantar bocht searbhasach mar é seo – cé go bhfuil, ní foláir, iarsmaí éigin den náisiún seo in íochtar na ndaoine fós. Chuas isteach san eaglais nua ansin. Ní móide gurb aon éacht ealaíne í seo ná gur baol do chló Chartes í, ach fuaireas suáil-ceach gach ceann de cheithre stáisiún déag na Croise. Thaitin siad liom – go mórmhór an ceann (XIII) ina bhfuil Críost le feiscint sínte marbh agus na mná ar a nglúinibh mórthimpeall air – á thaispeáint gur mná amháin a thuigeann agus a fhóireann nuair a bhíonn fear treascartha – fiú nuair is dia é. Snoíodóireacht adhmaid is ea iad agus ní móide go bhfuil puinn iontu ach ceardaíocht. Dá dheise agus dá ghlaine an nua-eaglais seo mothaíonn tú uait diamhaireacht na séipéal seanda.

(11. 6. 1966)

28 DEIREADH FÓMHAIR

Dúisithe. Mura mbeadh breoiteacht is beag a scríobhainnse, de réir dealraimh. Drochshlaghdán é seo atá dulta ceangailte ionam. Níor mhaolaigh na drugaí aon phioc é, d'ainneoin a bhfuil tógtha agam díobh agus caite agam orthu. Ní bheadh aon ionadh orm dá mbeinn ag caitheamh amach fola i gceann lae nó dhó eile. *Hypochondriac* is ea mé, ceart go leor, ach fuaireas cúis. An bhféadfaí an fhulaingt seo a sheachaint? An rud tairbheach fulaingt? Fuaireas mo dhóthain de riamh. Dá mbeadh Jack Lynch i mo chás-sa, an mbeadh sé chomh scanraithe? Iománaí agus peileadóir nótálta ab ea é. Le cúpla lá anuas ní fios an méid tagairt déanta ar an raidió do na boinn a bhuaigh sé. Níorbh aon fhear spóirt mise. An ionann fear spóirt agus fear cróga agus *vice versa*? Bhíomar in aon rang ar scoil. Beidh sé sin ina cheann ar an rialtas amárach. Ní bhfuaireas-sa ardú céime riamh. Ait an saol é. Nuair a bhíomar ag déanamh na hArdteistiméireachta ní fhéadfainn cuimhneamh ar an bhfocal Laidine do 'bheach'. Bhí Jack díreach laistiar díom. Chuireas siar píosa páipéir súite ag lorg an eolais agus fuaireas *apis* thar n-ais.

(10. 11. 1966)

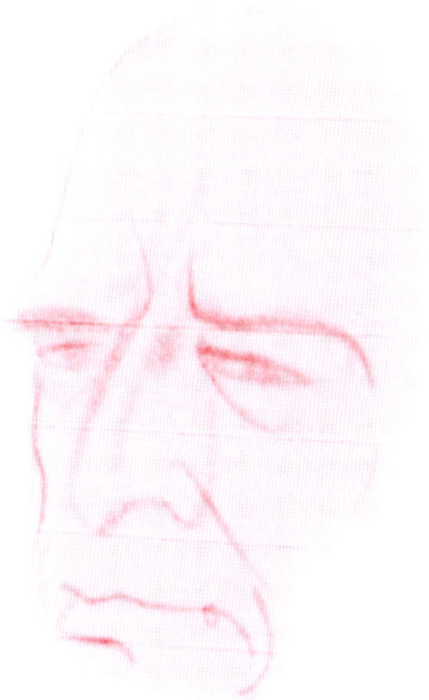

29 DEIREADH FÓMHAIR

Níor chorraíos amach in aon chor inné ná níor itheas faic. Níl aon ocras orm, áfach. Tá an sceon agus an imní go léir a bhí orm scaipthe. D'imigh an eagla go tobann mar a imeodh ceo agus is deacair dom a chreidiúint anois go raibh a leithéid riamh ann. Is é a chuireann ionadh anois orm ná cad a chuir an sceon orm. Is mór idir an dá shaol – saol an sceoin agus saol an mhisnigh. N'fheadar an mé féin faoi deara an sceon seo nó an rud é a thuirlingíonn ar dhuine dá lomdhearg ainneona agus a thuirlingeodh ar an nduine is neamheaglaí. Ní heol dom rud ar an saol seo atá chomh holc leis.

(15. 11. 1966)

30 DEIREADH FÓMHAIR

Lá gruama gaoithe. Drochmhí ab ea í agus imeacht gan teacht uirthi. Tá cleataráil na fuinneoige agus caoineadh na gaoithe tríd na crainn diamhair ar fad ionas go mbraithim an liathbhuí ag fáil greama orm. Músclaíonn gruamacht an lae i mo chuimhne na nithe gránna a dúradh agus a scríobhadh fúm – dá mba lá gréine é is iad na nithe eile a rithfeadh liom. *Irisleabhar Mhá Nuad* á léamh agam. É ar fheabhas. Caithfear mórchuid a mhaitheamh do Mhá Nuad nuair a chuirtear a leithéid seo de shaothar san áireamh. Saothar léirmheastóireachta is ea é ar Mháirtín Ó Direáin, Ó Cadhain, Ó Criomhthain, *etc.* agus tá sé le moladh. Fir óga a dhein é agus caithfear an chraobh a thabhairt dóibh. Táid chun tosaigh ar fad ar ár nglúin-ne agus táimidne ar ár slí amach. Níl sé ar fad léite agam – aréir a fuaireas é – ach braithim modh amháin léirmheastóireacha acu go léir .i. ligean don údar féin a rún a nochtadh trí shleachta tofa ag an léirmheastóir, ionas gur beag a deir an léirmheastóir seachas d'aird a dhíriú ar an údar. Tá an modh seo chomh coitianta sa leabhar seo gur tuigeadh dom ar deireadh gur múineadh dóibh é mar theicníc léirmheastóireachta. Modh fónta is ea é mar faigheann tú amharc nua agus tuiscint nua ar an údar.

(19. 4. 1966)

31 DEIREADH FÓMHAIR

É ina thuile báistí. A leithéid de chlagarnach báistí ní fheacthas ó aimsir na díleann. Díreach tagaithe abhaile ó Chorcaigh mar a raibh dinnéar agam, leis. Ní rabhas ag aon Aifreann inniu. Dealraíonn sé gur tábhachtaí liom mo chorp ná m'anam. Chuas chun dinnéir ach níor ghabhas chun Aifrinn. Cén fáth ar chailleas Aifreann? Ar a hocht aréir thosnaíos ag caitheamh amach fola – fuil úr, ghlédhearg. Mar sin féin, chuas go Corcaigh agus bhuaileas le hIsobel. Beagán fola arís ar maidin. An iomarca branda i rith na seachtaine faoi deara é. Dá bhrí sin tá an lá fliuch salach, tá gach ball éadaigh tais, táimid timpeallaithe ag salachar agus ag pluda, tá cuma dhorcha, ghruama ar an saol agus tá mo scámhóga ag cur fola. Ba dhóigh leat ar an bhfianaise sin nach mbeinn buíoch díom féin? Bheadh dearmhad ort. Is é seo m'atmasfaerse. Le linn tréimhsí den tsamhail seo is ea fuasclaítear mo mheanma agus acmhainn m'anama. Ní fheadar i gceart canathaobh, murab ea go gcúngaítear agus go ndlúthaítear an saol agus is saibhre agus is gaire agus is soléite saol cúngaithe dlúite. Dírítear d'aire. Nuair a bhíonn do shláinte agus cead do chinn agat, scaiptear d'aire.

(16. 10. 1966)

1 SAMHAIN

I mo chodladh ó shin. Le roinnt oícheanta (6 nó 7) níorbh fhéidir liom an solas a mhúchadh le himní. Anocht, áfach, bhí an imní imithe, b'fhéidir dom an solas a mhúchadh agus aoibhneas na doircheachta a bhlaiseadh gan cíos, cás ná cathú. Dá chomhartha sin dheineas codladh breá sláintiúil. Ach fóiríor, nuair a theastaigh uaim an solas a mhúchadh arís anois (lasas é nuair a dhúisíos) theip ar an misneach agam. Siúd thar n-ais ár 'gcara' IMNÍ! Cad is brí leis seo? An staid aigne nó coirp é? Dá neartóinn m'aigne ina choinne an gcuirfinn an ruaig air? Nó, an amhlaidh go dtiocfaidh sé agus go n-imeoidh sé faoi mar is maith leis. Ní le neart aigne a dhíbríos an imní inné. Ní raibh ann ach gur léir dom go tobann go raibh sé imithe. Níl sé orm ró-olc anois, ach cad ab áil leis gan fanacht pé áit a raibh sé.

(15. 11. 1966)

2 SAMHAIN

Níl iontaoibh dá laghad agam as an oíche, asam féin, as mo scámhóga, as Dia. A Chríost, an bhfuilir bodhar? Bead leathchéad bliain i gceann cúpla lá. Táim le 30 bliain, geall leis, ag fulaingt le galar scámhóg. Nach mithid faoiseamh a thabhairt dom mar seo ná mar siúd? Cé sheasódh é? M'eagla féin faoi deara é? Cad is fiú na 'géarchéimeanna' úd a bhíonn ar an raidió – an Róidéis, *etc.* – i gcomórtas le pianta an anama dhaonna? Níl sna géarchéimeanna ná i rud poiblí ach súgradh.

(29. 11. 1966)

3 SAMHAIN

Thug an tOllamh Gearóid Mac Eoin an Léacht Dáivíseach ar Raidió Éireann anocht. 'Contempory Writing in Irish' an teideal, is dóigh liom. Chuaigh siar 80 bliain agus thug cuntas ar a dtarla – an gnáthchuntas, scolárthúil, leath-tharcaisneach, faoi mar go mbeadh an léachtóir lonnaithe ar mhullach Olympia (pé áit é sin – áit ard, ach go háirithe) agus radharc eorpach, idirnáisiúnta, geall leis diaga, ar an machaire thíos faoi. Thagair do Mháirtín Ó Direáin agus dom féin – *'still the poet of conscience – the avant garde of 20 years ago, the senior poets of to-day'*. Sea, táimid *senior* ar deireadh. Go dtí anocht ba dhuine des na nuafhilí mise, duine den nglúin óg. Ach, ar mh'anam, as seo amach bead *senior* – faigheann lipéad den sórt greim tapaidh.

(3. 12. 1966)

4 SAMHAIN

An oíche caite agam go dtí anois ag léamh *The Meddlesome Friar – The Story of the Conflict between Savonarola and Alexander VI*, le Michael de la Bedoyere. Seo tuairim Savanarola ar an bhfilíocht:

By some it is held to consist solely of form; but in this they are greatly deceived: the essence of poetry consists in philosophy and thought, since without these no man can be a true poet. Should anyone think that the art of poetry only teaches dactyls and spondees, long or short syllables and verbal flourishes, he is certainly very wrong.

Go maith, a Savanarola! Ní fhéadfainn féin é a rá níos fearr!

5 SAMHAIN

Cheannaíos an leabhar seo i gCorcaigh inniu. Dúirt an bhean a dhíol liom é go bhfuil meirg ar a cuid Gaeilge anois toisc nach labhrann éinne Gaeilge léi anois. Mise an duine deireanach, de réir dealraimh. Bhíodh sí seo i Brown and Nolans i Sráid Cúc ach dúnadh an siopa sin. Bean bhacach is ea í. Ní cuimhin liom a hainm. Samhlaíonn sí mise le saol nach bhfuil a thuilleadh ann. Bhíos féin a d'iarraidh cuimhneamh ar fhocail an 'Tantum Ergo' ó chianaibh. Chuaigh díom. Tá an Laidin ag imeacht le hAifreann na Laidine. Tá an bhean seo 60 ar a laghad. Tá sí seanaimsireach agus bhí riamh. Dar léi go bhfuilimse seanaimsireach toisc go labhraim Gaeilge. A leithéid a shamhlódh seanaimsireachas leat i gcónaí.

(16. 2. 1974)

6 SAMHAIN

Lá fuar. Fuaireas litir ar maidin ó Aindreas Ó Muimhneacháin agus beann aige orm. Gaeilge ar fad a bhí sa litir .i. Gaeilge ar mhaithe le Gaeilge. Gaeilge ag faire uirthi féin, mar a bheadh Narcissus, Gaeilge ag éisteacht léi féin, Gaeilge ag luí léi féin agus á síolrú féin arís agus arís eile. Ní mór ná go dtabharfá fuath don nGaeilge de bharr na litreach seo. A Chríost, cad tá i ndán dúinn nó cad tá á dhéanamh againn? An bhfeadar éinne cá bhfuil a thriall?

(14. 3. 1967)

7 SAMHAIN

Tá *An tOileán a Tréigeadh* le Seán Sheáin Uí Chearnaigh á léamh agam (lámhscríbhinn). Caint an Oileáin; meon an Oileáin. Gan aon rian ceirde ar an scríbhneoireacht, gan toradh ar intinn ar bith lasmuigh d'intinn oileánaigh, gan eolas ar litríocht ar bith ach, b'fhéidir, litríocht an Oileáin – Tomás Ó Criomhthain, *etc.* An leor é? An fearr é, cuirim i gcás, ná an rud atá ar siúl agamsa? Is cinnte gur fearr an Ghaeilge atá aige ná mo chuidse. Ach an leor sin? Is eagal liom nach bhfuil i ndán dó siúd ná domhsa ar deireadh ach neamhthor.

(14. 3. 1967)

8 SAMHAIN

Níl cead isteach ag aon bhean, ach amháin bean an Uachtaráin, i mainistir, de réir dealraimh. Dá raghadh bean isteach chaithfí fios a chur ar an easpag chun an áit a ath-bheannú. Bhí Isobel Ní Shé á rá liom le déanaí gur chuaigh seanabhean gairid do dhul thar pé teorainn atá ann, isteach i mainistir na gCaipisíneach an lá eile trí aineolas. Rith sé liom gur dócha gur mó bean a d'iompair na manaigh leo thar teorainn isteach ina n-aigne – agus níor deineadh an áit a ath-bheannú.

(17. 4. 1967)

9 SAMHAIN

Oíche bhog. Is doimhin iad préamhacha mí seo na Samhna. Gan cuimhneamh ar shamplaí ná ar ócáidí, cuimhním ar an bPágántacht Ghaelach nuair a chuimhním ar Shamhain. Ní mór dom dán a chumadh dar teideal 'Oíche Shamhna'. Tá an dá thraidisiún ag teacht le chéile Oíche Shamhna .i. an Phágántacht agus an Chríostaíocht. Tá an dá thraidisiún úd ginte ionainne faoi ghné na Gaeilge. Ní foláir dom an dán úd a scríobh. B'shin dán duit – a leithéid sin de 'Oíche Shamhna' agus é scríofa i gcaogaidí na fichiú haoise. Ní raghadh sé saor ón bhfichiú haois ach an oiread. 'Oíche Shamhna.' Corraíonn na focail duine. 'Oíche Shamhna' – dá bhféadfaí na focail úd a phléascadh. Tá rud iontu.

A Chríost, tabhair dúinn inniu a bheith socair, a bheith chun suaimhnis, a bheith mall, a bheith neafaiseach, a bheith neamhdhithneasach! Maith dhúinn ár gcionta. Tóg sinn as an scamall seo a bhfuilimid istigh ina lár. Tabhair de mhisneach dúinn an bac atá orainn a bhriseadh. Caithfear an bac seo a bhriseadh nó ní análófar. An bhfuil aon Dia ann? Cad chuige a bheith ag féachaint in airde agus gan éinne thuas. A fheara Ierusalem, cad ab áil libh a bheith ag gliúcaíocht in airde? Má taoi thuas, a Dhia seo a dhein mise agus mo leithéid eile, an gá go mbeimis chomh hainnis anseo thíos agus atáimid? Cad atá ar intinn agat? Cad tá uait? Cad chuige muintir na hUngáire a bheith ag cur fola? Cad chuige go mbeadh mo scámhógasa tinn? Táimse bréan den chinniúint cé go bhfaca crann draíochtúil aréir agus cé gur aontaigh fear liom go raibh an crann úd faoi dhraíocht.

(9. 11. 1956)

10 SAMHAIN

Rith sé liom anois – ní don gcéad uair – nár scríobhas riamh anseo, ná in aon áit eile an rud ba mhaith liom a scríobh – na smaointe a bhíonn ag gabháil trínár gceann uathu féin, gan éinne á dtiomáint ná á dtabhairt faoi deara. Ní smaointe Domhnaigh iad, mar a déarfá, ach gnáthsmaointe laethúla. Ar beireadh riamh orthu? Dá mbeadh inneall ann ar chuma an téipthaifeadáin chun breith orthu i ngan fhios dóibh. Ní chreidim gur féidir iad a scríobh síos mar ceileann siad iad féin le náire nuair a bhíonn a fhios acu go mbítear ag éisteacht leo. Cuireann siad crot orthu féin láithreach agus sin deireadh. Dá bhféadfaí iad a scríobh síos, fiú uair amháin, braithim go mbeadh beirthe ar an nduine faoi mar a bhí sé na mílte bliain ó shin, faoi mar atá inniu – pé am é inniu – nó, go deimhin, pé am é aon am – agus faoi mar a bheidh *in saecula saeculorum* [trí shaol na saol].

(18. 4. 1967)

11 SAMHAIN

Tá an tAire Oideachais san nuacht arís. D'fhógair sé inné go bhfuil an Rialtas meáite ar an dá ollscoil i mBleá Cliath d'aontú faoi údarás amháin. Titfidh an t-anam as John Charles McQuaid. Chun a cheart a thabhairt do Dhonncha Ó Máille leag sé an feochadán le buille amháin dá chlaíomh. Dealraíonn sé gur seo gníomh. Is fada sinn ag éisteacht leis an gcosc ar Chaitlicigh i gColáiste na Tríonóide á phlé. Cuireann seo deireadh le plé. Labhrann gníomh i bhfad níos soiléire ná díospóireacht. Trua ná féadfaí gníomh mar é a dhéanamh i dtaobh cheist na teanga!

(19. 4. 1967)

12 SAMHAIN

Bhuaileas le Seán Ó Riada i gCorcaigh (i Roches Stores) inné agus a bheirt mhac ina theannta, 5 bl. agus 7 mbliana. Dúirt sé gur mhaith leis go gcloisfinn an feairín ba shine ag rá cén rud is grásta ann. D'fhiafraigh den ngarsún ansin cad is grásta ann agus thug seisean freagra fada, suimiúil, dochreidte. (Ní raibh an teachtaireacht dochreidte ach bhí an modh inste agus fad agus castacht an ráitis.) Tá cloigeann an-chaol, deoranta ar an ngarsún, agus cuma shollúnta, ainglí, agus le linn dó a bheith ag labhairt i nGaeilge bhlasta, álainn, chruinn bhí a fhios agat go rabhais i láthair náisiúntacht na hÉireann – b'fhéidir nach foláir a rá Gaelnáisiúntacht na hÉireann. Baineann an rud seo le teanga dhúchais. Bhí Gaelnáisiúntacht na hÉireann anseo chomh neamhleonta, neamhbhearnaithe agus a bhíonn nó a bhí riamh ar bhéal aon fhear Gaeltachta in Éirinn riamh – cé gurb é an Béarla teanga dhúchais a athar agus an Fhraincis nó an Iodáilis teanga dhúchais a mháthar. An nuaghlúin a athróidh Éire.

(22. 4. 1967)

13 SAMHAIN

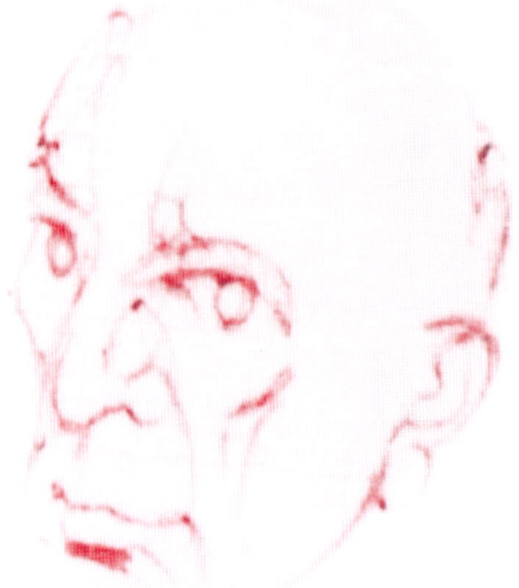

'Tá báisteach air' adeirtear sa Ghaeltacht .i. go bhfuil báisteach ag bagairt orainn. Is féidir liomsa a rá go bhfuil anachain 'air'. Bíonn anachain nó tubaist éigin de shíor ag bagairt orm. Bíonn buairt aigne de shíor ar chúl mo smaointe – nó arís mar a dúirt an file: 'Bíonn lionndubh mór os cionn mo gháire'.

Cén fáth? Bíonn eagla orm. Cén fáth? An de dheasca droch-shláinte é? Nó an é go bhfuil sé á thuar dom go bhfaighidh an leisce greim orm ar deireadh agus nach mbead in ann mé féin a fhuascailt uaithi agus go raghaidh mo shaol ó mhaith? Nó an cúrsaí creidimh nó cúrsaí peaca faoi deara é? Dá mbeadh iontaoibh againn as Dia, pé brí atá leis sin, ní móide go mbeimis chomh himníoch, buartha sin. Nuair a chuirim gach rud dá bhfuil feicthe agus mothaithe agus blasta agam san áireamh, deinim amach nach mbíonn an rud ar a dtugtar 'áthas' nó *laetitia* mar thoradh ar rud ar bith ach ar a bheith i staid na ngrás. Ní haon ní saolta a shásóidh sinn agus b'fhéidir gur sin fáth mo bhuartha.

(26. 4. 1967)

14 SAMHAIN

Tá an saol in Éirinn an-chorraithe faoi láthair. Tá fearg san aer. Tá daoine ag fiuchadh. Tá fearg ar an N.F.A .i. na Feirmeoirí Aontaithe. Dealraíonn sé nach bhfuil siad sásta glacadh le húdarás an rialtais a thuilleadh. Dealraíonn sé go bhfuil na hEaspaig Chaitliceacha .i. arís na Feirmeoirí Aontaithe, ag taobhú leo. Tá scata i bhfeirg leis na hEaspaig. Tá fearg ar naimhde na Gaeilge, léithéidí an L.F.M. agus ar dhaoine eile leo sin. An-mhinic tugaim faoi deara go mbíonn cuma na feirge le feiscint ar aghaidh fir ar an tsráid. Ní foláir nó tá an chuid is mó de dhaoine i bhfeirg. Cad a chuir chun feirge iad? An tuiscint, ní foláir, go bhfuil leatrom á dhéanamh orthu. Bíonn fearg orm féin, is oth liom a rá. Easpa na carthanachta atá orainn go léir. Níl íocluibh mar í.

De bharr na feirge seo go léir braithim go bhfuil gluaiseachtaí rúnda ar siúl, 'uisce faoi thalamh', nithe atá ceilte ag daoine agus ar dhaoine, agus gur gearr go mbeidh pléascadh .i. go bpléascfaidh an fhearg seo go léir an córas agus na hinstitiúidí sóisialta atá againn faoi láthair. Is léir go bhfuil an pobal (sa tír seo) níos saibhre ná a bhíodh agus ag dul i saibhreacht ach nach bhfuil sé ag dul i bhfíréantacht dá réir. Tá an Eaglais féin, agus go háirithe na hEaspaig agus cuid mhaith de na sagairt, éirithe sámh, claon. Ní móide go mairfidh córas sóisialta i bhfad atá bunaithe ar fhearg agus a thugann neamhaird ar ghrá comharsan nó grá Dé.

(7. 5. 1967)

15 SAMHAIN

Tá mianach an pháipéir seo róthanaí. Ní móide gur ceart scríobh ar gach taobh den mbileog mar téann an scríbhneoireacht tríd an bpáipéar. Nach mar sin is fearr é. Dá mhéid dua a gheobhaidh lucht taighde (ó na Stáit, *of course*) ar ball is ea is fearr. 'Breá leo dua agus doiléire agus fadhbanna agus *variae lectiones* [léamha éagsúla].

(16. 5. 1967)

16 SAMHAIN

Ag léamh roinnt de na nithe atá scríofa anseo agam, ritheann sé liom go bhfuil sé thar am agam Gaeilge níos treise a scríobh – stíl níos fíochmhaire a chothú, machnamh níos cruinne a dhéanamh, nithe a fheiscint níos soiléire agus a mhothú níos doimhne. Tá an scríbhneoireacht seo thar a bheith leamh, lag, deas. Níl anam inti. Ní hé mo thuairim gur easpa Gaeilge faoi deara é seo ach easpa croí. Táim éirithe leamh, liomleat. Tá mo dhóthain cleachtadh déanta agam, um an dtaca seo, ar scríbhneoireacht chun ábhairín éigin fíor-scríbhneoireacht a dhéanamh. Níl tábhacht leis an rud a dheinim mar níl sé tromchúiseach – tá sé scaoilte. Níl ann, a Chríost, ach caitheamh aimsire – rud nach féidir a mhaitheamh. Caithfidh scríbhneoireacht a bheith dainséarach chun a bheith fiúntach. Caithfidh boladh an allais, na fola, na feirge, na fulaingthe, na daonnachta a bheith uaithi. Thar rud ar bith eile, caithfidh sí a bheith riachtanach. Níl an teaspach dearg le cáineadh ach an oiread ach caithfidh an teaspach a bheith dearg. Fuaireamar ár n-aigne, ár gcorp chun iad d'úsáid, ní chun sos a ghlacadh – chun iad d'úsáid agus ansin bailiú linn isteach san uaigh. Mallacht ar an bpeannaireacht leisciúil seo. Cladhaire is ea mé agus níl cladhaireacht is measa ná dialannaíocht. Dúisigh, buail, strac, cac, brúigh, loit, treascair, gearr ach, ar son Dé, ná bí deas! Scríobh dráma, nó cum dán, nó dein rud éigin a mbeidh tosach agus deireadh leis seachas an bhuinneach shíoraí seo de dhialann. Á, tá an focal agam don sórt seo scríbhneoireachta – tá sí séimh – slán mar a n-instear é. Bhfuil rud níos measa ná séimhe?

(29. 5. 1967)

17 SAMHAIN

Meata atáim. Níor ghéill daoine eile. Ní gá, ní ceart d'éinne géilleadh. Caithfear déanamh leis an méid a fuaireamar. Chonac inné aiste a scríobh Marian (10 mbl.) i dtaobh Dhaithí (2 bhl.). Rud simplí ach rud álainn, fírinneach, ionraic, neamh-urchóideach, úr, beo. Ní hiad na tabhartaisí a fuaireamar a mheánn ná ár gcuid léinn ach glaine ár gcroí. Ba chóir a bheith buíoch de Dhia agus íseal. Agus ós ag trácht ar thabhartaisí nó ar thíolacthaí nó bronntanaisí nó pé rud is maith leat a thabhairt orthu, nach tabhartas dochreidte an teanga seo agus a leanann í sa mhéid go bhfuil sí againn. Á! 'Sa mhéid go bhfuil sí againn.' Tá mo ghalarsa le léamh ar na focail sin. Ansin a gheobhair an t-éadóchas. Pé méid é an méid sin a bhfuil sí againn, caithfimid oibriú air sin. Go deimhin, braithim gur minic gurb iad an dream is lú tabharthaisí is fearr a oibríonn, is sia a théann ar deireadh. San earra simplí bocht agus ní san earra taibhseach a bhíonn buaine. Dia linn is Muire is Gobnait na Cille.

Bithiúntaíocht is ea cuid mhaith de m'umhlaíochtsa. Éitheach is ea gach rud a scríobhaimse. Dá mb'áil liom éitheach a chur romham mar aidhm b'fhéidir go scríobhfainn an fhírinne.

(23. 6. 1967)

18 SAMHAIN

Cnáimhseáil ar fad is ea an leabhar seo. Is mar fhaoiseamh nuair a bhíonn cúrsaí ag breith cruaidh orm a scríobhaim í. Dúntar í nuair a bhíonn an ghrian ag taitneamh.

Ceist agam ort: cén rud é siúd nach mbíonn riamh, agus nach mbeidh go bráth, ag an bPaorach? Is eagal liom gur lá eile é.

(28. 6. 1967)

19 SAMHAIN

Báisteach, buíochas le Dia. Nimh sa ghrian sin. An lá ar fad caite agam sa leaba ag léamh *Mo Scéal Féin* – leabhar Pheadair Uí Laoire. Níor itheas faic ó mhaidin agus ní mór a itheas an uair sin. Is dóigh liom go ndeineann céalacan lae tairbhe sláinte do dhuine. Ní mhothaím an t-éagruas a thuilleadh orm. Mothaím feargach, áfach. Cé leis? 'Bhfuil éinne nach mothaím feargach leis?

Cé gurb aoibhinn liom anois agus riamh stíl Ghaeilge an Athar Peadar Ó Laoire, caithfear a rá gur minicí an timpeall ná an cóngar aige. Stíl mhall a stíl. Duine nádúrtha, saonta, neamhurchóideach ab ea é agus sagart cruthanta. Fear croí mhóir agus níor cheil a chabhair ar mhic léinn óga. Bhí sé de nós aige, pé taobh ar a mbíodh sé, a bheith ar an dtaobh sin go láidir – chomh láidir nach dtabharfadh sé a gceart don dtaobh eile in aon chor. Tá an cháilíocht sin go forleathan i sagairt na hÉireann go fóill. Is le barr croíúlachta a bhíodh sé mar sin. Fear láidir ab ea é, mar sin. Ba mhó d'fhear láidir ná d'fhear machnaimh é, measaim. Fear séimh ab ea é chomh maith, déarfainn – b'fhéidir simplí. Conas, mar sin, gur éirigh leis saothar litríochta chomh mór sin a dhéanamh? Níor thosnaigh sé seo ar an scríbhneoireacht go dtí go raibh sé 60 bl. Agus fós tá a shaothar níos raidhsiúla ná cuid mhaith údar a thosnaigh óg. Cad faoi deara é seo? Thuig sé don gcéad uair nuair a chuaigh sé go Má Nuad go raibh an Ghaeilge i mbaol. Thug Ardeaspag Thuama, Seán Mac Éil ceacht dó agus é ina mhac léinn nuair a chuir sé ar a shúile dó a thábhachtaí agus a bhí léann na Gaeilge. Ach, ar deireadh, ní raibh d'aidhm lena chuid scríbhneoireachta ach an teanga Ghaeilge a shábháil. Mar deir sé féin:

'Ag machnamh dom air sin thuigeas i m'aigne nach raibh aon rud in aon chor againn, i bhfoirm leabhair, le cur i láimh aon linbh chun an Ghaeilge a mhúineadh dhó. As mo mhachnamh shocraíos ar leabhar faoi leith a scríobh dár n-aos óg, leabhar a mbeadh caint ann a bheadh glan ó na lochta a bhí i bhformhór cainte na bhfilí, leabhar a mbeadh caint ann a thaitneodh leis an aos óg. Sin é an machnamh a chuir féachaint orm *Séadna* a scríobh. Thaitin an leabhar le gach éinne, óg agus aosta...'

(15. 7. 1967)

20 SAMHAIN

Ar mo shlí abhaile ó Dhún Chaoin inné stadas lasmuigh de scoil Shliabh Riabhach, mar a rabhas féin ar scoil. Tá an scoil seo dúnta anois. Tháinig fear meánaosta an treo. Béarla a labhair sé. D'fhiafraíos de an raibh an scoil dúnta. Dúirt go raibh. Bhí aithne againn ar a chéile fadó cé nár aithníomar a chéile. Peter Cronin is ainm dó. Thagair do m'athair. 'Fear láidir ab é,' dúirt sé, 'gur chaill sé a shláinte. Bhí sé chomh díreach le máistir scoile,' dúirt sé. 'Níorbh aon dóichín é. Bhí seasamh a chirt ann. B'fhearr an saol,' dúirt sé, 'dá mbeadh a leithéid fós ann.' Thógas ceann den rá úd go raibh sé chomh díreach le máistir scoile. Chuireas suim fhear litríochta san ráiteas sin. Chuala an abairt seo a leanas i nDún Chaoin: 'Sé a athair ina chrutaon é.' Suim fhear teanga a bhí agam san abairt sin. An amhlaidh nach bhfeicim nó nach gcloisim i nDún Chaoin ach an teanga? Cé acu éisteacht nó cé acu suim is tairbhí dhom mar scríbhneoir – dá mba scríbhneoir mé? An éireoidh liom go bráth éisteacht le muintir Dhún Chaoin gan beann ar áilleachtaí, ná aicillíochtaí, ná aiteachtaí teanga? Tá éirithe liom cheana éisteacht le cuid acu mar sin – nach mithid dom é? – ach bíonn baol teanga i gcónaí ag bagairt. Ba shláintiúla gan an iomarca ceann a thógaint den dteanga mar mhaithe léi féin amháin.

Dúirt an Cróiníneach gur rógaire ab ea m'uncail Con – ach duine lách. Tamall eile den mbóthar agus bhuaileas le Denis Finneagan – col seisear dom. É suite ar thaobh an bhóthair. Gaeilge a labhramar. Níl sí aige rómhaith. (Féach arís!) Baitsiléir idir 60 agus 70 é. Feairín banúil, triopallach. Tá tigh dá chuid féin aige ar thaobh an bhóthair cé go bhfuil cónaí 'ceart' air in aonacht lena dheartháir agus lena dheirfiúr trasna an chnoic i nDoire na Sagart. Cheannaigh sé an tigh seo ar thaobh an bhóthair cúpla bliain ó shin. Cad chuige é? Ní chodlaíonn sé ann. 'Castel Gandolfo' a thug sé air. Bíonn sé ann i rith an lae, de réir dealraimh. Bíonn lucht scoraíochta ann fairis istoíche. Sórt bréagáin is ea é. Dúrt leis go mba chóir dó bean a sholáthar. 'Ar an saol eile, anois,' a dúirt sé. Niúidí neáidí is ea an nioc so. 'B'fhéidir,' ar seisean, 'nuair a bheimid críonna (.i. é féin agus a dhearthháir agus a dheirfiúr – tá sé féin gairid do 70 agus an bheirt eile os a chionn!) go n-aistreoimis anall anseo.' Is mór idir an saol seo agus saol láidir fireann Dhún Chaoin. N'fheadar cathain, dar leis, a bheidh siad críonna?

(5. 8. 1967)

21 SAMHAIN

Tá léithe éigin neamhchneasta sa spéir na laethanta seo. Tá an ghruamacht seo gafa lastuas díom ar fad inniu. Dá mbeadh na seanscámhóga cneasaithe is dócha nach bhfeicfinn ach gile i ngach aon bhall. Is fada liom mo bheatha. An fíor sin? Is dócha nach fíor. Tá an iomarca foghlamtha agam le himeacht na mblian chun rudaí den tsaghas sin a chreidiúint. Mar sin féin, tá fiche bliain caite agam ag iompar an ghalair seo agus ní haon ionadh dronn ar mo chorp agus ar m'aigne aige. Caithimis uainn é mar scéal! Mé féin faoi deara cuid den mhoill mar bím i gcónaí ag cur nithe ar an méir fhada. Drochdhochtúirí faoi deara cuid de mo phian agus Dia na Glóire, moladh go deo leis, faoi deara sinn a bheith ann in aon chor. Caithfear gabháil trí anró ar an saol seo agus nuair a shroisfeam an áit in airde beam gan ghalar, gan mhairg. Dá luaithe é, mar sin, is ea is fearr é. Ach cuirfidh mé geall leat nach in airde a ragham in aon chor! An té nach mbíonn rath air ar maidin ní bheidh um thráthnóna.

(21. 11. 1957)

22 SAMHAIN

Dúisithe. Feabhas orm. Cad a dhéanfainn dá mbeadh droch-bhreoiteacht leanúnach orm? An amhlaidh go bhfuil eagla an bháis orm? Ní féidir an bás a sheachaint ar fad. Tá a fhios againn go dtiocfaidh sé luath nó mall. B'é ár mbuaic, mar sin, sinn féin a oiriúnú don mbás – scil i mbású d'fhoghlaim. Is maith linn an rud a bhfuil scil againn ann a dhéanamh. Creidim go bhfuil dhá mhodh chlasaiceacha ann chun bás a fháil go healaíonta .i. an modh Críostúil agus an modh págánach. Ní foláir nó tá an modh Críostúil bunaithe ar chreideamh sa tsaol eile agus an modh págánach ar mhórtas agus ar dhínit an duine nach leomhfadh dó eagla a thaispeáint ná a mhothú. Is laochúla an modh págánach ach is torthúla an modh Críostúil, dar liom. Is mó maighdean óg leochaileach agus is mó garsún scoile a chaith bás a fháil i mbláth a n-óige. Is mó seanbhean bhocht aineolach agus sclábhaí meisciúil a thug aghaidh ar an mbás. Tá súil agam go mbeimidne chomh calma leo.

(22. 11. 1964)

23 SAMHAIN

Tráthnóna inné bhuaileas le buachaill scoile sé nó seacht mbliana déag. Cuireadh in aithne dhom é. Dúradh liom cé hí a mháthair. Tá aithne agam uirthi. Lil Ní Shúilleabháin ab ainm di tráth. Ansin thugas a súile siúd faoi deara ina cheann seo. Thitfeadh aon fhear i ngrá léi mar mhaithe lena súile amháin. Thógas ceann dá súile riamh ó bhí sí ina leanbh. Súile donna áille ag léimrigh ina ceann. Shamhlaínn a pearsantacht leis na súile sin. B'í féin a súile. Is iad na súile ceannann céanna atá aige seo. Ní leis a shúile. Is léi sin iad. B'ait liom inné iad a bheith i gcorp eile. Ní fhéadfadh aon aigne eile a bheith laistiar díobh ach a haigne siúd. Conas a fhéadfadh stróinséir seilbh a fháil ar a pearsantacht siúd? Ach ní féidir gur le Lil Ní Shúilleabháin a thosnaigh an dá shúil dhaonna seo. Bhíodar, ní foláir, ag daoine eile roimpi. Téann siad siar i bhfad agus b'fhéidir go raghaidh siad i bhfad fós ó ghlúin go glúin, go dtí, ní fios cathain. An amhlaidh nach bhfuil a mhalairt de shíoraíocht againn?

(10. 9. 1967)

Súile Donna

Is léi na súile donna so
A chím i bplaosc a mic,
Ba theangmháil le háilleacht é,
A súile a thuirlingt ort;

Ba theangmháil phribhléideach é,
Lena meabhair is lena corp,
Is míle bliain ba ghearr leat é,
Is iad ag féachaint ort.

Na súile sin gurbh ise iad,
Is ait liom iad aige,
Is náir liom aghaidh a thabhairt uirthi,
Ó tharla sí i bhfear.

Nuair b'ionann iad is ise dhom,
Is beag a shíleas-sa
Go bhfireannódh na súile sin
A labhradh baineann liom.

Cá bhfaighfí údar mearbhaill
Ba mheasa ná é seo?
An gcaithfeam malairt agallaimh
A chleachtadh leo anois?

Ní hí is túisce a bhreathnaigh leo,
Ach an oiread lena mac,
Ná ní hé an duine deireanach
A chaithfidh iad dar liom.

Ab shin a bhfuil de shíoraíocht ann,
Go maireann smut dár mblas,
Trí bhaineannú is fireannú,
Ón máthair go dtí an mac?

(*Línte Liombó*, 10)

24 SAMHAIN

Theip orm tigh Mháirtín Uí Mhurchú i mBaile an Easpaig a bhaint amach inniu agus inné. Chuas amú. Tá rud ag baint le dul amú. Ní maith le héinne dul amú ach fós tá draíocht ag baint le dul amú. Ceann de rudaí diamhaire na beatha is ea dul amú. Is draíochtúla filíocht dhoiléir ná filíocht shoiléir. Rud comónta is ea é a fhios a bheith agat cá bhfuilir ach an té nach bhfeadair cá bhfuil sé tá sé i ndomhan doiléir do-eolais. Braithim go mbíonn fallaing na filíochta agus na neamhurchóide á caitheamh ag an té a bhíonn dulta amú. B'fhéidir go bhfuil dul amú orm ach braithim go mbíonn sé fillte ar a óige. Tugtaí meascán mearaí air i mBaile Bhuirne agus deirtí gur ag gabháil mórthimpeall i gciorcal a bhíonn an té ar a mbíonn sé. Is é leigheas a mholtaí ná do chasóg a iompáil taobh tuathail amach.

(26. 11. 1967)

25 SAMHAIN

Bhíos ag léamh dáin le San Francesco anois beag. Cé nach bhfuil aon Iodáilis agam, ní mór ná go bhféadfainn é a thuiscint gan chabhair ón aistriúchán. Molann sé gach créatúr – an ghrian, an ghaoth, an t-uisce, etc. Ar deireadh molann sé *'sora nostra morte corporale'* – ár siúr, bás an choirp. Bhíos ag baint taitnimh as an dán. Bhaineas taitneamh as na focail sin, leis. As focail agus as soiléire na scríbhneoireachta a bhíos ag baint taitnimh go dtí, go tobann, sciorr m'aigne agus, de gheit, chuimhnigh sí ar cad tá laistiar de na focail 'bás an choirp'. D'fhágas San Francesco i mo dhiaidh agus leanas an bás. Shloig an bás mé, mar a déarfá. Mhothaíos go raibh an t-am ag imeacht, is ag imeacht ar chosa in airde – nárbh fhéidir é a stop – ár mbráthair an t-am – nach bhféadfadh ach aon toradh amháin a bheith ar shíorimeacht seo an ama ach mo bhás-sa; nach rabhas ach ag feitheamh leis an mbás; go raibh na neomait ag teacht is ag imeacht, ag teacht is ag imeacht, le barr luais agus nach raibh ann ach gearrthamall go dtí go sroichfinn ceann scríbe .i. an bás. Ghaibh arraing tríom. Uair um á seach titeann scáth an bháis ar an duine. Sin fáth ár n-éadóchais – nach féidir am a stop.

(8. 4. 1972)

26 SAMHAIN

É fuar fliuch inniu. Deacair dom m'anáil a tharrac. Tá saothar orm anois féin. Mar sin féin, is fada, fada, gur chaitheas geimhreadh chomh saor ó eagla. Pictiúr ar an *Irish Times* inné de Brig. Gen. Nguyen Ngoc, ceann phóilíní Vietnam Theas, ag lámhach oifigeach den Vietcong a bhí ina phríosúnach aige. Is é an rud is scanrúla dá bhfaca riamh é. Ba dhóigh leat ar an bpríosúnach bocht gur maraíodh go minic cheana é agus nach raibh sé ag tógaint aon cheann de. Fear óg, garsún, ab ea é. Dia linn is Muire, a mháthair. Tá saol dochreidte anois ann. Ní aois creidimh an aois seo. Níl sólás ná éalú ar bith ón uafás seo. Is é an t-oifigeach a maraíodh agus a leithéid feicthe againn nár shamhlaíomar riamh. Féach mise beo ar dhrochscámhóga le tríocha bliain agus an buachaill óg sláintiúil úd marbh. Táim éirithe aosta. Ní chuireann rud ar bith ionadh ar an dream óg.

(3. 2. 1968)

27 SAMHAIN

Chonac cailín sa túpar-vearcait inné agus bhí a haghaidh agus a déanamh ar fad ag craoladh phrionsabail na háilleachta. Mar sin féin, bhí cuma bhreoite chaite uirthi mar a mbíodh ar chailíní na heitinne le linn m'óige. Is fada nár chuimhníos orthu. Ní bhíonn a leithéidí ann a thuilleadh. Dream sláintiúil, substaintiúil, téagartha ar fad a bhíonn anois ann. Ní fheicfeá éinne ag leá os comhair do shúl anois mar a chífeá an uair úd.

(7. 4. 1968)

28 SAMHAIN

Is beag a scríobhaim anseo anois ó thosnaíos ag scríobh don *Irish Times*. Ag scríobh altanna a bhím anois. Ag nochtadh m'aigne a bhínn roimhe sin. Cé acu is fearr? Ba chóir gurb ag nochtadh m'aigne a bheinn sna haltanna. Mura mbeinn, nó mara mbím, cad is fiú iad? An rud is measa is ea nach leor liom m'aigne i gcónaí. Caithfidh an t-alt a bheith go maith – suaithinseach – ionas go dtógfaí ceann de. Nuair a bhíonn m'aigne leamh, dar liom, bím a d'iarraidh í athrú, aigne eile a dhéanamh, píosaí deasa a shá isteach nach mbaineann le pé blúire machnaimh a bhíonn ar siúl agam in aon chor. Camastaíl is ea a leithéid agus ampla. Ba chóir a bheith sásta le pé aigne a tugadh dom. Deineann na paistí deasa nach mbaineann le hábhar an bhlúire, machnamh cnapánach, mearbhallach. Tá a bhua féin ag baint le speach machnaimh dá thanaí. Machnamh is ea é. Deisiú nó cur suas taoibhíní is ea an rud eile. Agus más dóigh liom go n-éireoidh leis an gcleasaíocht seo tá breall orm mar ní bheidh éinne meallta ach mé féin. Ní dóigh liom go gcuireann sé puinn feabhais ar an scéal gur liom na 'píosaí deasa' – gur rudaí iad a bhí scríofa roimhe sin agus ar cheapas a bheith deas.

(12. 8. 1968)

29 SAMHAIN

Ghaibh teainceanna Rúiseacha thar teorainn na Seicslóvaice maidin inniu. Tá seilbh gafa ag saighdiúirí Rúiseacha, Pólannacha, Gearmánacha, ar an dtír. Gníomh brúidiúil. Moscó *locuto est* [tar éis labhairt]. Tá croíthe ag crua arís. Tá deireadh le hidéalachas. Is gearr ó bhí Angelo Roncalli agus John F. Kennedy ann. Ní mór an mhoill a dheineadar. Lasadar solas an dóchais. Ach tá miondaoine ar a ndícheall ag múchadh an tsolais ó shin – leithéid Montini, Lyndon Johnson, Richard Nixon. Dealraíonn sé gur buaine cruas ná boige an chine. Tá an aicme scanraithe san diallait arís – agus beidh.

(21. 8. 1968)

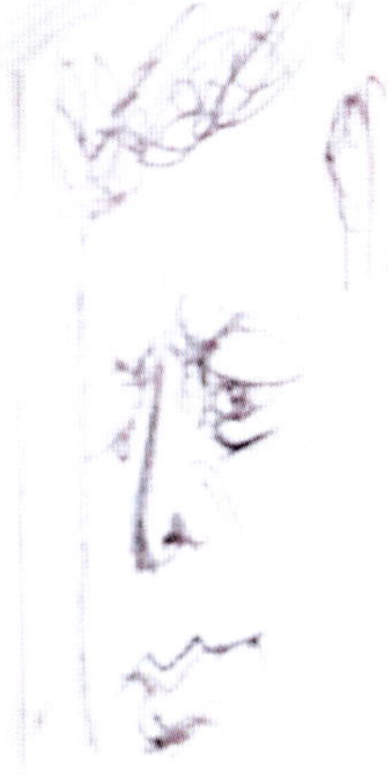

30 SAMHAIN

Is dócha go bhféadfaí ailtire a thabhairt ar mo leithéidse. Mór idir sinn agus ailtirí nó *architects*. B'fhéidir, mar sin féin, gur sin ár n-ainm ceart. Deir Dinneen gurb ionann ailtire agus *'one in a miserable condition'*. Chun ár mbeatha a thuilleamh a scríobhann cuid againn altanna. Altú roimh bhia is ea é mar sin. Scríobh Rimbaud roinnt altanna – altú Rimbaud. Mar sin féin, is minic a bhíonn ocras tar éis altaithe ar dhaoine. Dá rithfinnse as altanna, ceart go leor, bheinn as alt … cac.

(23. 8. 1968)

1 NOLLAIG

Níor dhein sé lá breá inné. Ceo agus báisteach. Mo shrón stopaithe i rith an lae. Chaitheas dul go dtí an Daingean chun leigheas a fháil. Chuaigh Danny i mo theannta. Thugas dhá thuras ar an bhFile. Tá sé ag dathú pictiúirí anois. Dá bhoichte a bhíonn duine ar an saol is ea is saibhire a bhíonn na dathanna ina chuid pictiúirí agus ina chuid focal. Cuireann libhré a chuid pictiúirí agus a chuid dánta ionadh agus alltacht orm. Tá pictiúir déanta aige de ghliomach agus is rud álainn idirnáisiúnta idiraoiseach é. Fonn a ghníos fiach. An fonn gan sásamh seo istigh ann a shaibhríonn an uile rud. Mar a dúirt sé féin aréir, níl i ndaoine na haimsire seo ach meaisíní – ní daoine chuige iad.

(26. 9. 1968)

2 NOLLAIG

Cuimhnigh ar Naomh Treasa Avila! Sin é agat é anois. Ní dhéanfadh sé an gnó go bráth cuimhneamh ar ghnáthdhuine. Cad a bhís chun a rá ina taobh? A sholasmhaire agus a bhí a haigne.

Why not write in English? Is not this your native language? Is it not presumption and dishonesty to presume to write in Irish? What of the quality of your English in comparison with that of your Irish? Would it not be a change to write in English? Might it not release certain energies now imprisoned?

N'fheadar, tá sé ródhéanach anois. Ba thréas é. B'fhéidir nach féidir liom mé féin a chur in iúl chomh maith i mBéarla. Ach nílim do mo chur féin in iúl i nGaeilge. Táim ag dul i bhásta. Tá an cantam beatha a fuaireas ag dul amú. Ní ceart cloí le Gaeilge murar féidir léi mé a iompar – nó murar féidir liomsa í a ionramháil. Tá an File ag dathú pictiúirí. Canathaobh nach ndéanfainnse é? 'Bhfuil gníomhú fanta ionam a thuilleadh?

(26. 9. 1968 ar lean)

3 NOLLAIG

Tá an piolla suain ag oibriú. Is gearr go ndéanfad sraic codlata. Is geall le bheith ar meisce é. Ní mheánn faic brobh. Is cuma leat. Bíodh an diabhal acu. Taoi beag beann orthu. Is aoibhinn an mothú é. Na cúramaí úd a bhí do do chlipeadh, cad is fiú iad? Tá simpliú déanta ar an rírá go léir. Tá do lámha agus do mhéara agus do mhothú ag fáil bodhair. Is cuma leat. Taoi ar meisce. Níl aon imní ort. Taoi saor. Taoi ag imeacht ar saoire uait féin. Taoi ag fáil éadrom. Is gearr go mbeir ag eitilt. Tá seilbh agat ar chroíúlacht. Tá do radharc ag fáil scaipithe. Sórt báis é seo. Mothú aoibhinn é. Tá an t-ualach bainte díot. Níl aon eagla ort. Trócaire é seo. Bhí do dhóthain imní faighte agat. Tá an peann ag titim as do láimh. Oíche mhaith!

(21. 12. 1968)

4 NOLLAIG

Tá an piolla ag oibriú. Diaidh ar ndiaidh cuireann sé mo chorp ar neamhní. Is geall le píosaí páipéir mo dhá láimh. Téann an fórsa seo tríom ar fad, faoi mar b'aibhléis é. Mothaím i mo liopaí agus i mo mhéara é. Mothaím mo chorp á chur ar ceal. Faigheann an fórsa glan seo seilbh orm ionas go leánn an chuid díom is corp – an rud mall, modartha is corp. Dealraíonn sé gurb ionann mise agus an fórsa seo – an aibhléis seo. Ní mór ná gur spiorad glan mé. Ba dhóigh leat go rabhas san spás amuigh gan aon mheáchaint ionam. Is aoibhinn an mothú é. Sórt meisce is ea é. Ní mheánn rud ar bith brobh. Tá an uile rud agus mé féin éadrom. Conas nach n-éirím den dtalamh mar a dheineadh Naomh Treasa Avila? Dá bhféadfainn sroisint go dtí an éadromacht seo gan phiolla ach de bharr machnaimh ar Chríost is dócha go bhfaighinn sciatháin. Táim ag díchorpú. Is gearr ná beidh ionam ach mothú gan téagar. Is gearr go dtitfead i mo chodladh ar fad .i. go raghad ar neamhní. Mór an trua, mar níl aon ní neamhriachtanach ag baint liom faoi mar atáim. Tá gach ribe gruaige ar mo cheann leictrithe ar meisce. Táim ag éalú as mo chorp. Mothaím mo smig agus mo fhiacla agus m'aghaidh ag folamhú – ag leá. Níl eagla ná amhras ná imní orm. Táim dírithe. Codladh grífín ar fad is ea mé – is muintir Dhuinnín ag gol. Nár bhreá bás a fháil mar seo – neamhspleách ar an gcorp – i d'aingeal. Ba cheart toradh a thabhairt orm – ar gach focal dá ndeirim, mar táim ar leaba mo bháis. Tá an greim a bhí ag an gcinniúint orm scaoilte. Tá mo radharc ag éirí scaipithe. Táim beag beann. Ní raibh éinne riamh ní ba lú beann. Braithim go bhfuil an Ghaeilge leachta chomh maith le mo chorp ionas gur féidir í a athmhúnlú de réir mo thoile. Níl rud ar bith ceilte orm. Táthar do mo shlogadh. Is gearr uaim. Níl aon deabhadh orm. Sea, tá sé in am ligean dom féin múchadh.

(25. 2. 1969)

5 NOLLAIG

D'fhéachas amach anois agus tá an dúthaigh clúdaithe le sneachta. Ní móide gur féidir dul amach inniu. Ghaibh arraing éadóchais trí mo chroí anois beag agus ní mar gheall ar an sneachta. Ba mar gheall ar an nGaeilge é agus mar gheall ar mo mhímhacántacht féin. An bhfuil an obair seo ar fad mímhacánta? Braithim go bhfuil, ach táim ag fanacht le duine éigin a neosfaidh dom nach bhfuil. An rud ba ghránna a chuala le fada, cheapas, ab ea mo cheirnín féin, ach, arís, táim ag fanacht leis an té a déarfaidh liom nach bhfuil sé gránna. Bím de shíor ag súil le 'cara' éigin a bhainfidh an faobhar nó an gomh den bhfírinne dom. Nach mó uair an fhírinne curtha chun suaimhnis – curtha a chodladh – agam le cúnamh na gcomharsan. Ach tiocfaidh an lá nach n-oibreoidh piollaí suain ar an bhfírinne agus go bhfóire Dia orm ansin. Uaireanta dúisíonn an fhírinne ar maidin nuair a dhúisím féin ach is gearr go dtí go mbíonn sí ina cnap arís, tá an oiread sin de na fearaistí úd agam. Is é an dóchas atá agam, de réir dealraimh, ná go bhfaighidh an fhírinne bás ar deireadh agus go mbeidh ar mo chumas ansin fírinne nua a dhéanamh den éitheach – fírinne a bheidh níos sobhlasta.

(16. 2. 1969)

6 NOLLAIG

De ghnáth, ciallaíonn focal rud éigin. Tá a fhios againn cén t-ainmhí a chiallaíonn 'bó'. Tuigimid an focal 'uaigneas' nó, ar a laghad, bíonn a thuiscint féin ag gach éinne air. Músclaíonn sé aigne i nduine atá gairid don bhfilíocht. Ciallaíonn an focal 'focal' é féin. Scáthán an fhocail is ea an focal 'focal'. Fanann brí an fhocail 'focal' laistigh den dteanga nuair a théann 'bó' amach i measc na n-ainmhithe agus 'uaigneas' i measc na mothúchán. An té a bhíonn ag gabháil do théarmaí teicniúla de ghnáth, an dtriomaíonn a aigne toisc gan caidreamh a bheith aici le nithe .i. leis an saol nó leis an mbeatha. An bhfanann aigne an ghramadóra, cuirim i gcás, iata laistigh den dteanga? Tá daoine ann (bail ó Dhia orthu) a dheineann mórán léitheoireachta. Cuirimis i gcás an fear a léann leabhair léirmheastóireachta. Bíonn stór focal aige sin nach gcorraíonn as a gcuid sliogán *e.g.* 'siombalachas', 'rómánsachas', 'clasaiceas', 'traidisiún', *etc.* Is mó brainse léitheoireachta agus léinn eile a mbíonn focail dá leithéid – focail a bhíonn de shíor ag faire orthu féin agus ag crua agus ag crua agus ag fáil níos doichte go dtí nach mbíonn fáil isteach ag an aer iontu a thuilleadh. An té a mhaireann orthu seo ní hionadh go gcrapfadh agus go seargfadh sé cheal cothú. Ní foláir nó tá mórchuid focal nairciseasacha dá samhail inár gceann ar fad. Bíonn fothram cóistí agus pócaí folamha ag na focail seo agus againne. Ní dochar ar bith focail mar 'seoithín seo' nó 'gogaí ó gaog' mar, pé brí a bhí leo tráth, is é is brí agus is feidhm leo anois ná gur ráiméis gan bhrí iad nach gciallaíonn faic. Dá bhrí sin rudaí folláine is ea iad mar féachtar orthu mar rudaí mar mhaithe leo féin, mar mhaithe leis an gcrot atá orthu, nó leis an bhfuaim atá leo, nó lena n-aiteacht, agus ní mar mhaithe le haon chúlra céille a fhéadfadh a bheith ceilte iontu. Ní hionann in aon chor iad agus na focail fholamha úd *e.g.* 'románsachas', '*in depth*' nach bhfeadramar a bheith folamh. Tá an iomarca de na focail fhealltacha seo inár gceann ar fad agus díthiú ar mhachnamh agus ar mhothú is ea iad. Uaireanta braithim go mba chóir do chách éirí as gach sórt léitheoireachta (ach amháin mo chuidse altanna) agus ligint don saol dul iontu arís trí chaidreamh corp ar chorp a dhéanamh le nithe agus le hainmhithe, le grá agus le fuath agus le fearg. Tharlódh go leáfadh a leithéid d'oilithreacht na focail reoite ina n-aigne agus go n-atfaidís, ní le mórtas maingiléiseach, ach le toircheas níos nádúrtha.

(22. 3. 1969)

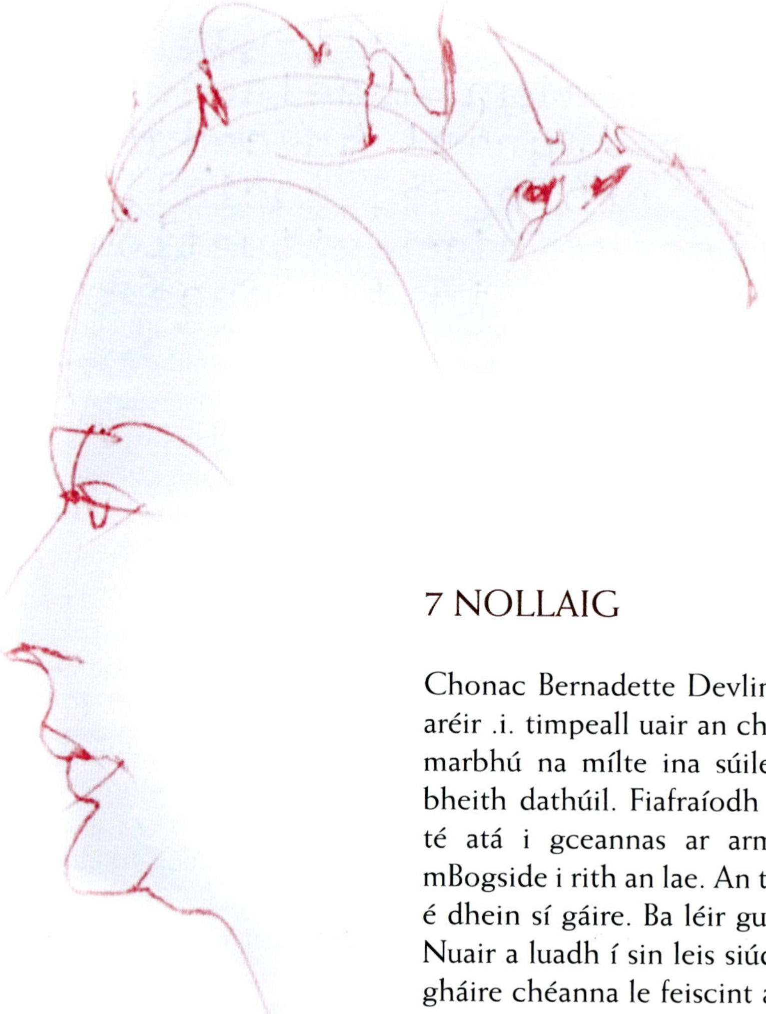

7 NOLLAIG

Chonac Bernadette Devlin ar an dteilifís aréir .i. timpeall uair an chloig ó shin. Tá marbhú na mílte ina súile. Tá sí thar a bheith dathúil. Fiafraíodh di an raibh an té atá i gceannas ar arm Shasana san mBogside i rith an lae. An túisce is a luadh é dhein sí gáire. Ba léir gur thaitin sé léi. Nuair a luadh í sin leis siúd ar ball bhí an gháire chéanna le feiscint ar a bhéal siúd. Réabhlóidí cruthanta is ea í. B'fhéidir go dtabharfaí bean mhallaithe uirthi. Is í Éire í ag an neomat seo. Tá an mianach céanna inti a bhí san bPápa Eoin agus iontu sin ar fad. Tá dúshlán na cinniúna tugtha aici. Tá sí ag stiúradh na cinniúna go neamheaglach. Tá scartha aici le hamhras agus le heagla agus le cur is cúiteamh. Ní fhéadfá gan cuimhneamh ar Jeanne d'Arc.

(17. 8. 1969)

8 NOLLAIG

Cailleadh Peig Sayers ar a hocht a chlog aréir, beannacht Dé léi. Bean croí mhóir, bean chalma ab ea í. Cainteoir binn – ach cainteoirí binne iad go léir. Ba mhó ná sin Peig. Duine mór ab ea Peig. Níor mhór bualadh le Peig chun a thuiscint chomh mór agus a fhéadfadh duine a bheith. Thabharfadh sé oiread eile croí duit a bheith ina láthair. Ba shuarach leat a bheith mion a thuilleadh agus d'fhásfá. Bhíodh sí i gcónaí chun suaimhnis – os cionn a cumais.

(9. 12. 1958)

9 NOLLAIG

Bhí dán ag Caoimhín Ó Conghaile ar an b*Press* inné ('Cairde') ag cáineadh na ndaoine – a chairde – a thug comhairle a leasa dhó. An uair dheireanach a bhuaileas leis, sin é a dheineas. Mhothaíos mímhacánta le linn é a dhéanamh. Cé mise lena leithéid a dhéanamh? Nach bhfuil praiseach déanta agam de mo shaol féin? Ní bheadh aon ionadh orm dá mba mise faoi deara an dán seo. Chuir mo chomhairle leamh oiread oilc air gur chum sé an dán so le barr feirge. Dán fónta é toisc gur scríobhadh é le barr feirge agus oilc. Bhí a aigne beo le fearg le linn dó é a chumadh. Ba rud fírinneach beo, tapaidh, fuinniúil, glan a chuid feirge. Shaolaigh a chuid feirge na nithe agus na daoine ar thagair sé dóibh. Bhí a mhothú chomh láidir gur thug sé leis cruinn iad. Saolaíodh smut den saol. Chaith gach rud a bheith cruinn agus ina áit cheart agus chaith a thábhacht cheart a bheith leis. Bhí smut den saol in ann é féin a scríobh toisc gur thug fórsa na feirge beatha dhó. Níl rud ar bith in ann filíocht a shaolú ach mothú láidir. Ní ceapadóireacht é seo ach cruthú fírinneach.

(14. 9. 1969)

Cairde

Ó thús ní raibh mé buíoch de Dhia
a leag orm an aghaidh shaonta seo
a shaighdeann daoine geanúla le brostú
chun mo leasaithe le comhairle.
Cia nach dtuigeann siad gur ró-leor dom
ualach m'aineolais féin gan a gcuidsan
bheith ag cur cruite breise orm
is nach bhfuil san aghaidh shaonta seo
ach bréigriocht a chuireann cuma mhánla
ar an bhfíoch atá agam leo
go gcaithim é bhrú faoi
nuair ba bhreá liom scaoileadh leis
is gabháil d'ingne is d'fhiacla
orthusan a bhíonn ag maíomh céille orm
go nochtfainn foinse na baoise
atá ceilte ag gach éinne acu ina chroí?

(Caoimhín Ó Conghaile, *Báidíní Páipéir*, 25)

10 NOLLAIG

Uaireanta braithim mímhacánta (cúis gháire chugainn). Uaireanta i gcaitheamh mo shaoil dheineas nithe mímhacánta. Níor dhóigh leat go bhféadfaí mímhacántacht a chosaint. Ach ní mór ná go mbíonn mímhacántacht riachtanach ar uairibh. (Tabhair samplaí!) Cuirim i gcás nuair a bhí an eitinn gníomhach ionamsa théinn i measc daoine á gcur i ndainséar. Deirinn liom féin nach raibh an dainséar rómhór. Mar sin féin, thuigtí dom nach ndéanfadh duine uasal a leithéid. Bhíodh daoine áirithe i mo cheann i gcónaí nach ndéanfadh é, dar liom, dá mbeidís i mo chás. Ach tá rud feicthe agam le déanaí a thug le fios dom go raibh dearmad orm. Caitheann daoine 'uaisle' agus 'ísle' nithe mímhacánta neamhscrupallacha a dhéanamh anois is arís. Caitheann siad cur suas lena mímhacántacht féin – í a iompar. Ní foláir nó is cuid den daonnacht, cuid den mhacántacht fiú amháin, ár gcantam féin den mhímhacántacht a bheith á iompar againn. Ba nithe plástair sinn, rudaí teoiriciúla gan í. Ba chóir go múinfeadh sí umhlaíocht dúinn chomh maith le carthanacht. Ní cheadaíonn seoid seo na mímhacántachta toirtéis ná mór is fiú (cén difear eatarthu?).

(16. 10. 1969)

11 NOLLAIG

Lá fuar feanntach. A Thiarna, an fuacht! Mar a deir siad i nDún Chaoin: 'Tá an gomh air.' Tá an páipéar seo chomh fuar san go mbraithim mo lámh dóite aige. Chuas ag triall ar an dochtúir i gCorcaigh – níor chuas ag obair fós. Bhí dinnéar agam sa Tivoli. Bhíos ag caint le cailín darb ainm di Helen Brady. Cailín suáilceach sochma. Bhuaileas leis an Ollamh Ó Raghallaigh, an fear is raimhre in Éirinn. Dúirt sé liom go raibh aiste ar an *Times* inné mar gheall ar an eagrán láithreach de *Irish Writing*. Cheannaíos an *Times* úd. David Greene a scríobh an aiste. Mhol sé Máirtín Ó Direáin agus Máire Mhac an tSaoi agus cháin sé an mac seo. Ní fhaca an *Irish Writing* seo fós. Gach aon tsá go ceann an cholamóra! Neosfaidh an aimsir. Tá súil agam nach mbeidh an aimsir úd a neosfaidh chomh fuar leis an aimsir seo. Bíodh acu.

Braithim míchéadfach. Ní féidir liom socrú síos chun aon tsaghas oibre ná chun léitheoireachta. Is duine aonair mé. Ní fheadar an raibh aon duine chomh haonarach. Pé neart atá ionam, nó a bheidh ionam, is ionam féin a chaithfead é a fháil. Is fadó riamh a baineadh de dheol mé. Ní dócha gur thál pobal ná traidisiún ar bith riamh orm. Uaireanta braithim é. Is deacair do dhuine seasamh gan tacaíocht dá laghad aige. Ar deireadh is beag iontaoibh a bhíonn ag duine as féin. Mar a dúirt Máirtín Ó Direáin uair amháin: 'Is maol guala gan bráthair.' An bhfuil maitheas ionam? An bhfuil an splanc úd ionam? Sin í an cheist!

(1. 2. 1956)

12 NOLLAIG

Dúrt leis an mbanaltra go raibh giorra anála orm. Thug sí dhá *suppository* dhom – rudaí a shánn tú suas ladhar do thóna. Thug sí dhá láimhín bheaga phlaisticeacha dhom chomh maith chun an sá suas a dhéanamh. Dealraíonn sé go n-análaíonn tú trí pholl do thóna chomh maith. Tá feabhas orm anois. Gan amhras, ní trí pholl a mbéil a labhrann na daoine ar fad ach an oiread.

(17. 1. 1976)

13 NOLLAIG

An tríú lá déag! Lá ar fuath liom. Ar a shon sin mothaím níos mó chun suaimhnis inniu ná a mhothaíos le fada. D'ólas trí leathphiúnt de phortar Mhurphy aréir. Chaitheas cuid mhór den mhaidin caite san leaba ag léamh *At Swim Two Birds* le Flann O'Brien. Sin é faoi deara dom, b'fhéidir, aigne níos neafaisí a bheith agam inniu. Níl dabht ar bith ná go raibh mianach ann. Sa bhliain 1939 a céadcuireadh an leabhar seo amach agus ní raibh sé ach 25 an uair sin. Gaisce éachtach! Ar feadh neomait, ar feadh soicind, ar feadh abairte, ar feadh focail ní théann lagú air! Cruas dochloíte a aigne. Ní bheirtear amuigh air! Ní bheirtear riamh air gan a threabhsar uime. Fear aoire cruthanta is ea é agus tá na cáilíochtaí cianaosta a bhíonn ina leithéid le fáil ann. Tá na cáilíochtaí seo chomh so-aitheanta, do-athraithe, go mba dhóigh leat nach raibh riamh ar an saol ach fear aoire amháin agus gur saolaíodh é sin arís agus arís eile ó thús aimsire i dtíortha difriúla agus laistigh de theangacha difriúla. Nílim gan eolas go bhfuil aithris áirithe á déanamh ag Flann O'Brien ar Joyce – ach ní aithris leamh ná aithris a theipeann. Bhí an ithir oiriúnach. Ceann eile acu ab ea Flann nó Myles – bhí a thuilleadh acu ann dá bhféadfainn cuimhneamh orthu, Joyce, Rabelais, údar *Pháirlimint Chloinne Thomáis*, Cervantes, Beckett, *etc.*

(13. 7. 1967)

14 NOLLAIG

Radharc ar fhoinsí na beatha is ea filíocht – nó murar radharc is plé – plé leis an mbeatha nó le foinsí na beatha nó leis na dlíthe a bhaineas léi. Is é is brí le beatha sa chiall seo ná an fórsa sin a anamaíonn sinn, pé acu an daoine nó ainmhithe nó plandaí sinn. Domhan is ea an bheatha, domhan ceilte atá laistiar dínn. Aon ní nach dtagann as an domhan san, ní filíocht é. Cuireann filí focail um an bheatha faoi mar a chuireann Dia corp uimpi. Ní haon mhaith focal nach dtugann scéala éigin leis ón mbeatha. Úsáideann filí áirithe focail ársa nó focail iasachta nach mbíonn i ngnáthúsáid. Tá an cleachtadh seo ceadmhach, dar liom, má úsáidtear na focail ársa chun ársacht a chur i gcéill nó a ionchollú – nó na focail iasachta chun an iasacht a thabhairt le fios, nó, má oireann siad don mblúire fis, nó don léaspairt atá faighte ón mbeatha, nó ón bhfo-intinn, mar a déarfadh Freud. Má oireann focal ársa don mblúire fis nó más é is fearr, is iomláine, is doimhne a mhúsclaíonn fios – agus uaireanta is é – is é ba cheart a úsáid. Más dóigh le file ar bith go saibhreoidh sé a chuid filíochta díreach trí fhocail ársa a tharrac isteach inti tá dearmad air. Í a mhúchadh is ea is dóichí a dhéanfaidh sé.

(28. 6. 1970)

15 NOLLAIG

Aon rud ba scanrúla ná m'uncail tráthnóna agus é sínte i leaba ní fhaca riamh. Tá sé ag fáil bháis i Mount Desert. Conchubhar Breac Ó Ríordáin a ainm agus fear go raibh cion agam air is ea é, nó ab ea é. Bhí mo dheartháir i mo theannta, ach bheadh sé chomh maith againn a bheith i Nua-Eabhrac mar níor airigh sé sinn a bheith ann in aon chor. Tá sé gan aithne gan urlabhra le tamall. Ní fhaca riamh duine gur fearr a d'oir an abairt 'Tá sé ag foghlaim an bháis' dó. Tá cuma namhdach ar a ghnúis agus admhaím go raibh eagla orm dul in aice leis. Tá a dhá shúil ar oscailt ach is baolach nach bhfeiceann sé faic. Is scanrúla é ná corpán mar maireann sé, bíodh is go bhfuil sé chomh deighilte ó dhaoine leis an marbh féin. Ba dhóigh leat nár dhuine a thuilleadh é ach rud. Tuigeadh dom gur dheineamar feall air agus dá bhféadfadh sé an feall san d'agairt orainn go ndéanfadh. Tuigeadh dom gur ag ceapadh seifteanna a bhí sé ansin sa leaba agus fuath ina dhá shúil.

(15. 12. 1957)

16 NOLLAIG

D'fhiafraigh gealt le déanaí – fear atá fiche bliain i dtigh na ngealt – an bhfuil aon leanaí ar an saol a thuilleadh. Ní fhaca sé ceann le 20 bliain. Maireann leanaí i saol eile seachas ár saolna. Saol draíochta – lán de shlaitíní draíochta. Ní fheiceann siad ár saolna ná ní fheicimidne a saol siúd. Ní dhallann cúramaí iad ná imní ná eolas. Creideamh ar fad is ea iad. Tá an creideamh sin caillte againne. Ait liom saol draíochta a bheith comhaimsearthach le saol gan draíocht. Táimid araon ag féachaint ar an domhan céanna ach ní hé an domhan céanna a chímid. Chíonn siad sin saol an bhéaloidis. Chímidne saol na cánach ioncaim, na rátaí. Cé acu radharc is fírinní, radharc na hurchóide nó radharc na neamhurchóide? Tá iontaoibh iomlán acu asainne. Nach bhfuil aon iontaoibh againn asainn féin? Sagairt is ea iad a dheineann deasghnáth den tsuaraíocht. Ní heol dóibh suaraíocht. An sinne a chum an tsuaraíocht nuair a theip ár samhlaíocht? Samhail a chíonn siad, a chumann siad, as neamhurchóid. Cinnteacht ar fad is ea iad gan aon eolas. Eolas ar fad sinne gan aon chinnteacht. Cine filí iad.

(22. 2. 1970)

17 NOLLAIG

Tagaithe abhaile ó Mhá Nuad mar a rabhamar ag tabhairt ómóis don Ath. Peadar Ó Laoire. In eitleán a thaistealas. Ba é seo an turas is suáilcí a dheineas riamh. A leithéid de dheireadh seachtaine i measc na sagart. Dream tréithiúil. Oíche go maidin sa Bhaile Breac ab ea oíche Dé Domhnaigh. Níl aon bhaol ná go bhfuil scéalta agam. Comhluadar, Aifrinntí agus uisce beatha. An tAthair Tadhg ar deoch. Tá an saol ar fad agus an uile chréatúr tugtha chun a chéile. Ní bhréagnaíonn rud ar bith rud eile. Chuir na sagairt seo leis an bpiscín. Carthanacht. Tá áthas orm – ós annamh liom é. Táim ar chuma dhuine a bheadh ar deoch. Dream tréithiúil. Níl aon mhór-is-fiú fágtha ina measc.

(26. 5. 1970)

18 NOLLAIG

Nós is ea é faoi láthair a bheith aireach ar d'íomhá. Bíonn daoine ag iarraidh a n-íomhá a fheabhsú gan iad féin a fheabhsú. Ní deirtear 'Bí féin go maith', ach 'Bíodh d'íomhá taitneamhach don bpobal'. Ní mór an ní is fiú íomhá feabhsaithe mura bhfuil sí de réir a hábhair. Ní mór an ní is fiú íomhá ar bith mura bhfuil sí de réir an duine a ndeirtear gurb í a íomhá í. Éitheach is ea í. Níl íomhá is fearr ná í sin a deir go bhfuil an té gur leis í beag beann ar a íomhá, faid is a bhíonn sé féin ionraic .i. gur duine macánta é a dheineann de réir a choinsiasa. A mhalairt a thugann an dream a bhíonn á n-íomháú féin go poiblí, le fios .i. gur cuma leo a bheith neamhionraic fad is a bhíonn a n-íomhá le moladh. Ní hamháin go mbíonn siad a d'iarraidh bob a bhualadh ar an bpobal ach fógraíonn siad go poiblí gur sin é atá ar bun acu. Taispeáineann sé sin, dar liom, chomh mór amú agus atá machnamh daoine dulta.

(20. 6. 1970)

19 NOLLAIG

Rud mínádúrtha is ea é a bheith beo. Cuireann sé isteach ar ár machnamh. Ní oireann sé do dhuine ar bith. *Joi de vivre* – níl a leithéid de rud ann. Tá sé ráite sa Bhíobla go mbíonn an uile chréatúr ag caoi, ag fulaingt. Bímid imníoch faoi am, faoi dhualgaisí, faoi ghradam, faoi airgead, faoin ainm atá orainn, faoi mheas an phobail orainnn, faoi ghnéas, faoi eolas, faoi leisce, faoi dhíomhaointeas. Ualach is ea am. Ní foláir am a mheilt. Ní foláir neamhshuim a dhéanamh d'am .i. de bheith beo, nó éadóchas is dán dúinn. Nuair a stopaim ar an mbóthar lastoir de Charraig an Adhmaid ní mór ná go súitear an t-anam asam le huaigneas éigin maoithneach. Thugas féin agus mo mháthair turas ar sheanduine éigin san áit sin fadó, oíche. Ní cuimhin liom a ainm. Bhí a ainm i mbéal an phobail ag an am. Ba de mhianach na háite é. Ní raibh faic ina cheann nár réitigh le rithim na háite. Shiúlaíomar abhaile dhá mhíle faoi sholas na gealaí. Braithim greim ar mo chroí anois féin. Chím muintir na háite ag filleadh ón Aifreann – cailíní óga ón áit ina measc. Gan aon deabhadh orthu. Gan fios a ndathúlacha féin acu. Ba dhóigh leat go mba fhuirist a leithéidí a mhealladh toisc a n-iargúltacht, muintearas, nádúrthacht. Cuma leo faoi am. Tagann a samhail féin i gcomharbacht orthu. Dream ionúin. Bhí an ceart ag Máirtín Ó Cadhain bás a fháil.

(17. 11. 1970)

20 NOLLAIG

Ní féidir liom 'filíocht' no fiú 'prós' a scríobh as fuil fhuar. Uaireanta ritheann smaoineamh obann chugat a chaitheann solas ar cheann de liomatáistí d'aigne agus tá leat. Is féidir leat cló nó déanamh an ruda seo go mbeir ag scríobh faoi a bhrath faoi mar a bhraithfeá lámh duine nó uaireadóir nó rud ar bith a bhfuil toirt ann. Ach má iarrtar ort alt a scríobh, cuirim i gcás, ar litríocht Chorcaí (dá mbeadh a leithéid ann) caithfidh tú scata ionsaithe a dhéanamh ar phíosaí eolais féachaint an bhfeicfeá iontu cló an ruda seo atá uait. Má bhíonn an t-ádh leat, diaidh ar ndiaidh titfidh na blúiríocha eolais agus na mionléaspairtí a bhainfir astu chun cló amháin agus is féidir scríobh leat ansin. Bheadh sé fuar agat (.i. agam) rud ar bith a scríobh go dtí go bhfeiceann tú an cló nó an corp seo. Sin é an fáth gur deacair domhsa alt a scríobh faoi mar a iarrtar orm é. Go dtí go mbíonn an t-ábhar le feiscint cruthaithe i m'aigne, ní féidir liom an bheart a dhéanamh.

(10. 4. 1971)

21 NOLLAIG

Cad chuige an Ghaeilge a thabhairt thar n-ais? Nach féidir na nithe luachmhara inti a aistriú go Béarla faoi mar d'aistrigh Kinsella an *Táin*? Nach bhfuil éirim an scéil agat ansin? Nach bhfuil éirim an scéil agat slán san nuatheanga – an teanga a thuigeann cách in Éirinn um an dtaca seo? Ina theannta sin nach bhfuil an *Táin* ar fáil do shaol fairsing idirnáisiúnta an Bhéarla? Nach raghaidh an *Táin* agus aigne na Gaeilge i bhfeidhm ar an mBéarla agus ar lucht léite an Bhéarla? Nach bhfuil cáil idirnáisiúnta anois ar an *Táin*, rud nach mbeadh dá bhfágfaí iata laistigh den nGaeilge í? Níl de bhrí le teanga ach go gcuirfeadh sí aigne áirithe, meon áirithe, in iúl. Bac ar an obair seo ab ea Gaeilge toisc a laghad a thuigeann í. Is lú a thuigfeadh *An Táin* san mbunteanga ná a thuigfeadh Gaeilge an lae inniu féin. Níl de tharrtháil ar aigne na Gaeilge anois ach Béarla. Níl dealramh le hathbheochan na Gaeilge. Níl inti chomh fada lena teachtaireacht féin ach constaic. Dá bhrí sin arís, cad chuige athbheochan na Gaeilge? Básaíonn gach éinne agus téann siad i ndíchuimhne. Imíonn an aigne is gléiní, is suaithinsí, faoi mar nach mbeadh sí riamh ann. Sloigeann an bás í – ach amháin an aigne a chuirtear i bhfocail. Cad is fiú í a bheith i bhfocail mara dtuigtear na focail? Ní shloigfidh an bás aigne na Gaeilge nuair a shloigfidh sé an Ghaeilge. Má lonnaíonn an aigne sin i dteanga eile nach sin tarrthála í? Nach aistriú croí é seo má aistrítear an croí as corp marbh go dtí corp beo mar a mairfidh sé? Ach diúltaíonn an corp nua don chroí. Ach cad tá caillte mar sin? Is é atá caillte ná na daoine marbha a labhair trí Ghaeilge. Ansin a gheobhair an duine marbh díreach faoi mar a bhí sé, faoi mar a labhair sé, faoi mar a mhachnaigh sé agus gheobhaidh tú é ag an neomat sin. An túisce is a aistríonn tú a chuid focal go teanga eile scarann tú leis, fágann tú i do dhiaidh é, druideann tú céim uaidh. Sinn féin 'sna daoine a chuaigh romhainn atá caillte againn má chailltear an Ghaeilge. Ní raghair chomh cóngarach go deo don mharbh agus a raghair sna focail féin a dúirt sé. Rud nach féidir a rá le cruinneas, le hiontaoibh, go deo arís, is ea an rud a dúirt sé sna focail ina ndúirt sé é. Is ar na focail seo a luigh sé agus tá a rian le fáil iontu i gcónaí agus ní bheidh ina malairt d'fhocail ach buille faoi thuairim go deo.

(10. 5. 1971)

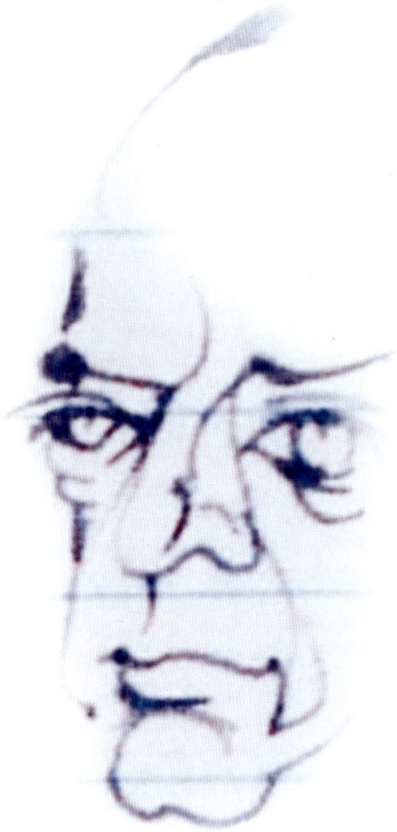

22 NOLLAIG

Nílim ann in aon chor – chomh fada liomsa. Chomh fada libhse, táim ann. Chíonn sibh mé. Cloiseann sibh mé. Pearsa is ea mé a bhfuil tréithíochtaí aige ar féidir libhse a aithint ach nach féidir liomsa. Níl aon aithne agam orm féin – faoi mar atá agam oraibhse. Mar sin féin, táim ann chomh fada liom féin – ach ní mé an té a bhfuil aithne agaibhse air. Chomh fada liomsa is sibhse mise. Ionaibhse a mhairim. Duanaire nó cnuasach is ea mé de na pearsantachtaí a bhfuil aithne agam orthu. Dá mhéid an aithne a bhíonn agam ar dhuine is ea is mó is mise é – nó is ea is mó is cuid díom é.

(19. 12. 1971)

23 NOLLAIG

Tá an tEaspag Cathal Ó Dálaigh ag labhairt (.i. ina chás siúd ag spalpadh *clichés*) ar an raidió. Tá milleán an Tuaiscirt á leagadh aige ar Shasana. Cad ba cheart dóibh a dhéanamh? Machnamh. Cén machnamh a mholfadh sé? Ní saineolaí é agus dá bhrí sin ní mholfadh sé machnamh ar bith. Caithfidh rialtas Átha Cliath gan neamhthor a thabhairt ar Thuaisceart Éireann. Cad ba cheart dóibh a dhéanamh? Machnamh. Cén machnamh? Arís ní saineolaí é. An féidir le héinne machnamh a dhéanamh ar ábhar ach saineolaí? Tá freagra tugtha ag Ó Dálaigh. Cháin sé an I.R.A. Déarfá gur toradh ar mhachnamh is ea cáineadh. Sa chás seo, bhí an machnamh chomh múchta le *clichés* go mbeadh amhras ort. Is é a déarfainn leis an Dálach ná gur binn béal ina thost ina chás siúd.

(3. 1. 1976)

24 NOLLAIG

Lá chomh dubh, chomh fuar agus a chonaiceamar fós. É caite sa leaba agamsa go gruama. Tar éis seachtain a chaitheamh i mo chomhluadar féin tuigtear dom gur mé an té is lú maitheas dár cheap Dia. Is minic cheana a thugas an rud céanna faoi deara. Ansin nuair a fhilleas ar chomhluadar daoine is mó a bhraitheas daoine eile folamh leamh ná mé féin. Maidir le cúrsaí aigne agus cúrsaí teanga ní fhéadfadh crann níos tubaistí a thitim ar éinne ná go saolófaí in Éirinn é. Tá ceist seo na teanga agus easpa na teanga do mo shuathadh ó mhaidin. Ní mór dom dán fada a scríobh don Oireachtas i mbliana chun mo chumhacht féin a thástáil agus chun teallairí Bhleá Cliath a chur ina dtost. Dearg-steaimpí chuici mar theanga marar clipithe atáimid aici.

(2. 2. 1956)

25 NOLLAIG

Thugas sciuird i dtreo Cloghroe tráthnóna. Bhuaileas le hEibhlín agus Áine Ní Mhurchú. Sin uile. Táim caite sa leaba ó shin. Níor léas faic i rith na hoíche. Níor itheas suipéar fiú amháin. Ach fós braithim blas na Nollag ar an lá. Sin é Lá Nollag agus ní hionann é agus aon lá eile sa bhliain. Oíche Lae Nollag í seo agus tá diamhaireacht ag baint léi agus is féidir leis an duine aonair istigh i seomra an diamhaireacht úd a bhraith. Nár bhreá liom a bheith i nDún Chaoin anocht. Dún Chaoin um Nollaig! Braithim go raibh, agus go bhfuil fós, blas na Nollag ar Dorothy Macardle. Tá blas na Nollag ar an *Irish Times* agus tuigtear dom go bhfuil de Valéra oiriúnach don Nollaig. Cheapas uair amháin nach bhféadfainn *nostalgia* na Nollag a sheasamh dá mbeadh mo mháthair caillte. Ach féach nár chuimhníos uirthi an Nollaig seo go dtí anois. B'fhéidir gur fearr as atáim a bheith anseo i m'aonar anocht ná a bheith i nDún Chaoin, i gcomhluadar, nó in aon áit eile. B'fhéidir gur géire a bhraithfeá Nollaigeacht na Nollag agus tú i d'aonar. Tá m'aintín Máire sa tseomra béal dorais. Fiafród di an mbraitheann sí atmaisféar na Nollag. 'Braithim,' ar sise, 'agus is maith liom é.' Is deacair dom breith ar an rud seo a bhraithimid go léir. Rud annamh is ea an Nollaig ach rud annamh is ea Lá 'le Muire na gCoinneal sa Teampall agus Lá 'le Pádraig agus ní mhothaítear an rud seo ar na laethanta úd. Lá suaithinseach is ea Lá Nollag. Níl aon lá eile chomh suaithinseach. Breith Dé. Pearsa shuaithinseach is ea an Pápa. Is é an duine is suaithinsí ar domhan agus níl éinne nach mothaíonn rud neamhchoitianta ina láthair. Tá gaol idir an dá mhothú, b'fhéidir. Ach an mothú seo na Nollag níl aon ní chomhrian leis agus tá sé ginte ionainn go léir. Ní cheiltear ar éinne é (sa tír seo, ach go háirithe), óg ná aosta, fireann ná baineann, bocht ná saibhir, meisciúil ná ciallmhar, naofa ná peacúil, aonarach ná cuideachtúil. Buíochas le Dia as féile na Nollag.

(25. 12. 1958)

26 NOLLAIG

Dúisithe. Níl sé de nós agam rud ar bith a scríobh le linn dom bheith i mo chodladh. É ag cur seaca. Chaitheas mo dhinnéar i dtigh mo dhearthár inné. Ní mór an mhoill a dheineas ann tar éis dinnéir. D'fhágas comhluadar geal solasmhar na leanaí agus d'fhilleas ar an bpoll dorcha fuar seo agus ar na cait. Isteach sa leaba liom. A thuilleadh seilí fola aréir .i. oíche Lá Nollag. Ní haon ardú meanman a chuir seo orm, cé nach fiú le rá puinn an cur fola seo. Mar sin féin, teanntaíonn sé duine i bpríosún a chúrsaí suaracha pearsanta féin. Nollaig dhearg agus Nollaig bhán ab ea í domhsa.

(26. 12. 1964)

27 NOLLAIG

Fuar anocht, fuar, fuar, fuar! Tá dream amháin nach gcuireann fiacail ann agus is iad sin lucht réamhaisnéis na haimsire. Ba dhóigh leat orthu gur ag iarraidh misneach daoine a bhriseadh go bráth a bhíd. Buille i ndiaidh buille is ea gach mír eolais dá dtagann uathu. 'Tá sé faoi bhun an reo-phointe anocht. Beidh sé níos fuaire amárach. Beidh ceathanna sneachta agus clochshneachta ann anocht agus amárach. Tá na bóithre dainséarach ar fud na hÉireann.' A leithéid sin a bhíonn againn gach lá anois. Theastódh croí leoin uait. Ní dóigh liom gur ceart éisteacht le réamhaisnéis na haimsire.

(27. 12. 1960)

28 NOLLAIG

Tá dhá ghné díot a bhíonn ar chomhrian i gcaitheamh do shaoil – méid d'inspioráide agus fad do bhoid. De réir mar a chrapann ceann amháin crapann an ceann eile.

(17. 6. 1972)

29 NOLLAIG

I gCúirt an tSáirséalaigh i gcónaí. Ag caitheamh amach fola fós – le suas le 40 lá is dócha. Ní faic é, deir siad anseo, ach ní hiad atá á caitheamh amach. Táimse i seomra 5. Táthar ag péinteáil na bhfallaí anseo agus ag aistriú na n-othar. Aistríodh mo chomharsa béaldorais – fear aosta fíréanta a bhí ina sclábhaí feirme. Tá sé pósta agus tá clann air agus tá glanachar éigin suaithinseach ag baint leis. Bhuail sé féin agus páirtí dhó [liom] sa phasáiste anocht. D'fhiafraigh sé dhíom i mBéarla conas a bhíos. Dúrt nach rabhas ach beo ó lá go lá. *'Sure that is all we are all doing,'* ar seisean, 'ag imeacht ó lá go lá.' Sin é a deirtear thiar i nDún Chaoin. Ní chuala riamh cheana i mBéarla é. Tagann na hothair anseo ó Bheantraí, ó Oileán Chiarraí, ó Mhaoilinn, in aice le Ceann Toirc, is dóigh liom, ó Lios Tuathail, ó Chill Airne, ó Dhroichead na Bandan, *etc.* Tá oideachas áirithe ar fhear Dhroichead na Bandan mar tá cúrsa ollscoile déanta aige san dlí, ach maidir leis an gcuid eile, níl acu ach Béarla briste, leithscéalach na hÉireann, an Béarla a d'fhág séala ár mbriste orainn agus an Béarla gan amhras a mhol Crús. Bhí beirt anseo anuraidh ag amanna difriúla agus ba mhór idir iad agus lucht an Bhéarla seo. Ó Bhaile na nGall i nGaeltacht Chorca Dhuibhne, ab ea iad araon – Pádraig Ó Mathúna (28) agus Seán Ó Muircheartaigh (18). Bhíodar sin de réir a gcuid Gaeilge – neamhspleách, neamhbhriste, córach, sibhialta. Is mairg a bhainfeadh le cine a thit.

(7. 1. 1977)

30 NOLLAIG

Níl ach lá eile inti. Tá sí tugtha. Sciob sí Behan agus Seán Ó Súilleabháin agus Desmond Ryan léi. Sciob bliain eile an tAthair Peadar Ó Laoire léi, bliain eile Peig Sayers, Tomás Criomhthain, Seathrún Céitinn agus mar sin. Féach nach gcailleann Éire a pearsantacht nuair a chailltear duine mar an tAthair Peadar nó Breandan Behan. Maireann Éire fiú nuair a chailltear na daoine is mó is Éire. Maireann an Eaglais d'ainneoin bás Roncalli – cé go gcaithfear a rá gur laghdaigh sin í. Mhair an Fhrainc ina Frainc tar éis bháis Napoleon – agus an Ind tar éis bháis Ghandhi. Deirtear go minic nuair a chailltear duine gur bochtú ar an saol a bhás. Ní fheadar. An athraíonn saibhreas (spioradálta) an tsaoil? An cuma beo nó marbh do dhuine ar bith chomh fada le bochtaineacht nó saibhreacht? Nuair a chailltear duine ní chailltear ach a chorp. Maireann a spiorad agus saibhríonn sí cuimhne daoine.

(31. 12. 1964)

31 NOLLAIG

Tá an bhliain imithe. Tá súil agam gur fearr go mór a chruthóm san athbhliain. Ag Dia amháin atá a fhios an bhfeiceam Oíche Choille eile. Bhíos chun dinnéir leis an Athair Tadhg agus le Seán Ó Tuama san Oyster. Chonaiceamar uainn Síle Ní Bhriain, an bhean atá in ionad Sheáin Mhic Réamoinn i mbun Raidió Chorcaí. Bhí an tAthair Tadhg ag eachtraí ar shochraid Pheig Sayers. 'Tán tú age baile agus ba mhaith an seanchaí tú', arsan File os cionn comhrann a mháthar. An oíche a chuireadar corp Pheig siar go séipéal Dhún Chaoin ón nDaingean chaitheadar fanúint cúpla uair an chloig leis an bhFile. Bhí sé thíos sa tsráidbhaile ag ól agus ní fhéadfaí é a bhogadh. Chuaigh Kruger síos ar a thuairisc ar deireadh ach ní fhéadfaí é a chorraí. Ar deireadh ghéill sé agus ghluais an tsochraid. Tar éis is ea tuigtear gach beart. Is é a theastaigh ná go mbeadh sí sa bhosca nuair a thiocfadh sé féin agus nach bhfeicfeadh sé marbh í. B'fhearr leis cuimhneamh uirthi mar a bhí sí nuair a bhí sí ina beatha. Chaitheadar uair an chloig ag líonadh na huaighe. B'fhada le gach éinne é. Is amhlaidh a bhí an uaigh ródhoimhin. 'Níor ghá dhóibh an uaigh a dhéanamh chomh doimhin', arsan File, 'níl aon bhaol go dtiocfaidh sí sin aníos.' Dúirt duine éigin leis nár bhaol do Pheig mar go raibh sí imithe in airde. 'Sin rud ná feadar,' arsan File, 'níl aon deimhniú againn nach thíos atá sí.'

(31. 12. 1958)

1